C·H·Beck

PAPERBACK

Karsten Rudolph

Sendestörung

Aufstieg und Krise des öffentlich-rechtlichen Rundfunks

C.H.Beck

Mit 5 Abbildungen

Originalausgabe

Wilhelmstraße 9, 80801 München, info@beck.de

www.chbeck.de
Umschlaggestaltung: Kunst oder Reklame, München
Umschlagabbildung: Kristina zur Mühlen im Studio der Tagesschau.
Foto: Thorsten Samesch (ToddeVision), wikimedia commons
Satz: C.H.Beck.Media.Solutions, Nördlingen
Druck und Bindung: Druckerei C.H.Beck, Nördlingen
Printed in Germany
ISBN 978 3 406 83690 9

myclimate shape our future

MIX
Papier | Fördert gute Waldnutzung
FSC® C019821
www.fsc.org

verantwortungsbewusst produziert
www.chbeck.de/nachhaltig
produktsicherheit.beck.de

Inhalt

Einleitung

«Zum Sehen geboren
Zum Schauen bestellt,
Dem Turme geschworen,
Gefällt mir die Welt.»
Johann Wolfgang Goethe, Faust II

Hans Bausch, der Herausgeber einer vierbändigen Reihe zum *Rundfunk in Deutschland,* die 1980 erschien, kam in dem von ihm selbst geschriebenen letzten Band seiner Geschichte der *Rundfunkpolitik nach 1945* zu dem Ergebnis, dass der öffentlich-rechtliche Rundfunk «in den letzten drei Jahrzehnten niemals ernsthaft gefährdet gewesen sei».[1] Bausch wusste, wovon er sprach, war er doch genau dreißig Jahre zuvor in den Dienst des Südwestrundfunks getreten, bald darauf bei Hans Rothfels in Tübingen mit einem rundfunkhistorischen Thema promoviert worden und seit 1958 Intendant des Süddeutschen Rundfunks. Sein Mandat im Stuttgarter Landtag legte er für dieses Amt, das er drei Jahrzehnte bekleiden sollte, nieder. Die Geschichtsschreibung gab er indessen niemals auf. Fünfzehn Jahre lang leitete er die Historische Kommission der ARD, zwischen 1962 und 1972 und dann noch einmal von 1986 bis 1991. Nach ihm wurde ein Preis benannt, den er als Intendant selbst gestiftet hatte, und der vom Südwestrundfunk und der Universität Tübingen seit 2021 unter der Bezeichnung «Hans Bausch Mediapreis des SWR für gesellschaftliche Verantwortung in digitalen Öffentlichkeiten» verliehen wird. Das alles zeigt: Der öffentlich-rechtliche Rundfunk in Deutschland hat nicht nur Geschichte gemacht, er hat auch seine eigene Geschichte geschrieben – als Erfolgsgeschichte.

Dass es nach der Befreiung von der NS-Diktatur gelang, in Westdeutschland die Meinungsbildung frei zu gestalten, war nicht allein, aber in entscheidendem Maße das Verdienst eines Rundfunks, der weder eine Staatseinrichtung noch ein Wirtschaftsunternehmen war. Weil der gemeinnützige Rundfunk den Systemwettbewerb mit dem Partei-Funk der DDR haushoch gewonnen hatte, schien seine Osterweiterung nach der Vereinigung der beiden deutschen Staaten nur folgerichtig zu sein. Aber mit der Konsolidierung kommerzieller Rundfunkanbieter geriet der öffentlich-rechtliche Rundfunk in eine ernste Schwächephase. Die Zukunft schien mit einem Mal ungewiss.

Der Nachfolger von Bausch, Programmdirektor Dietrich Schwarzkopf, gab 1999 für die Historische Kommission der ARD eine zweibändige Fortsetzung von Bauschs Rundfunkgeschichte heraus, in der der Optimismus der Aufstiegsjahre allerdings weitgehend verflogen war. Nunmehr ging es um den schweren Gang der Rundfunkpolitik im Spannungsfeld zwischen Wettbewerb und Öffentlichkeit, und die meisten Beiträge lesen sich wie Loblieder auf das untergegangene Duopolzeitalter von ARD und ZDF.[2] Der öffentlich-rechtliche Rundfunk erholte sich wieder, und in den Nullerjahren war es dann die private Konkurrenz, die durch einen Einbruch des Werbemarktes in die Bredouille geriet und deswegen von der Politik gestützt werden musste. Die darauf folgende relative Stabilisierung beider Systeme im Rahmen der verfassungsrechtlich genau austarierten dualen Rundfunkordnung täuschte indes über eine Bedrohung hinweg, die die öffentlich-rechtlichen Sender ebenso massiv traf wie die privat-kommerziellen Anbieter. Die Etablierung des Internets und mit ihm das Aufkommen globaler Suchmaschinen, der Siegeszug sozialer Medien und die Expansion der Streamingportale veränderten die deutsche Medienwelt grundlegend.

Heute ist der öffentlich-rechtliche Rundfunk ernsthaft gefährdet – und das liegt nicht allein an der digitalen Transformation, die die Grenzen des traditionellen Radiohörens und Fernsehens überwand und die Mediengeschichte neu schreibt. Er ist gefährdet, weil er umstrittener ist denn je. Die Kritik entzündet sich an manchem Missmanagement, am Rundfunkbeitrag und am Programm. Schon länger wurden eine vermeintlich einseitige gesellschaftspolitische Ausrichtung, mangelnder Reformwillen und eine lückenhafte Gremienaufsicht sowie eine Überdehnung des öffentlich-rechtlichen Funktionsauftrags beklagt. Keiner dieser Kritikpunkte ist neu, und die Kritiker des öffentlich-rechtlichen Rundfunks haben selbst ihre eigene, lange Geschichte. Neu hingegen ist, dass der Rundfunk seine Gemeinnützigkeit immer weniger verständlich machen kann. Machte man ihm früher zum Vorwurf, er dominiere die öffentliche Meinungsbildung über die Maßen, so scheint die derzeitige Legitimationskrise in seinem Bedeutungsverlust zu liegen.

Einer der besten Kenner der deutschen Rundfunkgeschichte, Konrad Dussel, spricht inzwischen vom «Zerfall des traditionellen Rundfunks».[3] Der Kommunikationswissenschaftler Otfried Jarren meint, der gemeinnützige Rundfunk habe seine institutionelle Grundlage verloren, weil die digitale Transformation grundsätzlich anders funktioniere als der industrielle Transformationsprozess, mit dem er einst groß geworden sei.[4] Dieter Dörr, der wie kaum ein anderer den Rundfunk von innen und außen kennt, weil er sowohl Justiziar einer Landesrundfunkanstalt als auch Lehrstuhlinhaber für Medienrecht an der Johannes Gutenberg-Universität Mainz war, spricht von «dramatischen Veränderungen und teilweise disruptiven Prozessen», die sich in den letzten fünfundzwanzig Jahren im Medienbereich abgespielt hätten und weiter andauern würden.[5] Für den Hamburger Mediensenator Carsten

Brosda lautet die entscheidende Frage deshalb: «Wie muss ein öffentlich-rechtlicher Rundfunk aussehen, der im 21. Jahrhundert seine demokratische Aufgabe unter veränderten Mediennutzungsbedingungen erbringen kann?»[6]

Die historische Auseinandersetzung mit einer einzigartigen Institution, die die Bundesrepublik über Jahrzehnte geprägt hat und nunmehr in einer veritablen Bestandskrise steckt, scheint schon deswegen dringend geboten, weil sich nur so ihre Wandlungsfähigkeit verlässlich einschätzen lässt. Dies kann und soll hier weder im Stile einer umfassenden Gesamtdarstellung noch einer introvertierten Spezialgeschichte geschehen. Vielmehr werden wesentliche Kontinuitäten und Strukturbrüche, Optionen und Richtungsentscheidungen dargestellt, damit sich die Leserinnen und Leser ein eigenes sichereres Urteil über die Geschichte, Gegenwart und Zukunft des gemeinnützigen Rundfunks bilden können.

1. Nach Hitler: Die Anfänge des öffentlich-rechtlichen Rundfunks

Abkehr von Volksempfänger und Propagandarundfunk: Die Firma Schaub-Lorenz präsentierte 1949 auf der Funkschau im Berliner Zoo ein neues Radio, das für einen neuen Rundfunk, ein neues Lebensgefühl und eine neue Verbindung von Frau und Technik steht.

«Derjenige, der seinen Stolz darin setzt, den Menschen das zu bieten, was sie seiner Ansicht nach wollen, verursacht oft eine fiktive Forderung nach einem niedrigeren Niveau, die er dann befriedigt.»
Lord Reith, erster Generaldirektor der BBC

Große Schwester BBC

Am 1. Mai 1945 um 22.26 Uhr verbreitete das Oberkommando der Wehrmacht über die dem Großdeutschen Rundfunk verbliebenen Sender, dass Adolf Hitler «bis zum letzten Atemzuge gegen den Bolschewismus kämpfend für Deutschland gefallen ist». Die Meldung führte die Hörer gleich zweifach in die Irre: Anders als behauptet, war Hitler schon am Vortag gestorben, und er war auch nicht im Kampf gefallen, sondern hatte die Waffe gegen sich selbst gerichtet, nachdem er zuvor seine Frau und sich selbst vergiftet hatte. Das Berliner Haus des Rundfunks ging in der Nacht zum 2. Mai mit dem theatralischen Satz «Der Führer ist tot, es lebe das Reich» von Sendung. Die Schlacht um Berlin war beendet, die Reichshauptstadt in den Händen der Roten Armee. Zwei Tage später meldete sich der von den Briten weitgehend intakt übernommene Hamburger Sender mit der Ansage: «This is Radio Hamburg, a Station of the Military Government.» Allein der Sender in Flensburg verblieb noch bis zum 13. Mai in den Händen der letzten NS-Regierung und damit sogar über den Tag der bedingungslosen Kapitulation hinaus. Als er verstummte, meldete sich aus einem von den Sowjets notdürftig hergerichteten Übertragungswagen wieder ein Sender aus Berlin.[1]

Damit gehörte der Rundfunk in Deutschland den siegreichen

Alliierten, die die Sendeanlagen wieder herstellten und zunächst als Militärsender betrieben. Ursprüngliche Pläne, nach dem Krieg von Königs Wusterhausen aus Deutschland mit einem zentralen Programm der vier Mächte zu versorgen, zerschlugen sich. Wie auch sollten die Wahlen in Großbritannien oder die Sitzung des Zentralkomitees der Kommunistischen Partei in der Sozialistischen Sowjetrepublik Aserbaidschan unter einen redaktionellen Hut gebracht werden? Eine Aufteilung der Sendezeiten unter den Alliierten war ebenso wenig denkbar. Aber es gab nicht nur praktische Probleme, die gegen einen inter-alliierten Sendebetrieb sprachen. Die Franzosen wollten sich ungern in ihre Zone hineinfunken lassen, und auch die Briten und Amerikaner wussten die Hoheit über den Rundfunk in ihren Zonen bald zu schätzen, von den Sowjets ganz zu schweigen. Einig war man sich darin, den Deutschen sämtliche Rundfunkaktivitäten bis auf Weiteres zu untersagen, sie aber zur Unterstützung des von den Besatzungsoffizieren kontrollierten Sendebetriebs einzusetzen und ihnen erst daraufhin den Betrieb von Rundfunkanstalten unter engmaschiger Überwachung und unter vorläufiger Beibehaltung der alliierten Funkhoheit wieder zu gestatten.[2] Das ging manchmal schneller als erwartet. Radio Frankfurt zum Beispiel brachte auf seiner Mittelwelle ab dem 1. Juli 1945 die *Umschau zwischen Rhein und Main sowie der benachbarten Gebiete*, eine aktuelle Nachrichtensendung – die erste, die eine deutsche Redaktion kaum drei Wochen nach der bedingungslosen Kapitulation wieder herstellte.[3]

Die einzige Institution des deutschen Rundfunkwesens, die unbeirrt weiterarbeitete, war die Postbehörde. Sie tat das, was sie seit jeher getan hatte: Sie pflegte die Leitungswege der Sender, trieb Rundfunkgebühren ein und zahlte die Gehälter an die bei den Sendeanlagen angestellten Mitarbeiter aus. Schon in der Weimarer Republik hatte das lukrativste Geschäft der Reichspost nicht im Verkauf von Briefmarken bestanden, sondern im Einzug der Rundfunkgebühren. Obwohl die Lizenzgebühr mit zwei Mark pro

Monat stabil blieb, verschaffte sie dem Reichspostministerium eine sprudelnde Einnahmequelle, weil die Zahl der Radiobesitzer stark anstieg (nämlich von 550 000 im Jahre 1924 auf über vier Millionen acht Jahre später), und weil es der Postbehörde gelang, den Selbstbehalt von rund 40 Prozent auf über 50 Prozent zu steigern.[4]

Den Westalliierten wurde rasch klar, dass sich der Rundfunk auch weiterhin viel effektiver über eine an der Wohnungstür vom Postboten kassierte Gebühr unterhalten ließ als über stotternde Steuereinnahmen oder schwankende Werbeerlöse. Das Verfahren war eingeübt und wurde allseits akzeptiert. Die Alliierten mussten nur darauf achten, dass die überschüssigen Einnahmen nicht im deutschen Staatshaushalt verschwanden und der Rundfunk über eine nationale Postbehörde nicht wieder in die Hände einer deutschen Regierung gelangte. Deswegen verblieb nur der Gebühreneinzug bei der Post, Technik und Anlagen musste sie entschädigungslos an die einzelnen Sender abgeben. Aber wenn nicht mehr dem deutschen Staat, wem sollte der Rundfunk in Deutschland dann gehören? Mit dieser Frage kam die BBC ins Spiel.

Eine Übertragung der Organisation des britischen Rundfunks auf Deutschland lag aus zwei Gründen nahe: Erstens bot eine solche Organisationsform die beste Gewähr dafür, einen von der Regierung gesteuerten Rundfunk zu unterbinden, und zweitens stand die BBC der deutschen Rundfunktradition viel näher als alle anderen staatsfernen Modelle.

Die British Broadcasting Company Ltd. war 1922 von privaten Geräteherstellern gegründet worden, die über die Verbreitung eines attraktiven Radioprogramms den Absatz ihrer hochpreisigen Empfangsgeräte sicherstellen wollten. Wie in Deutschland verstand man auch im Vereinigten Königreich die Übertragung von Rundfunksendungen ähnlich dem Überbringen von Sendungen auf dem Postweg. Weil die Nachrichtenbeförderung der Allgemeinheit diente, wurde sie als staatliche Aufgabe verstanden, die entweder vom Staat selbst erledigt wurde oder für die der Staat eine private Gesellschaft beauftragte. Die altehrwürdige Royal Mail war von Heinrich VIII. 1516 gegründet worden und diente nicht mehr nur der Nachrichtenübermittlung zwischen verschiedenen Regierungsstellen, sondern besorgte längst den gesamten Nachrichtenverkehr unter Privatpersonen und Unternehmen. Die Aufnahme eines nationalen Hörfunkbetriebs aber traute sie sich nicht zu. Im Einvernehmen mit der Regierung trat sie ihr Monopol im Bereich des Rundfunks komplett an eine eigens gegründete private Kapitalgesellschaft ab, die sich British Broadcasting Corporation nannte, um so die Entstehung einer instabilen und unübersichtlichen privaten Radiolandschaft wie in den USA von vornherein zu verhindern.

Genau wie im Deutschen Reich erhob im Vereinigten Königreich die Post eine Nutzungsgebühr für Radiogeräte und gab davon einen Teil an die BBC weiter. Außerdem kam ihr der Verkauf von Empfangsgeräten direkt zugute, und sie ließ sich einige ihrer Sendungen von privaten Verlegern sponsern. Dennoch scheiterte das Unternehmen innerhalb kürzester Zeit. Wie sich herausstellte, konnten die Betriebskosten und der hohe Investitionsbedarf durch die Einnahmen keineswegs gedeckt werden. Der Geräteverkauf kam nicht in Schwung, weil sich die Hörer ihre Geräte lieber selbst preisgünstig zusammenbauten, das Gebührenaufkommen fiel enttäuschend gering aus und die Sponsorengelder tröpfelten mehr, als dass sie flossen.

Ohne die Initialen wechseln zu müssen, wurde zum Jahreswechsel 1926/27 aus der *Company* kurzerhand eine *Corporation*, die fortan aus allgemeinen Gebühren finanziert wurde. Selbst der gescheiterte Generaldirektor blieb im Amt und wurde, weil er nun einer öffentlichen Körperschaft im nationalen Dienst vorstand, in den Ritterstand erhoben. John Reith, der legendäre Gründungsvater und erste Generaldirektor der BBC, stammte aus einem einfachen Pfarrhaushalt, hatte aber während des Krieges beim Militär Karriere gemacht und war bei den Unterhauswahlen 1922 für die

Tories angetreten. Von 1922 bis 1938 führte der bekennende Konservative die BBC. 1940 übernahm er unter Chamberlain sinnigerweise das Informationsministerium, wechselte im Kriegskabinett Churchills, der ihn nicht mochte, in das Verkehrsressort und wurde später Wohnungs- und Bauminister. Reiths beruflicher Lebenslauf changierte somit zwischen Staat, Politik und Rundfunk.

Überwacht und strategisch geführt wurde die neue BBC von einem Board of Governors, deren zwölf Mitglieder der König ernannte. Für die Ernennung griff er auf eine von der Regierung gefertigte Personenliste zurück, die Vorschläge aus verschiedenen gesellschaftlichen Bereichen berücksichtigte. Das Board bestimmte den Generaldirektor und besetzte andere Führungspositionen, ging Beschwerden über die BBC nach und veröffentlichte einen Jahresbericht, der die Erfüllung ihrer strategischen Ziele beschrieb. Für das Programm und die Verwaltung war allein der Generaldirektor zuständig. Er war also in einer Person *director-general* und *editor-in-chief*.[5]

Die nunmehr auskömmliche Finanzierung aus allgemeinen Gebühren, die nicht-staatliche Organisationsform, die starke Position des Generaldirektors und die Überwachung durch ein unabhängiges Gremium verschafften der BBC eine besondere institutionelle Stellung in der europäischen Rundfunklandschaft. Es existierte (und existiert) allerdings noch ein anderes Konzept staatsfernen Rundfunks in Europa, und zwar in der Schweiz. Viele Deutsche lernten Radio Beromünster als letzten freien deutschsprachigen Sender in Europa kennen, der sich ungebrochener Beliebtheit erfreute, nachdem der NS-Staat ihn zum «Feindsender» erklärt hatte. Da er über starke Sendeanlagen verfügte, konnte er weit über Österreich und Süddeutschland hinaus empfangen werden. Nur die allerwenigsten Hörer dürften die spezielle Organisationsform des Schweizer Senders gekannt haben. Er gehörte der Schweizerischen Rundspruchgesellschaft (SRG), einem Zusammenschluss von Vereinen und Genossenschaften, der von der Regierung die alleinige Konzession zur Veranstaltung von Rundfunk erhalten hatte und für diese Dienstleistung über allgemeine Gebühren finanziert wurde. Als Verein privatrechtlich organisiert, aber nach den Grundsätzen des Schweizer Aktienrechts geführt, bewegte sich die Governance der SRG seit jeher im Spannungsfeld von Vereins- und Aktienrecht. Wie die BBC kennt die SRG einen Generaldirektor, der die Geschäftsführung innehat und die Verantwortung für die Programme trägt. Bestellt und überwacht wurde (und wird) er von einem Verwaltungsrat, der von der Delegiertenversammlung der Vereine gewählt wird.[6] Aber die Schweiz hätte schon ihre Neutralität aufgeben, in den Krieg gegen das Deutsche Reich ziehen und Besatzungsmacht werden müssen, um die Alliierten und die Deutschen auf ihre Konstruktion aufmerksam zu machen. Und selbst dann hätten für ein solches Modell die historischen Erfahrungen und kulturellen Gegebenheiten gefehlt. Dass die Zivilgesellschaft das Rundfunkmonopol ausübt, ging in Deutschland über alle Vorstellung hinaus.

Der in den USA rein privat betriebene Rundfunk mit seiner Vielzahl von über das weite Land verstreuten kommerziellen Sendern konnte in den vom Krieg verarmten und zudem viel kleineren Staaten Europas nicht funktionieren. Dafür fehlten jegliche Voraussetzungen. Es mangelte an brauchbaren Frequenzen, an nennenswerten Werbeeinnahmen und – wie das Beispiel der BBC in den 1920er Jahren schon belegt hatte – vor allem an der Mobilisierung ausreichender privater Investitionen. Den Amerikanern war damit von Anfang an klar, dass sich ihr Modell nicht auf Deutschland übertragen ließ. Etwas anders lagen die Dinge für die französische Besatzungsmacht.

In Frankreich hatte es vor dem Krieg zwar auch private, vereinzelt von Amateurclubs betriebene Lokalradios gegeben, doch nach der Befreiung wurde ein rein staatliches Rundfunkwesen aufgebaut, das einem Ministerium in Paris unterstand.[7] Nach dem Führerstaat war den Franzosen allerdings nicht an einem neuerlichen

Zentralstaat gelegen; stattdessen setzten sie auf eine föderale Lösung der deutschen Frage, und daraus ergab sich die Zustimmung zu einem föderalen, nicht-staatlichen Rundfunksystem. Und im besetzten Deutschland schien ein anderer als ein föderaler Aufbau des Rundfunks schon deshalb nicht möglich zu sein, weil dort nur die Länder bestanden.

Das in den westlichen Besatzungszonen in Angriff genommene, regional aufgebaute System aus öffentlichen, aber unabhängigen Rundfunkanstalten, die von einer Generaldirektion geführt, durch regierungsferne Aufsichtsgremien kontrolliert und von den Gebühren der Hörergemeinschaft finanziert wurden, entsprang somit keineswegs ausgefeilten alliierten Nachkriegsplanungen. Die meisten Zutaten für den neuen deutschen Rundfunk stammten zwar aus Großbritannien, doch die Zubereitung ergab sich gleichsam naturwüchsig.

Den Deutschen erschloss sich die Konstruktion des neuen Systems nicht auf Anhieb. Sie kannten zwar Unternehmen, deren Vorstände von einem Aufsichtsrat kontrolliert wurden, in dem die Vertreter der Anteilseigner und dann auch der Arbeitnehmer saßen. Doch wer waren die Anteilseigner einer weder privaten noch staatlichen Rundfunkanstalt? Wem sollte sie letztlich gehören, wenn nicht dem demokratischen Staat?

Mit solchen Zweifeln standen die Deutschen keineswegs allein. Auch die Amerikaner waren sich über die genaue Organisationsform eines zukünftigen deutschen Rundfunks nicht gleich im Klaren. Immerhin waren sie von Anfang an der Überzeugung, dass ein so mächtiges Instrument wie der Rundfunk nicht in eine einzige Hand gegeben werden durfte und schon gar nicht in die Hand einer deutschen Regierung (anders verhielt es sich, wenn sie selbst den Sender in der Hand behielten, wie in Berlin den RIAS). Genauer wussten sie hingegen die journalistischen Grundsätze zu formulieren, nach denen der deutsche Rundfunk in Zukunft funktionieren sollte. Die Information Control Division (ICD) des Office of Military Government for Germany (OMGUS) verabschiedete am 14. Mai 1946 den «Entwurf zu einer Erklärung über Rundfunkfreiheit in Deutschland», der als die «Zehn Gebote» für die Rundfunkpolitik der Länderregierungen unter amerikanischer Besatzung galt.[8] In der Präambel wurde der Rundfunk auf die Ziele der «Wahrheit, Toleranz, Gerechtigkeit, Freiheit und Achtung vor den Rechten der individuellen Persönlichkeit» verpflichtet. Er werde sich nicht – so heißt es dort weiter – «den Wünschen oder dem Verlangen irgend einer Partei, irgend eines Glaubens oder irgend eines Bekenntnisses unterordnen». Unabhängig sollte das deutsche Rundfunkwesen sein, aber keineswegs wertneutral, und auch nicht politikfern. Vielmehr sollten die Vertreter unterschiedlicher Standpunkte gleichgewichtig zu Wort kommen. An die Rundfunkanstalten erging die Mahnung, objektiv und wahrheitsgetreu zu berichten, zwischen Bericht und Kommentar zu unterscheiden, stets mehrere, freie und unabhängige Quellen zu benutzen und jegliche Werbung für eine Partei im Programm zu unterlassen. Der staatlichen Politik wurde aufgegeben, das Recht auf demokratisch gesinnte Kritik an Missständen, Regierungsstellen und Amtsträgern nicht nur hinzunehmen, sondern sogar zu sichern und dauerhaft zu gewährleisten. An seine Grenzen stieß das Recht auf freie Meinungsäußerung nur dann, wenn Sendungen Vorurteile oder Diskriminierungen von «Einzelpersonen und Gruppen … wegen ihrer Rasse, Religion oder Farbe verursachen könnten». Außerdem sollten keine Gedanken oder Begriffe verbreitet werden, die «in grober Weise gegen die moralischen Gefühle großer Teile der Zuhörerschaft verstoßen würden». Entwickelten die Amerikaner eher die Software für das deutsche Rundfunksystem, so konstruierten die Briten die Hardware. Vor allem wird man den Besatzungsoffizieren zugutehalten müssen, dass sie dabei journalistische Standards verlangten und rundfunkpolitische Ideale verfolgten, die sie in der Wirklichkeit ihrer Heimatländer nicht immer antrafen.

NWDR: Die Stimme des neuen Deutschland

Die Briten hatten schon bald in ihrer Zone eine zentrale Rundfunkanstalt in Hamburg eingerichtet, deren Sendegebiet die späteren Länder Schleswig-Holstein, Niedersachsen und Nordrhein-Westfalen sowie die Britische Zone in Berlin umfasste. Die Wahl der Hansestadt zum Sitz des Nordwestdeutschen Rundfunks (NWDR) war dem Umstand geschuldet, dass das dortige Sendegebäude unzerstört übernommen werden konnte. Bremen schied schon 1947 aus dem Sendeverbund aus, weil die Briten die Stadt an die Amerikaner abtraten, die über den Hafen ihre Truppen versorgten. Mit der Verordnung Nr. 118 legalisierten die britischen Besatzer den NWDR zum 1. Januar 1948, um ihn von da an Schritt für Schritt an die Deutschen zu übergeben.[9] Bis zu diesem Stichtag befand sich der Sender im Besitz der Besatzungsmacht. Sie stellte das Personal ein und kontrollierte das Programm. Doch gewährten die Besatzer den Redakteuren einen ungeahnt großzügigen redaktionellen Spielraum, was gleich engagierte Programmmacher anzog, die ihn zu nutzen wussten. Ab dem 1. Januar 1948 bezeichnete sich der NWDR als «eine unabhängige Anstalt zur Verbreitung von Nachrichten und Darbietungen unterhaltender, bildender und belehrender Art». Rechtlich wurde er als eine «Anstalt des öffentlichen Rechts» geführt, die sich selbst verwaltet, und zwar nach den Regeln einer Satzung, die sie selbst erlassen konnte und somit quasi Gesetzeskraft besaß. Die Briten wollten anfangs nichts dem Zufall überlassen und gaben der Verordnung eine von ihnen entworfene Satzung als Anlage bei. An die Spitze der Anstalt stellten sie wie bisher einen Generaldirektor, der aber nun von einem Verwaltungsrat beaufsichtigt wurde. Die Ernennung des ersten deutschen Generaldirektors sowie die Wahl der Mitglieder des Verwaltungsrates bedurften der Zustimmung der Militärregierung.

Die Lizenzierung der deutschen Presse durch die Alliierten ging ungleich rascher vonstatten als der Aufbau des Rundfunks. Ob Presse oder Rundfunk – in beiden Fällen sollte sichergestellt werden, dass die für die Reeducation der Deutschen so wichtigen Massenmedien in die richtigen Hände gerieten und dort auch verblieben. Wie der Rundfunk blieb auch die Presse nach der Lizenzvergabe vorerst unter alliierter Aufsicht. Der entscheidende Unterschied, den die Briten zwischen den beiden Medien machten, lag darin, die Lizenzen für die Zeitungen nach Parteifarben zu vergeben, wobei sich die Verteilung am Ergebnis der letzten freien Wahl in Deutschland orientierte. Ein solcher Mechanismus konnte in einem Zeitungsmarkt sofort Meinungsvielfalt und Staatsunabhängigkeit herstellen, nicht jedoch in einem Rundfunksystem, das nur einen einzigen Anbieter besaß. Deswegen kostete die Übergabe des NWDR in die deutsche Verantwortung mehr Zeit.[10]

Der Mann, der hinter dem Aufbau des NWDR stand, war ein Berufsoffizier der britischen Armee. Major-General Sir Alexander Bishop hatte im Krieg in Afrika gedient, bevor er aufgrund seiner organisatorischen Fähigkeiten 1944 Quartiermeister im Kriegsministerium geworden war. Direkt nach dem Ende des Krieges wurde er als Chef der Informationsabteilung der Militärregierung nach Deutschland geschickt und noch zum Jahresende beauftragt, die Medienlandschaft in der Britischen Zone neu zu ordnen. Der General verstand rasch, dass der Rundfunk nur von jemandem erfolgreich aufgebaut und geführt werden konnte, der in den deutschen Verhältnissen ebenso bewandert war wie im europäischen Presse- und Rundfunkwesen. Deswegen wandte sich der General an den amtierenden Generaldirektor der BBC, Sir William Haley, und bat ihn um eine Empfehlung. Haley stieß auf den Nachrichtenchef des deutschsprachigen Programms, Hugh Greene, der gerade nach einer neuen Aufgabe suchte. Greene hatte vor dem Krieg einen Studienaufenthalt in Marburg absolviert und war danach Zeitungskorrespondent in München, Berlin, Wien, Paris, Prag und

Warschau gewesen. Im Oktober 1946 landete er wieder in Deutschland und wurde zur prägenden Gestalt des öffentlich-rechtlichen Rundfunks in Westdeutschland. Greenes Credo lautete: Wie die BBC sollte der NWDR keine eigene politische Agenda verfolgen. Denn öffentlich-rechtliche Sender hätten keine Meinung zu haben, aber die Aufgabe, anderen die Möglichkeit zu geben, ihre Meinung zu äußern, so dass sich jeder sein eigenes Urteil bilden könne.[11]

Die Verordnung Nr. 118, die «Magna Charta» (Hans Bausch) des öffentlich-rechtlichen Rundfunks in Deutschland, stammte aus seiner Feder, und er setzte alles daran, sie in kürzester Zeit umzusetzen. In einem Brief an seine Mutter beschrieb der 34-Jährige seine Position so: «Man ist in der Lage, das Leben von mehr als 1000 Leuten zu bestimmen, indem man etwas unterschreibt oder nicht unterschreibt. Das Leben selbst ist eine seltsame Mischung von Luxus und Unbequemlichkeit. Ich habe ein Büro, das Göring grün von Neid gemacht hätte, einen Wagen von der Größe einer Lokomotive, der einem SS-General gehörte, und einen sehr großen, gemütlichen Raum in der Messe mit Blick auf die Alster und eigenem Badezimmer. Aber es gibt nur einmal in der Woche heißes Wasser, bisher keine Heizung und nur die Erwartung einer Art Halb-Heizung während des Winters.»[12]

Auf seiner ersten Belegschaftsversammlung in Hamburg betonte Greene, er sei nur hier, um sich wieder überflüssig zu machen. Denn der Sender solle nicht die Stimme des Eroberers sein, sondern die Stimme des neuen Deutschlands werden. Um diesen Worten Nachdruck zu verliehen, baute er das britische Personal bis auf einen kleinen Stamm von Offizieren sogleich ab.[13]

In Programmfragen hielt sich Greene im Hintergrund und vertraute den von ihm größtenteils übernommenen Programmmachern, allen voran dem Leiter der Abteilung Talks and Features, Peter von Zahn, und dem Redakteur aus dem Bereich Wort, dem Schriftsteller und Kritiker Axel Eggebrecht, der bis 1925 der KPD angehört und sich im «Dritten Reich» mit Drehbüchern für Unterhaltungsfilme über Wasser gehalten hatte. Wenn sie wegen ihrer kritischen Sendungen von außen angegriffen wurden, deckte er sie, eine Haltung, die sich natürlich herumsprach.[14]

Senderinterne Querelen ergaben sich dennoch zuhauf. Es kam zu Abmahnungen, Versetzungen und Entlassungen. Nahezu jede Verfehlung wurde (partei)politisch interpretiert oder instrumentalisiert. Die Fronten verliefen häufig zwischen Remigranten und Dagebliebenen, zwischen jüngeren Journalisten und erfahrenen Redakteuren, zwischen lauten Mitarbeitern mit kritischem Anspruch und verschwiegenen Mitarbeitern, die schon im Großdeutschen Rundfunk stillgehalten hatten. 1947 warf der Kalte Krieg seinen Schatten über den NWDR, und die Auswirkungen trafen vor allem Kommunisten, die zunächst als «unbelastet» eingestuft worden waren und in verantwortlichen Positionen saßen. Der prominenteste unter ihnen war der Kölner Intendant Max Burghardt, der im Februar 1947 infolge zahlloser öffentlicher Attacken der CDU von seinem Amt zurücktreten musste und in die sowjetische Zone wechselte. In der DDR brachte es der Widerstandskämpfer gegen den Nationalsozialismus zum Intendanten der Deutschen Staatsoper, Präsidenten des Kulturbundes und Mitglied des Zentralkomitees der SED.[15]

Der Mann, über den Burghardt gestolpert war, hieß Karl-Eduard von Schnitzler, der als Ressortleiter Politik im Kölner Funkhaus eine recht effektive kommunistische Seilschaft aufgebaut hatte. Die Briten hielten an Schnitzler dennoch lange fest, wohl weil er von ihnen als Kriegsgefangener bei der BBC eine Ausbildung erfahren hatte. Von Köln nach Hamburg versetzt, nahm ihn Greene unter seine Fittiche, konnte dessen politisches Eifertum aber nicht bremsen, so dass er ihn doch noch rauswarf. Schnitzler ging daraufhin zum Berliner Rundfunk nach Ostberlin, wurde in den 1950er Jahren Chefkommentator im DDR-Fernsehen und moderierte seit 1960 den berühmt-berüchtigten *Schwarzen Kanal,* über den er den faschistoiden Charakter des westdeutschen Staates jeden Montagabend aufs Neue entlarven wollte.[16]

Im Oktober 1946 hatte Hugh Greene in einer weiteren Ansprache, dieses Mal vor den Mitarbeitern des Funkhauses in Köln, umrissen, wie er sich die weitere Zukunft des NWDR vorstellte. «Dieser Sender», so Greene, «darf niemals ein Parteisender werden oder ein Regierungssender oder das Sprachrohr kommerzieller Interessen. Wenn ich die Politik eines solchen Senders in zwei Worten zusammenfassen kann, dann sind es Sachlichkeit und Objektivität auf allen Gebieten. Und das bedeutet nicht, dass man langweilig zu sein braucht.»[17]

Bei Greene selbst kam schon deswegen keine Langeweile auf, weil er sich neben nicht abreißenden internen Querelen zunehmend mit Unmut von außen auseinandersetzen musste. Bei zahlreichen Gesprächspartnern traf er auf ein tradiertes Verständnis von Rundfunk, das diesen als staatlichen Diener der politischen Demokratie betrachtete, ihn sich aber nicht als unabhängiges Element in einer demokratischen Gemeinschaft vorstellen konnte. Besonders deutlich wurde diese grundlegende Meinungsverschiedenheit in den informellen Verhandlungen, die Greene mit dem Rundfunkbeirat des britischen Zonenbeirats über das Statut des NWDR führte. Dem Beirat gehörten Politiker an, die bereits in der Weimarer Republik aktiv gewesen waren und die für die Gründung der Bundesrepublik Deutschland noch eine größere Rolle spielen sollten. Parteiübergreifend betrachtete die deutsche Seite den Aufbau einer unabhängigen Instanz, die im direkten Kontakt mit der Bevölkerung stand, als geradezu demokratiegefährdend.

Zum einen wollte den deutschen Abgeordneten nicht einleuchten, warum eine Einrichtung, die über Einnahmen aus allgemeinen Gebühren verfügte, sich anders als jede Regierung keinen Haushalt vom Parlament genehmigen lassen und keinerlei öffentliche Rechenschaft über die Verwendung ihrer Mittel ablegen musste. Zum anderen betrachteten die Politiker den Aufbau einer gleichsam neutralen Instanz als Versuch, einen – wie es der FDP-Politiker Hermann Schäfer nannte – «Staat im Staate» aufzubauen. Bis 1932 hingegen hatte der Rundfunk der politischen Kontrolle verfassungsgemäßer Regierungen unterstanden und sich geradezu als ein Instrument wehrhafter Demokratie erwiesen, weil er weder Hitler noch einem anderen Nationalsozialsten oder Kommunisten auch nur eine Minute Sendezeit eingeräumt hatte. Nicht zuletzt misstrauten die deutschen Politiker dem eigenen Volk, wie gebrannte Kinder das Feuer scheuen. Denn Hitler hatte sich, um an die Macht zu kommen, auf die Unterstützung willfähriger Funktionseliten ebenso verlassen können wie auf seine wachsende Popularität im Volk. Die Nachkriegspolitiker empfanden jedwede Kritik an ihrer Arbeit oder den entstehenden Institutionen der zweiten Demokratie als zersetzend, schien sie doch den alten Feinden der Demokratie in die Hände zu spielen. Statt verantwortungslos zu kritisieren und zu bemängeln, sollte der Rundfunk einen viel wertvolleren volkspädagogischen Auftrag erfüllen, nämlich die Parteien, Parlamente und Regierungen in ihrer Aufbauarbeit positiv begleiten und in ihrer mühseligen demokratischen Erziehungsarbeit unterstützen.

Dem Selbstverständnis der deutschen Politiker zufolge gehörte der Rundfunk, wenn er denn echte demokratische Wirkung entfalten sollte, dem demokratischen Staat und den politischen Parteien, die diesen trugen, keineswegs aber irgendwelchen angestellten Mitarbeitern und auch nicht länger den Kontrolloffizieren der Besatzungsmächte. Im Selbstverständnis der Briten gehörte der Rundfunk, wenn er denn echte demokratische Wirkung entfalten sollte, der Zivilgesellschaft und denjenigen, die diese trugen, den Kirchen, Verbänden, Organisationen, darunter auch den Parteien, aber keineswegs den Regierungen und deren politischen Hilfsarbeitern.

Greene war jedoch keineswegs blauäugig und durchaus zu Kompromissen bereit, schon um den Deutschen eine selbstverwaltete

Rundfunkanstalt schmackhaft zu machen, aber auch, weil er selbst nur allzu gut wusste, dass die BBC kein Leben abgeschirmt von der großen Politik führte.

Greenes Organisationsmodell sah analog zu dem der BBC drei Anstaltsorgane vor: die Intendanz, die von einem Verwaltungsrat kontrolliert wurde, und einen Hauptausschuss, der den Verwaltungsrat wählte. Der Verwaltungsrat entsprach in etwa dem Board of Governors, der Hauptausschuss (später: Rundfunkrat) dem Geheimen Kronrat. Auf dem Reißbrett sah dies gut aus, doch in der Wirklichkeit lagen die Dinge etwas anders. So wie der König keineswegs frei war in der Berufung des Kronrats oder der Besetzung des Boards, weil ihm die Regierung die Vorgaben lieferte, konnte auch die Besetzung des Hauptausschusses und die anschließende Wahl des Verwaltungsrats nicht ohne politische Einwirkungen geschehen, und an denen war nolens volens die Regierungsmehrheit nicht unwesentlich beteiligt.

Es ist interessant, dass Greene solche Zusammenhänge vor einem deutschen Publikum niemals offen ansprach. In einem Festvortrag anlässlich des 35. Geburtstags der National Broadcasting Company (NBC) in New York räumte er dagegen freimütig ein, dass das britische Board of Governors «auf einer Sitzung des Geheimen Rats ernannt (werde), also in Wahrheit von der jeweils im Amt befindlichen Regierung».[18] Dennoch ist dieser Vorgang nicht mit der Ernennung eines Kabinetts, der Besetzung einer Regierungskommission oder der Wahl eines Parlamentsausschusses zu verwechseln. Die Ernennungsprozedur vollzog sich diskret, sie war ein für die Öffentlichkeit intransparenter Vorgang, der dem politischen Tageskampf entzogen war, und die Regierung überprüfte ihre Personalvorschläge dahingehend, ob sie vor dem Monarchen Bestand haben würden. Der Eindruck, das Board sollte in irgendeine Richtung einseitig oder durchgängig regierungstreu besetzt werden, durfte von vornherein nicht entstehen, und deswegen boten sich für die Besetzung integre Persönlichkeiten des öffentlichen Lebens an, die zusammen für eine gewisse Ausgewogenheit standen.

Nun gab es in Deutschland keinen König, es gab 1947 überhaupt kein Staatsoberhaupt, das eine solche Ernennung hätte vornehmen können. Es gab nur Ministerpräsidenten oder Bürgermeister, die ihren Gemeinwesen als Regierungschefs und Staatsoberhäupter zugleich vorstanden. Deswegen kamen die Briten auf die pragmatische Lösung, den Ministerpräsidenten von Nordrhein-Westfalen, Niedersachsen und Schleswig-Holstein sowie dem Bürgermeister der Hansestadt Hamburg im Hauptausschuss des NWDR einen festen Sitz einzuräumen. Nach längeren Verhandlungen mit der deutschen Seite kam man überein, die Zahl der Mitglieder auf sechzehn festzulegen. Dem Ausschuss sollten neben den Regierungschefs vier leitende Vertreter des Schulwesens, ein Vertreter der katholischen und ein Vertreter der evangelischen Kirche sowie ein Vertreter des Deutschen Gewerkschaftsbundes, des Nordwestdeutschen Journalistenvereins, des Deutschen Bühnenvereins, der Staatlichen Musikhochschule in Köln sowie der Industrie- und Handelskammern angehören. Bemerkenswert war, dass der Vorsitz an den Präsidenten des Zentraljustizamts ging, mithin an den obersten politischen Beamten einer staatlichen Behörde. Offenbar wollte Greene mit dieser Festlegung den überparteilichen Charakter des NWDR bekräftigen sowie eine neutrale Amtsführung des Vorsitzes unterstreichen und die Vergabe der Position an einen Politiker vereiteln.

Ein weiteres Zugeständnis machte Greene bei der Festlegung der Kompetenzen des Verwaltungsrats. Auf Wunsch der deutschen Seite wurde dessen Position gegenüber dem Amt des Generaldirektors wesentlich gestärkt. Der Verwaltungsrat durfte dem Generaldirektor sogar Weisungen erteilen, die die Programmgestaltung betrafen, und er erhielt damit eine Befugnis, die über die Kompetenzen des Board of Governors eindeutig hinausgingen. Hatte der Historiker und SDR-Intendant Hans Bausch recht, wenn er 1980 bilanzierte, der britische Optimismus, die Deutschen von einem unabhängigen Rundfunk zu überzeugen, habe der deutschen Wirklichkeit schon beim NWDR nicht standgehalten? Bausch rechnet vor, schon im ersten Hauptausschuss wären die Parteimitglieder in der Mehrheit gewesen und im Verwaltungsrat hätte es für die SPD vier zu drei gegen die CDU gestanden. Mit Greene meint Bausch allerdings auch, dass sich der Versuch, einen unabhängigen Rundfunk gleichsam von außen zu etablieren, nicht als «völliger Fehlschlag» erwiesen habe.[19]

Die Amerikaner betrachteten ihre Bemühungen um einen unabhängigen Rundfunk – verglichen mit dem, was sie ursprünglich vorgefunden hatten – eher positiv. Die Briten waren mit ihrem Werk weniger zufrieden und frustriert über das, was die Deutschen damit anstellten. Im Außenministerium klagte man über das unter den Deutschen gesunkene Niveau des NWDR-Programms, was insbesondere für die verwaschene Kommentierung politischer Vorgänge gelte. Überhaupt störte die Briten ein für eine moderne Demokratie mangelhaftes Staatsbürgerbewusstsein und eine völlig unterentwickelte öffentliche Meinungsbildung, weshalb sie über kurz oder lang einen Rückfall in den preußisch-deutschen Obrigkeitsstaat nicht ausschlossen.[20] Damit lagen sie zum Glück falsch.

Ein abwägendes Urteil sollte Folgendes in Betracht ziehen: Erstens war, was uns heute selbstverständlich erscheint, nämlich die Organisation des Rundfunks in Form sich selbst verwaltender Anstalten des öffentlichen Rechts, die im Dienst der Allgemeinheit stehen, 1947 ein absolutes Novum.

Zweitens war das Proporzdenken keineswegs nur eine Sache der Besiegten. Hugh Greene rühmte sich gegenüber einem BBC-Kollegen später damit, er persönlich habe mit Ministerpräsident Arnold (CDU) ausgehandelt, dass, wenn dieser die Wahl eines evangelischen Sozialdemokraten aus Niedersachsen zum Generaldirektor des NWDR unterstütze, im Gegenzug ein katholischer

Unionsmann aus Nordrhein-Westfalen Vorsitzender des Verwaltungsrats werden könne.[21] Ein solches Vorgehen widersprach offensichtlich nicht der feinen britischen Art, doch Greene konnte darüber seine Nachfolge geräuschlos regeln. Viel ausgeprägter als in Westdeutschland war der Proporzgedanke in Österreich. Hier teilten ÖVP und SPÖ den Rundfunk unter sich zu gleichen Teilen auf. In Italien wurde die in einer Staatsholding geführte RAI zunächst nach einem antifaschistischen Allparteienproporz geführt, bevor die christdemokratischen Regierungen das öffentlich-rechtliche Unternehmen zur Ämterpatronage nutzten.[22]

Über allen historischen Urteilen schwebt drittens die leuchtende BBC. Nur klafften in Großbritannien Ideal und Wirklichkeit bisweilen auseinander. Die BBC war durch den Krieg unter starken staatlichen Einfluss geraten, der danach nicht ohne Weiteres nachließ. Dies galt vor allem für die externen Programme, deren Gestaltung weiterhin in enger Abstimmung mit dem Außenministerium erfolgte. John Coatman, ehemaliger Nachrichtenchef der britischen Regierung in Indien, urteilte sogar, dass die Anstalt immer mehr einer gewöhnlichen Regierungsabteilung glich. Der irische Historiker Simon James Potter kommt zu dem feinsinnigen Ergebnis, dass es eben diese Ambiguität aus formaler Unabhängigkeit und faktischer Regierungsnähe war, die den Charakter der Anstalt ausmachte.[23]

Die BBC war in der Tat nicht die rigide Kritikerin des Regierungshandelns, als die sie in Westdeutschland galt. Viele Jahre hielt sie sich von der Tagespolitik fern. Ihre Journalisten lieferten keine harten Recherchen oder tiefschürfende politische Analysen; selbst die Wahlberichterstattung wurde gemieden. Ihre zentrale Aufgabe bestand darin, dem britischen Nationalcharakter Ausdruck zu verleihen, Schutz vor einer Amerikanisierung gesellschaftlicher Umgangsformen und der englischen Sprache zu bieten, die ausländischen Besitztümer des Empire in Übersee zu verteidigen und überhaupt das Allgemeininteresse des Königreichs stets im Auge zu haben. Kurzum, sie sollte dem Bestand des Empire dienen und sich nicht im politischen Tageskampf aufreiben.

Winston Churchill war nie ein Freund der BBC; er und John Reith blieben sich zeitlebens in persönlicher Abneigung eng verbunden. Churchill warf der BBC vor, nur den Mainstream abzubilden und Außenseitermeinungen (wie seine Haltung gegen die Appeasement-Politik) zu unterdrücken. Kaum war er mit den Konservativen nach dem Krieg wieder an der Macht, sprengte seine Regierung das TV-Monopol der Anstalt und ließ neben ihr das Privatfernsehen zu. Diese Konkurrenz sorgte dafür, dass die BBC in ihrer Berichterstattung politischer wurde. 1959 berichtete sie zum ersten Mal in ihren Nachrichtensendungen über die Unterhauswahlen, befragte Kandidaten und diskutierte in ihren aktuellen Programmen politische Fragen.[24]

In der Rundfunkgeschichtsschreibung stehen viertens regierungsamtliche und parteipolitische Einflussversuche im Vordergrund. Doch die Sendungen des NWDR lösten auch Proteste und Einwirkungsversuche anderer gesellschaftlicher Gruppen aus. Die Arbeitgeber beschwerten sich über gewerkschaftsnahe Kommentare, die Gewerkschaften über eine arbeitgeberfreundliche Berichterstattung. Die Bischöfe erblickten im Rundfunk ein mächtiges Mittel zur Rekatholisierung der deutschen Gesellschaft nach den Verwüstungen der kirchenfeindlichen Politik des Nationalsozialismus. Als er sich für die Interessen des Episkopats nicht einspannen ließ, wurde die Verärgerung so groß, dass der Mainzer Katholikentag 1947 eine Arbeitsgemeinschaft zum Rundfunk einrichtete, die den Aufbau eines christlichen Senders in Deutschland plante, ein Vorhaben, das die US-Militärbehörden sofort unterbanden.[25]

Anders als die Briten und Franzosen errichteten die Amerikaner in ihrer Zone keine zentrale Rundfunkanstalt per Verordnung, sie übergaben die Verantwortung für die Sender den jeweiligen Länderparlamenten, überwachten jedoch mit Argusaugen die Gesetzgebung, und sie intervenierten energisch, wenn den Landesrundfunkanstalten in den Gesetzentwürfen eine zu große Staatsnähe drohte. So kamen vier deutsche Rundfunkgesetze zustande, die zwar gewisse Abweichungen untereinander aufwiesen, aber in der Grundstruktur alle dem NWDR-Modell treu blieben.[26]

In der französischen Zone baute die Besatzungsmacht in Baden-Baden eine Rundfunkanstalt auf, deren Sendeleistung drei deutsche Länder erreichte. Die Errichtung der Mehrländeranstalt erfolgte kurzerhand auf dem Verordnungsweg, was der gouvernementalen Herangehensweise der französischen Besatzungspolitik entsprach. Der Südwestfunk (SWF) in Baden-Baden wurde ebenfalls eine Anstalt des öffentlichen Rechts mit einem Intendanten, einem Verwaltungsrat und einem Rundfunkrat.

In Westdeutschland schufen die Alliierten mit dem öffentlich-rechtlichen Rundfunk eine neuartige Institution. Sie vertrauten jedoch nicht allein auf dessen Organisationsform. Sie setzten ebenso auf die richtige Personalauswahl. Schließlich sollte die Entnazifizierung dafür sorgen, dass öffentliche Positionen nur von Deutschen bekleidet wurden, die aufgrund einer tadellosen Vergangenheit Gewähr dafür boten, sich jederzeit für die demokratische Entwicklung einzusetzen. Für die sechs Rundfunkanstalten mussten zuerst geeignete Intendanten gefunden werden, um sie an die Spitze der Sender zu stellen.

Der in der Literatur überaus kritische Blick auf die deutsche Politik lässt den Aufstieg der Intendanten, die «ihre» Sender formten und die besondere Aufmerksamkeit in der Öffentlichkeit genossen, in umso hellerem Licht erscheinen. Ihre besondere Stellung verdankten sie zunächst der in den deutschen Landesgesetzen bestätigten Intendantenverfassung. Begründet wurde das Intendantenprinzip mit dem Argument, nur so ließen sich zwei Ziele gleichzeitig erreichen: die effektive Leitung einer komplexen Organisation und die Unabhängigkeit in der Programmgestaltung. Freilich waren diese Ziele (wie anderweitige Praxis bewies) durch ein als Anstaltsorgan fungierendes Direktorium ebenso zu erreichen. Die Einführung der Intendantenverfassung beim Rundfunk schien nach dem Krieg aber nicht nur opportun, weil sie der Stellung des Generaldirektors bei der BBC entsprach, sie schien auch deswegen nicht weit hergeholt, weil an deutschen Theatern und Opernhäusern seit jeher ein Intendant herrschte, der Dienstherr, Verwaltungschef und künstlerischer Direktor in einer Person war. Das Ansehen der Intendanten hing jedoch nicht allein von ihrer außergewöhnlich starken Position ab.

Es hing mindestens ebenso von der Person des Amtsträgers ab. Der Generalintendant des NWDR, Adolf Grimme, war schon wegen seines Ministeramts in der preußischen Staatsregierung fraglos der bekannteste unter ihnen.[27] Friedrich Bischoff besaß die größte Rundfunkerfahrung, weil er Intendant der *Schlesischen Funkstunde* gewesen war. Die Nationalsozialisten hatten ihn aus dem Amt gedrängt und kurzzeitig in Untersuchungshaft gesteckt. Danach hatte er sich bis zum Untergang des «Dritten Reichs» einer unauffälligen Schriftstellertätigkeit gewidmet. Vom Staatssekretariat für Württemberg-Hohenzollern wurde der Flüchtling den französischen Rundfunkoffizieren empfohlen, die ihn zunächst zum Künstlerischen Leiter des Südwestfunks ernannten. Da die Franzosen zwischen Künstlerischem Leiter und Verwaltungsleiter unterschieden, ernannten sie ihn 1947 zum Generalintendanten, den Sozialdemokraten Lothar Hartmann aus Proporzgründen zum Generaldirektor. Zwei Jahre später wurde Bischoff zum Intendanten gewählt, Hartmann wurde Programmdirektor.[28]

Einen ähnlichen Lebensweg wie Bischof wies der erste Intendant des Bayerischen Rundfunks, Rudolf von Scholtz, auf. Den Rundfunk hatte er als Reporter der *Deutschen Stunde in Bayern* kennengelernt. 1933 hatte er sich geweigert, Hitler als «Führer» zu bezeichnen, und sich daraufhin als Lektor, Übersetzer und Schriftsteller nach Neuburg am Inn zurückgezogen. 1945 ernannten die Amerikaner den Unbelasteten zum Oberbürgermeister der wenige Kilometer entfernt gelegenen Stadt Passau. Radio München wurde in dieser Zeit von einem jüdischen Emigranten aus Wien geleitet, der sich in den USA hatte naturalisieren lassen. Edmund Schechter, der im Office for War Information (OWI) tätig gewesen war und in Berlin den RIAS eingerichtet hatte, machte Scholtz zu seinem Nachfolger, blieb aber noch bis 1950 in der Militärregierung zuständig für die Beobachtung der Sender in der amerikanischen Zone.

Der dritte süddeutsche Intendant, Fritz Eberhard vom SDR, war in der Weimarer Republik Journalist gewesen. Zuvor hatte er in Staatswissenschaften promoviert, seinen Adelstitel abgelegt und sich dem Internationalen Sozialistischen Kampfbund (ISK) unter dem aus der SPD ausgeschlossenen, charismatischen Philosophen Leonhard Nelson angeschlossen. Der ISK gehörte zu denjenigen sozialistischen Kleingruppen, die über einige Jahre den effektivsten Widerstand gegen das NS-Regime leisteten. Eberhard konnte 1937 nach London fliehen, wo er sich vom ISK löste. Zusammen mit dem Politikwissenschaftler Richard Löwenthal, der ein enger Berater Willy Brandts wurde, und dem späteren bayerischen SPD-Vorsitzenden Waldemar von Knoeringen arbeitete er im Team des «Senders der europäischen Revolution», eines rätesozialistischen Hörfunksenders. Mithilfe des Nachrichtendienstes des US-Kriegsministeriums nach Deutschland zurückgekehrt, beriet Eberhard Radio Stuttgart in Programmfragen. 1946 wurde er für die SPD in den Landtag von Württemberg-Baden gewählt, 1947 zum Staatssekretär ernannt, 1948/49 arbeitete er im Parlamentarischen Rat an der Ausarbeitung des Grundgesetzes mit. Als aus dem US-Militärsender Radio Stuttgart der SDR wurde, wählte ihn der Verwaltungsrat zum Gründungsintendanten.[29]

Am Main trat ebenfalls ein Sozialdemokrat an die Spitze eines neuen Senders. Eberhard Beckmann war in den 1920er Jahren Theaterkritiker gewesen, hatte aber seit 1929 auch für den Südwestdeutschen Rundfunk in Frankfurt gearbeitet. Im März 1933 war er wegen «staatsfeindlicher Tätigkeit» vorübergehend verhaftet worden. Weil er sich nicht von seiner «nicht-arischen» Frau trennen wollte, tauchte er als Landwirt in einer kleinen südhessischen Gemeinde ab. Im September 1945 wurde Beckmann Leiter des «Amts für die Städtischen Bühnen und Konzerte der Stadt Frankfurt am Main», kein Jahr später Intendant von Radio Frankfurt. 1948 wählte ihn der Rundfunkrat zum Intendanten des Hessischen Rundfunks.[30]

Walter Geerdes war von 1922 bis 1933 freier Mitarbeiter bei der sozialdemokratischen *Bremer Volkszeitung* gewesen und hatte in der Hansestadt den Deutschen Republikanischen Reichsbund gegründet, um darin die Demokraten zu sammeln. 1946 ernannte ihn die US-Militärregierung zunächst zum stellvertretenden Intendanten, kurz darauf zum Intendanten des Bremer Senders. Der Rundfunkrat bestätigte ihn 1949 und machte ihn zum Gründungsintendanten von Radio Bremen.[31]

Die Gründungsintendanten waren Langzeitintendanten, sie traten über viele Jahre in der Öffentlichkeit als Galionsfiguren ihrer Rundfunkanstalten auf, und die Sendergeschichtsschreibung errichtete ihnen manches Denkmal. Unverdient war das nicht. Denn sie mussten im Spannungsfeld zwischen alliierten Erwartungen und deutschen Restaurationsbemühungen bestehen, und nicht zuletzt von ihnen hing es ab, ob der Nachkriegsrundfunk an autoritäre Zeiten anknüpfte oder sie hinter sich lassen konnte. Sie mussten sich gegenüber starken Gremienvorsitzenden behaupten, mit einflussreichen Interessenvertretern umgehen, Fingerspitzengefühl für die kritischen Printmedien entwickeln sowie mit selbstbewussten Chefredakteuren und ebenso eigenwilligen wie beim Publikum beliebten Programmmachern zurechtkommen. Niederlagen blieben nicht aus, einige Kompromisse schmeckten bitter, und manche politische Arrangements, die sie eingingen, erschienen nicht erst im Nachhinein fragwürdig.

Vor allem ein Umstand schützte die Gründungsintendanten: Während bei den Tageszeitungen ab 1949 eine Rückkehr der belasteten Ehemaligen zu verzeichnen ist,[32] waren sie ausnahmslos Gegner des NS-Regimes gewesen; darin lag ihre biografische Überzeugungskraft. Doch schon unterhalb der Leitungsebene sah es in den neuen deutschen Rundfunkanstalten anders aus.

Die Gespenster der Vergangenheit

Weil es zunächst darum ging, den Sendebetrieb überhaupt wieder aufzunehmen, führten die Briten im August 1945 Listen mit rundfunkerfahrenen deutschen Mitarbeitern, die den Hörern vertraut waren.[33] Das erschien insofern unproblematisch, als die Sender unter der strikten Aufsicht des Militärs standen. Nachdem entschieden war, die Sender den Deutschen zu übergeben, erhielt die Entnazifizierung des deutschen Personals einen höheren Stellenwert. Die «Fragebogen-Affäre» beim NWDR unterstrich allerdings, wie schnell sich die alliierte Personalpolitik selbst diskreditieren konnte. Der Hintergrund der Affäre war, dass die Bewerber bei ihrer Einstellung die üblichen Fragebogen zu ihrer Vergangenheit im NS-Regime ausfüllen mussten, damit die Militärregierung feststellen konnte, ob sie «unbelastet» und für die Übernahme öffentlicher Positionen geeignet waren. Dass es dabei nicht immer mit rechten Dingen zugegangen war, bildete ein offenes Geheimnis, doch ließen sich die Angaben inzwischen mit der Zentralen Mitgliederkartei der NSDAP abgleichen, die die Amerikaner zufällig gefunden hatten. Bei einer Überprüfung stellte sich heraus, dass die Entnazifizierung beim NWDR nicht gerade sehr erfolgreich verlaufen war. Zweiundzwanzig leitende Mitarbeiter des Senders wurden überführt, die Bogen falsch oder unvollständig ausgefüllt zu haben.[34] Hinzu trat das unterschiedliche Vorgehen der Alliierten. Im Umgang mit Belasteten im Rundfunkbereich gaben sich die Amerikaner unnachgiebig, die Briten konziliant und die Franzosen desinteressiert.

Ab 1947 drehte sich der politische Wind in eine andere Richtung. Der Rauswurf von Karl-Eduard Schnitzler beim NWDR oder von Stephan Hermlin und Hans Mayer bei Radio Frankfurt kündigte den Kalten Krieg im deutschen Rundfunk an. Es ging nun nicht mehr nur um die NS-Vergangenheit der Mitarbeiter, sondern ebenso um deren Haltung zur Sowjetunion und mögliche Nähe zu klassenkämpferischen Ansichten. Die US-Militärregierung registrierte aufmerksam die zunehmenden Angriffe der SBZ-Presse auf ihre Besatzungspolitik und schwenkte 1947 von einer antifaschistischen Haltung auf eine stramm antikommunistische Propaganda um. Die Information Control Division, die Filme über die Nürnberger Prozesse produziert hatte, produzierte nun Material gegen die kommunistische Gefahr, ein eigens eingerichtetes Radio Central Control Office koordinierte das Vorgehen im Rundfunk, und die Presseoffiziere machten die Redaktionen immer wieder auf Berichte in der *Neuen Zeitung* aufmerksam, die von der ICD herausgegeben wurde.[35]

Hugh Greene bekannte später stolz, er habe den NWDR von Kommunisten gesäubert, so dass von dieser Seite keinerlei Bedrohung mehr für den unabhängigen Rundfunk ausgegangen sei.[36] Die Entlassung kommunistischer Mitarbeiter aufgrund der sich verändernden Großwetterlage war das eine, doch die Reintegration belasteter Journalisten in die Rundfunkanstalten war das andere. Sicherlich ließen sich die Anstalten nicht allein mit Remigranten, Verfolgten und Widerstandskämpfern aufbauen. Aber es ging auch nicht, was ideologisch weniger bedeutsam gewesen wäre, um den Technik- und Produktionsbereich, der nach dem Übergang der Verantwortlichkeiten von der Post auf die einzelnen Anstalten stark wuchs. Sondern es ging im Kern um die Programmgestaltung, Programmproduktion und Programmpräsentation und dies wiederum vor allem im Nachrichten- und gesellschaftspolitischen Bereich. Waren die Reihen nicht mit unbelasteten Journalisten und Redakteuren aus der Zeit der ersten Demokratie zu füllen, dann mussten die Rundfunkanstalten für Seiteneinsteiger geöffnet werden und für die Ausbildung junger Nachwuchskräfte sorgen. Beim NWDR wurde im Januar 1947 eine Rundfunkschule gegründet, die angehende Journalisten mit dem nötigen Handwerkszeug vertraut machen sollte.[37] Bis dahin machten eine gute Allgemeinbildung, persönliches Gespür und Erfahrungen im Umgang mit der Technik den Journalisten, vor allem aber bedurfte es der Fürsprache seitens der Besatzungsoffiziere, später derjenigen, die bereits im Sender saßen.[38]

Peter von Zahn zum Beispiel, der beim NWDR die Hauptabteilung Wort übernahm und schon bald zu den arrivierten Hörfunk- und Fernsehjournalisten Westdeutschlands gehörte, war in Freiburg von Gerhard Ritter in Geschichte promoviert worden, hatte im Führerhauptquartier gelernt, einen Fernschreiber zu bedienen, und danach als Kriegsberichterstatter der Wehrmacht gedient. Er war wie sein Kollege Axel Eggebrecht, der seine ersten beruflichen Schritte bei der UFA und als Filmkritiker gemacht hatte, von britischen Militärs für den Rundfunk empfohlen worden. Solche Seiteneinsteiger achteten darauf, dass keine zu stark Belasteten in den Sendern unterkamen, und setzten sich für Bewerber ein, die darauf brannten, mit der NS-Vergangenheit ein für alle Mal zu brechen und einem demokratischen, westlich orientierten Deutschland zum Durchbruch zu verhelfen. Wie kompliziert die Dinge allerdings lagen, zeigte sich schon früh bei Radio Stuttgart. Dessen erster von der Besatzungsmacht eingesetzter Intendant, der Sozialdemokrat Fritz Ermarth, war in der NS-Zeit in die USA emigriert. Nach der Rückkehr fühlte er sich bemüßigt, offensichtlich belasteten Journalisten eine neue Chance zu geben, was zu erheblichen Protesten führte, die ihn zum Rücktritt zwangen. Ähnlich ging sein Nach-Nachfolger vor, der Widerstandskämpfer Fritz Eberhard, der sich jedoch halten konnte.[39] Die Personalpolitik der SPD-nahen Intendanten, die sich der NS-Herrschaft widersetzt hatten, folgte der Linie des Parteivorsitzenden Schumachers, der zwischen den «großen» und den «kleinen» Nazis unterschied. Die Größen des Regimes und die mit ihnen paktierenden reaktionären Eliten und Kriegsverbrecher sollten bestraft und geächtet werden, doch die unter dem Hakenkreuz aufgewachsenen jungen Soldaten, die niedrigen Rängen der Waffen-SS sowie alle anderen Verführten und Idealisten sollten eine Chance zur Bewährung erhalten – in einer demokratischen Partei oder dem öffentlich-rechtlichen Rundfunk.[40]

Auch bei Radio München kam es 1947 zu einem großen Krach. Dort sollte die österreichische Schauspielerin Heidemarie Hatheyer, die in der NS-Zeit unvergessene Erfolge gefeiert hatte, in der Abteilung «‹leichte› Sendungen» (*Der Spiegel* vom 28. Februar 1947) angestellt werden. Vermutlich half ihr dabei ihr Ehemann, Wilfried Feldhütter, der Chef des *Reichssenders München* gewesen war. Hatheyer hatte in dem perfiden Machwerk *Ich klage an* die an Multipler Sklerose erkrankte Hanna Heyt gespielt, die von ihrem Film-Ehemann von ihrem Leid «erlöst» wurde. Vor dem Kinostart des Films, der die Tötung «lebensunwerten Lebens» populär zu machen suchte, war die sogenannte Aktion T4 angelaufen, bei der Menschen mit körperlichen, geistigen und seelischen Behinderungen systematisch ermordet wurden.

Die Nationalsozialisten setzten Hatheyer 1944 auf die Liste der unersetzlichen Schauspieler. Ein Jahr später ereilte sie deswegen ein vierjähriges Spielverbot, verhängt von der Alliierten Kontrollkommission, das jedoch aufgeweicht und vorzeitig aufgehoben wurde. Als die Schauspielerin, die ihr Engagement in *Ich klage an* als Jugendsünde abtat, beim Münchener Radio auftauchte, protestierte sogleich eine Gruppe von deutschen Mitarbeitern. Chefsprecher Hanns Stein meinte, da er jeden Tag über die gerade stattfindenden Euthanasie-Prozesse berichten müsse, könne er nicht mit einer solchen Schauspielerin zusammenarbeiten. Stein und mehr als zwanzig weitere Mitarbeiter drohten mit Streik, der Betriebsrat lehnte die Anstellung von Hatheyer ab und der Abteilungsleiter, der die Einstellung zu verantworten hatte, aber nun nicht mehr durchsetzen konnte, musste seinen Hut nehmen.[41] Hatheyer schadete der Eklat bei Radio München übrigens nicht. Sie konnte ihre Karriere im bundesdeutschen Film und Fernsehen unbesehen fortsetzen. Ihre letzte Rolle spielte sie 1989/90 in der 4. Staffel der ZDF-Familienserie *Diese Drombuschs.*

Auch beim NWDR knirschte es gewaltig.[42] Am heftigsten umstritten war die Entscheidung Grimmes, den einst völkischen Journalisten Herbert Blank, der im Kampf Verlag der Strasser-Brüder gearbeitet hatte, zum kommissarischen Intendanten des Hamburger Funkhauses zu bestellen, eine Entscheidung, die die Briten sogleich stark beunruhigte. Die hatten ihn zwar dort zuvor als Mitarbeiter eingestellt, aber es war ihnen offenbar entgangen, dass es sich bei Blank um einen Nationalsozialisten der ersten Stunde handelte, der dem «linken» Strasser-Flügel angehört hatte und aus der NSDAP ausgestoßen worden war, weil er Hitlers Koalitionspolitik gegenüber den bürgerlichen Parteien abgelehnt hatte. Im «Dritten Reich» war der Renegat mehrfach verhaftet worden. Grimme, der Blank in gemeinsamer Haft begegnet sein soll, glaubte, dass dieser vom Nationalsozialismus geläutert sei. Zudem gerierte sich Blank wegen seiner KZ-Haft als Widerstandskämpfer gegen das Regime.

Die vorläufige Ernennung Blanks hätte nicht zu erheblichen Verwerfungen im Sender geführt, wenn die Personalie – wie die Briten beabsichtigten – geräuschlos abgebogen worden wäre. Doch es kam anders. Der zutiefst verärgerte Ernst Schnabel legte die Leitung der Abteilung Wort nieder und wechselte zur BBC nach London. Der von den Nationalsozialisten verfolgte Schriftsteller, Pazifist und Aktivist der Schwulenbewegung Kurt Hiller polemisierte im SPD-Organ *Neuer Vorwärts* gegen Blank und forderte den Verwaltungsrat des NWDR zum Einschreiten auf. Doch dieser und der Hauptausschuss stützten Blank. Grimme konnte deswegen an ihm festhalten, und er eskalierte die Situation noch, indem er gegenüber einundfünfzig Mitarbeitern Kündigungen aussprach. Da die Gekündigten überwiegend zum Personal der ersten Stunde gehörten, wirkte die Kündigungswelle nicht wie eine Restrukturierungsmaßnahme aufgrund der finanziell angespannten Lage, sondern wie eine politische Säuberungsaktion. Nachdem drei Direktoren ihren Rücktritt angekündigt und eine Betriebsversammlung Blank das Misstrauen ausgesprochen hatte, ruderte Grimme zurück, suchte vergeblich Blank durch den Herausgeber der *Frankfurter Hefte*, Walter Dirks, der in der Nazi-Zeit mit einem Schreibverbot belegt worden war, zu ersetzen, nahm die Kündigungen zurück und warf Blank schließlich aus dem Sender, weil er Interna an die Presse durchgestochen und behauptet hatte, der NWDR sei von Kommunisten durchsetzt. Anschließend beruhigte sich die Lage etwas, weil Grimme glaubte, in dem vom Berliner Sender abgeworbenen Publizisten Willy Troester einen integren Nachfolger für Blank gefunden zu haben. Als gegen Troester Vorwürfe laut wurden, er habe finanzielle Unregelmäßigkeiten in Berlin zu verantworten, zog Grimme ihn aus der Schusslinie und ersetzte ihn 1951 durch den von der BBC zurückkehrenden Ernst Schnabel.[43]

Ebenfalls im NWDR startete Hermann Franz Gerhard Starke seine Nachkriegskarriere. Starke war 1939 mit einer «wüsten nationalsozialistischen Dissertation» bei dem Zeitungswissenschaftler Hans Amandus Münster in Leipzig promoviert worden.[44] Münster wiederum war 1927 Mitarbeiter von Martin Mohr in dessen Deutschem Institut für Zeitungskunde in Berlin geworden und hatte gemeinsam mit dem späteren WDR-Verwaltungsrat Emil Dovifat Kurse an der Berliner Volkshochschule gegeben. Nach der Machtübernahme war der überzeugte Nationalsozialist rasch an der Leipziger Universität aufgestiegen, 1934 Nachfolger Mohrs als Direktor des Zeitungsinstituts geworden und hatte einen Lehrstuhl erhalten. Wegen seines aggressiven Engagements für das NS-Regime und der engen Zusammenarbeit mit der SS und Gestapo kam er nach 1945 nicht mehr im Hochschuldienst unter. Von der CDU protegiert, wurde H. F. G. Starke Leiter der Politikabteilung des NDR und 1961 Gründungsintendant des Deutschlandfunks. Es war aber nicht die NS-Vergangenheit, die den Journalisten einholte, sondern seine bezahlte Tätigkeit für den Bundesnachrichtendienst, die er nutzte, um heimlich Senderinterna nach Pullach zu melden und Mitarbeiter des Senders dort überprüfen zu lassen. 1966 musste er den Deutschlandfunk verlassen und wurde Chefredakteur von Springers *Welt*.[45]

1946 stimmten britische Presseoffiziere der Anstellung von Jürgen Petersen im Hamburger Funkhaus zu. Petersen war ein journalistisches Gewächs der NS-Presse. Nach dem Volontariat beim *Darmstädter Tageblatt* und der Ausbildung auf der Reichspresseschule ging er 1937 zum *Berliner Tageblatt,* zwei Jahre später zur *Deutschen Allgemeinen Zeitung,* ein Jahr später leitete er das Kulturressort der NS-Edelpostille *Das Reich*. Die Anstellung dort war kein Zufall, hatte sich Petersen doch schon vorher beim Reichspropagandaminister mit elegant geschriebenen, liebedienerischen Artikeln empfohlen und war deshalb von Goebbels persönlich belohnt worden, indem dieser den jungen Journalisten ab 1938 damit betraute, seine öffentlichen Reden in pressetaugliche Fassungen zu bringen. Goebbels verabscheute die antisemitischen Phrasen eines Julius Schleicher im *Stürmer* und mochte die Edelfedern, die wie Petersen im *Reich* den Nationalsozialismus mit Niveau beschrieben. Die Lehrjahre im «Dritten Reich» schadeten dem Kulturjournalisten jedenfalls nicht. Im NWDR stieg er zum Abteilungsleiter für Kulturelles Wort auf, 1955 wurde er im Hessischen Rundfunk Kultur-Hauptabteilungsleiter und 1961 Direktor für die kulturellen Programme des Deutschlandfunks. Offenbar schätzten die Briten die Wirkung des Feuilletons auf die politische Bildung nicht sehr hoch ein, oder aber sie erkannten von vornherein die beachtliche Wandlungsfähigkeit Petersens, der sich ohne Schrammen in den demokratischen Staat und seinen unabhängigen Rundfunk einfügte.[46]

Aber nicht nur im journalistischen Bereich reüssierten Parteigänger des NS-Regimes, wie der Fall Pomsel belegt. Die frühere Sekretärin im Ministerbüro von Goebbels war 1945 auf der Flucht verhaftet und von den Sowjets zu fünf Jahren Haft verurteilt worden. Nach Verbüßung der Strafe fand sie sogleich eine Anstellung beim SWF, wurde Sekretärin von Programmdirektor Lothar Hartmann, der sie als Chefsekretärin in die «Programmdirektion Deutsches Fernsehen» der ARD nach München mitnahm.[47]

Um den SWF-Programmchef Lothar Hartmann selbst hatte sich schon vorher – so schreibt es Christina von Hodenberg in ihrer bahnbrechenden Studie über die bundesdeutsche Medienöffentlichkeit nach 1945 – «eine Gemeinde ehemaliger Kriegsberichterstatter» angesiedelt, von denen einige für die SS gearbeitet hatten.[48] Diese ehemaligen «Schriftleiter-Soldaten» (NS-Reichspressechef Otto Dietrich) tauchten ebenso wie die Mitarbeiter der NS-Wochenzeitung *Das Reich* im Nachkriegsrundfunk wieder auf. Der Feuilleton-Chef der ambitionierten Sonntagszeitung, Jürgen Schüddekopf, leitete das NWDR-Nachtprogramm; Werner Höfer fing ebenfalls beim NWDR an, wurde 1972 Fernsehdirektor beim WDR und moderierte ab 1952 den *Internationalen Frühschoppen*, für den er 1967 den silbernen Adolf-Grimme-Preis erhielt. Als Höfer 1987 die NS-Vergangenheit einholte, setzte der WDR die Sendung ab, um sie unter einem anderen Namen und ohne ihn fortzusetzen.[49]

Beim SDR schlug die Beschäftigung des früheren Rom-Korrespondenten des *Völkischen Beobachters,* Waldemar Lentz, hohe Wellen, weil der sozialdemokratische Intendant die Instinktlosigkeit besaß, ihn 1951 von Stuttgart aus in die italienische Hauptstadt zu entsenden. In den Kontrollgremien des Senders stieß dies auf scharfe Kritik der sozialdemokratischen Mitglieder, allen voran des Landtagspräsidenten Wilhelm Keil. Nachdem der Rundfunkrat die Manuskripte der zweihundert von Lentz verantworteten Sendebeiträge durchgesehen und keinen davon beanstandet hatte, durfte der Journalist zwar als freier Mitarbeiter weiter beschäftigt werden, aber keine politischen Kommentare mehr erstellen. Zur endgültigen Trennung kam es ein Jahr später, weil Lentz (wiederum im Einvernehmen mit der Intendanz) die befremdliche Idee durchgesetzt hatte, eine Auswahl von Hörern mit einer Italienreise zu belohnen, die in einem Senderwettbewerb mit den stärksten Vorurteilen gegen Italiener hervorgetreten waren, um sie im direkten Kontakt mit Land und Leuten zu «bessern».[50] Ob Lentz ein eingefleischter Nationalsozialist gewesen war, ließ sich nicht mehr aufklären. Er war 1939 aus Rom abgezogen worden und danach zum Großdeutschen Rundfunk gegangen, wo er mit Angehörigen der Widerstandsorganisation *Rote Kapelle* in Kontakt kam. Deswegen war er als Wehrmachtssoldat vorübergehend verhaftet, aber bald wieder freigelassen worden. Keil bezeichnete ihn denn auch als «journalistischen Abenteurer»,[51] der keine feste politische Haltung habe. Die Nähe zum Widerstandsnetzwerk *Rote Kapelle* war für die Zeitgenossen ebenfalls kein Ausweis demokratischer Läuterung, wurde sie doch zur damaligen Zeit ganz überwiegend als sowjetische Spionageeinheit verurteilt. Nach den Kabalen beim SDR kam Lentz 1961 bei der Deutschen Welle als diplomatischer Korrespondent unter, wo er nicht länger auffiel.[52]

Die Frage, ob es nun eher dem antikommunistischen Klima oder einer effizienten Netzwerkbildung geschuldet war, dass der «Reintegrationsprozess der ‹Ehemaligen›»[53] auch in den Rundfunkanstalten und nicht nur in den Printmedien schon bald nach dem Ende des «Dritten Reichs» einsetzte, betont eine falsche Alternative, denn tatsächlich begünstigte die antikommunistische Frontstellung die personelle Durchdringung der Medien durch ehemalige NS-Journalisten – sofern sie sich nicht zu sehr exponiert hatten. Die bekannten Köpfe der NS-Propaganda in Funk und Presse wagten erst gar nicht den beruflichen Wiedereinstieg, zogen sich nach Verbüßung von Haftstrafen zurück und starben bald.

Die allmähliche zeitliche Entfernung von der NS-Diktatur machte Personalentscheidungen in den Sendern möglich, die noch einige Jahre zuvor erhebliche Widerstände ausgelöst hätten. Der erste Intendant des vom NWDR abgespaltenen SFB, des ersten deutschen Senders, der ohne Mitwirkung der Alliierten zustande kam, war das, was man eine schillernde Persönlichkeit nennt.[54] Alfred Braun lernte das Schauspielhandwerk vor dem Ersten Weltkrieg bei dem österreichischen Theaterregisseur Max Reinhardt, landete jedoch in den 1920er Jahren bei der *Funk-Stunde Berlin* und begründete dort die moderne Rundfunkreportage. 1933 wurde der Sozialdemokrat zusammen mit anderen republikanischen Rundfunkmitarbeitern verhaftet und ins Konzentrationslager Oranienburg verschleppt. Im sogenannten Reichs-Rundfunk-Prozess 1934 wurde er jedoch nicht angeklagt, drei Jahre später sogar von Goebbels rehabilitiert und diente fortan treu dem NS-Regime, etwa als Assistent des Regisseurs Veit Harlan bei der Produktion des antisemitischen Propagandafilms *Jud Süß*. Nach dem Krieg arbeitete er kurz beim Stuttgarter Rundfunk, ging 1947 zum ostdeutschen Berliner Rundfunk, wo er an der stalinistischen Ausrichtung des Senders mitwirkte, kehrte schon zwei Jahre später desillusioniert in den Westen zurück, um dort als freier Regisseur arbeiten zu können. 1953 trat er mit dem Film *Ave Maria* hervor, in dem der frühere UFA-Filmstar Zarah Leander die Hauptrolle spielte. Das Drehbuch hatte Wolf Neumeister geschrieben, ein Drehbuchautor zahlreicher NS-Propagandafilme. Ungeachtet dieser biografischen Volten wurde Braun 1954 als Gründungsintendant in die dreiköpfige Geschäftsführung des SFB berufen, jedoch drei Jahre später durch Walter Geerdes ersetzt. Braun wechselte auf die Position des Programmdirektors, die es ihm leichter ermöglichte, nebenher als Regisseur zu arbeiten. Zu seinen Filmen gehörten die mehrfach ausgezeichnete Filmbiografie über Reichsaußenminister Stresemann ebenso wie das B-Picture *Schwarze Nylons – Heiße Nächte*. In der Folgezeit wurde Braun als «Rundfunkpionier aus der Weimarer Zeit» gewürdigt, ohne dass dessen braune Vergangenheit oder sein Einsatz im kommunistischen Hörfunk zur Sprache kamen.[55]

Bei den Vorbereitungen zum 60. Jubiläum des ZDF fiel im Zuge historischer Recherchen auf, dass der bis dato hoch angesehene Gründungsintendant Holzamer, der den Worten seines Nachfolgers Stolte zufolge das «geistig-moralische Fundament des ZDF» gelegt hatte,[56] sein Wirken im *SA-Sturm 7/240 Köln* ebenso unterschlagen hatte wie die Mitgliedschaft in der NSDAP und im Nationalsozialistischen Lehrerbund (NSLB). Zudem hatte er seine ausgedehnte Tätigkeit als Kriegsberichterstatter im Dienst der NS-Propaganda beschönigt.[57] Der offizielle Lebenslauf des Pädagogikprofessors wies also nicht nur bemerkenswerte Lücken auf, er bestand auch aus erheblichen Verfälschungen. So stilisierte sich Holzamer im Nachhinein zum Undercover-Oppositionellen mit Kontakten zum Widerstand gegen Hitler und als unbeirrbarer Anhänger der demokratischen Idee und stets treuer Katholik. Als solcher hatte er schon vor der Machtübernahme in einer bemerkenswerten Rede vor der Neudeutschen Jugend für eine «autoritäre Demokratie» geworben, in der notfalls das Wahlrecht außer Kraft gesetzt werden müsse, um «den wirtschaftlichen Ruin des Staates» zu vermeiden.[58] Die Ablehnung einer Aufnahme in den Hochschuldienst während des «Dritten Reichs» stellte Holzamer als politisch motiviert dar, und er erreichte dadurch gleich 1946 eine Anstellung als außerordentlicher Professor für Philosophie, Psychologie und Pädagogik an der Johannes Gutenberg-Universität Mainz, obwohl er weder Lehrerfahrung besaß noch habilitiert war. 1952 wurde der gelernte Volksschullehrer zum Ordinarius bestellt. Holzamer gelangte dann als Vertreter der Universität Mainz bei der Gründung des SWF 1949 in dessen Rundfunkrat und wurde zum Vorsitzenden des Gremiums gewählt. 1950 trat er in die CDU ein und suchte sogleich die Nähe zu Bundeskanzler Adenauer. Diese sollte sich für ihn auszahlen. Adenauer sah Holzamer als Intendanten der Deutschland-Fernsehen GmbH vor. Nachdem diese vor dem Bundesverfassungsgericht gescheitert war, wurde der SWF-Rundfunkratsvorsitzende 1962 Gründungsintendant des ZDF.

Es ist kein Zufall, dass diejenigen Journalisten, die dem NS-Regime willfährig waren und keinerlei Zivilcourage aufbrachten, dies entweder konsequent beschwiegen oder gekonnt kaschierten, sich aber rasch an die neuen Gegebenheiten anpassten, auch wenn der frühere soldatische Journalismus so gar nicht dem von den Alliierten geförderten Selbstverständnis eines freien und unabhängigen Journalismus in einer demokratischen Gesellschaft entsprach. Die personellen Querverbindungen aus der NS-Zeit zahlten sich für zahlreiche Karrierejournalisten des «Dritten Reichs» in den Funkhäusern der Nachkriegszeit aus, solange man mit ihnen diskret umging. Der erste Auftrag für eine empirisch ausgewiesene und systematische Erforschung des Hörerverhaltens vergab der NWDR an ein von Elisabeth Noelle-Neumann mitgegründetes Institut für Meinungsforschung. Sie hatte sich um den Auftrag direkt bei ihrem Doktorvater, dem WDR-Verwaltungsratsmitglied Emil Dovifat, beworben, der sich gern als NS-Widerstandskämpfer ausgab.[59] Ihren Doppelnamen verdankte Noelle Erich Peter Neumann, dem sie als Chefin vom Dienst bei der NS-Zeitschrift *Das Reich* gefolgt war und mit dem sie am Bodensee das Institut für Demoskopie Allensbach gegründet hatte.[60]

Die heiklen Personalentscheidung in den Anstalten schlugen sich aber nicht in irgendeiner Form von NS-Propaganda im Programm nieder. Ein ständiges Aufregerthema waren dagegen Kommentare, die politischen Akteuren nicht schmeckten. Dabei stellte sich heraus, dass manche parteipolitische Skandalisierung eines unbotmäßigen Kommentars in keinem Verhältnis zum Publikumsinteresse stand. Sosehr jeder Zungenschlag einer politische Bemerkung über den Äther von den Parteizentralen und dem Bundespresseamt auf die Waagschale der Ausgewogenheit oder hochstehender Staatsinteressen gelegt wurde, so wenig interessierten sich die Hörer für Sendungen mit politischen Inhalten.[61] Mehr als zehn Jahre der Dauermobilisierung in einem totalitären Staatswesen hatten in der Bevölkerung tiefe Spuren von Politikmüdigkeit und Parteienfeindlichkeit hinterlassen. Dies zeigte sich im Hörerverhalten, wenngleich die Sender bemüht waren, Nachrichten und Politik in niedrigschwellige Informationsformate einzupassen, die zu Vorläufern der heutigen Magazinsendungen wurden oder zu eher unterhaltenden Meinungskämpfen in Gesprächsrunden mit Vertretern der politischen Parteien einluden, aus denen später die politischen Talkshows hervorgingen. Im Grunde genommen glich das auf einer Mittelwelle und wenigen UKW-Netzen verbreitete Nachkriegsprogramm der Rundfunkanstalten einer Mischung aus schubladenhafter Zielgruppenorientierung (morgens Andacht, mittags Landfunk, nachmittags Schulfunk) und einem Experimentierfeld für Hörspielporträts, thematische Reihensendungen, Hörerpostlesungen oder Musikübertragungen. Direkt übertragene Sportereignisse zählten wie schon vor dem Krieg zu den meistgehörten Sendungen.[62] Dass das Sportliche auch nach 1945 politisch blieb, erwies sich gleich in zweierlei Hinsicht. Durch die Radioübertragung des WM-Endspiels Deutschland gegen Ungarn 1954 erlangte nicht nur die deutsche Fußballmannschaft bleibenden nationalen Ruhm, sie verhalf auch dem NWDR-Reporter Herbert Zimmermann zu nationaler Berühmtheit.

Während die Fußball-WM von 1954 noch heute im öffentlichen Bewusstsein als Markstein für die Herausbildung eines bundesdeutschen Selbstwertgefühls einen breiten Raum einnimmt, fristet sie in den meisten Darstellungen zur Geschichte der Bundesrepublik ein Schattendasein. So gut wie nicht überliefert ist das, was sich am Ende der legendären Radioübertragung ereignete. Nach der Überreichung des Siegespokals in Bern stimmten etliche deutsche Schlachtenbummler nicht die zwei Jahre zuvor zur bundesrepublikanischen Nationalhymne erkorene dritte Strophe des Deutschlandliedes an, sondern intonierten deren erste Strophe und grölten freudetrunken «Deutschland, Deutschland, über alles ...» durch den Äther. «Das Ausland war entsetzt», schreibt der Historiker Edgar Wolfrum; die Übertragung, der alle westdeutschen und Westberliner Sender sowie das Saarländische Radio angeschlossen waren, wurde wegen des Absingens der Strophe nicht abgebrochen, einen einordnenden Kommentar gab es nicht.[63]

Dass es ein ganz anderes Nachspiel gab, musste Herbert Zimmermann wegen seiner begeisterten und begeisternden Reportage erfahren. Der einflussreiche CDU-Bundestagsabgeordnete, Kölner Bankier und Adenauer-Vertraute Robert Pferdmenges beschwerte sich nämlich darüber, dass der Fußballreporter den Torwart Toni Turek nicht nur als «Teufelskerl», sondern auch als «Fußballgott» angehimmelt hatte, und verlangte wegen dieser blasphemischen Ausdrucksweise umgehend eine öffentliche Entschuldigung. Obwohl Zimmermann Abbitte leistete, forderten empörte Stimmen aus den Kirchen, gegen den Reporter ein Berufsverbot zu verhängen. Bei dem religiösen Sozialisten Grimme, der sich stets für den christlichen Glauben, aber nicht für eine obrigkeitsstaatliche Kirche eingesetzt hatte, stießen sie damit allerdings auf Granit. Der NWDR hielt an Zimmermann fest, so dass er (dann für den NDR) auch noch das von der deutschen Mannschaft gegen England verlorene Finale der Weltmeisterschaft von 1966 im Londoner Wembley-Stadion kommentieren konnte.[64]

Die Anekdote wirft ein bezeichnendes Schlaglicht auf den Umgang mit der NS-Vergangenheit, wenn darin das Publikum verwickelt war, und sie verweist auf ein zeitpolitisches Klima, bei dem ein Sportreporter nicht abgelöst werden sollte, weil er nicht im richtigen Moment in eine Übertragung eingegriffen hatte, die alle hören ließ, dass die Deutschen nach dem Ende des Krieges anscheinend nicht allzu viel dazugelernt hatten, sondern weil sich der Reporter im Rausch des Spieles zu angeblich blasphemischen Äußerungen hatte hinreißen lassen. Sie verweist allerdings auch auf das Versäumnis der Anstalten, die beschwiegenen Kontinuitäten zum «Dritten Reich» jemals umfassend aufgearbeitet zu haben, so dass ihr die Gespenster der Vergangenheit immer wieder völlig unverhofft erschienen.

2. Im Wirtschaftswunderland: Aufbau und Ausbau der Anstalten

Dynamische Sechziger: Rund zwanzig jüngere Demonstranten protestieren am 19. Mai 1963 vor dem Gebäude des Süddeutschen Rundfunks in Stuttgart gegen die Entlassung des TV-Redakteurs der Sendung *Panorama*, Gert von Paczensky.

«Wir haben die Mehrheit im Bundestag, aber wir haben bei zehn Rundfunkgesellschaften nur in einer einzigen etwas zu sagen ...»
Bundeskanzler Konrad Adenauer vor dem CDU-Bundesvorstand, 1956

Der deutsche Sonderweg

Adenauer besaß ein konventionelles Demokratieverständnis, das sich in drei Punkten zusammenfassen lässt: Erstens, die Mehrheit regiert. Zweitens, gutes Regieren bedeutet, das Volk von der Politik fernzuhalten, weil es von politischen Fragen nichts versteht. Drittens: Unabhängige Institutionen verletzen die Mehrheitsregel der Demokratie; deswegen muss man sie zwingen, sich dem Primat der Politik zu beugen.

Es waren drei Institutionen, durch die sich der Bundeskanzler ständig eingeengt fühlte, denen er misstraute, und die er immer wieder attackierte: das Bundesverfassungsgericht, die Bundesbank und den öffentlich-rechtlichen Rundfunk. Damit suchte er just jene Institutionen zu kujonieren, denen die Bürger der Bundesrepublik bald größeres Vertrauen entgegenbringen sollten und denen sie eine höhere Glaubwürdigkeit einräumten als der Bundesregierung, dem Bundestag oder den Parteien zusammen.

Keine zwei Jahre nach der Errichtung des Bundesverfassungsgerichts beklagte Adenauer vor dem CDU-Vorstand: «Das Bundesverfassungsgericht ... ist tatsächlich der Diktator Deutschlands. ... Es gibt keine Macht in Deutschland, die es irgendwie rektifizieren kann, und es kann auch Materien, die sonst nur durch Gesetz geregelt werden können, im Falle der Not selbst regeln.»[1] Doch alle Bemühungen der Bundesregierung, das Gericht klein zu halten, scheiterten. Die Richter erkämpften sich einen eigenen Mittelansatz im Bundeshaushalt, sie setzten durch, ihre Mitarbeiter selbst einzustellen, und sie erstritten sich das Recht, direkt mit anderen Verfassungsorganen kommunizieren zu können, ohne dabei den Dienstweg über das Justizministerium nehmen zu müssen. So konnte sich das Gericht Schritt für Schritt seine Stellung als selbstständiges Verfassungsorgan neben den anderen obersten Staatsorganen erobern.

So wenig, wie der Kanzler die unabhängige Stellung des Bundesverfassungsgerichts anerkennen wollte, so wenig war er bereit, die unabhängige Stellung der Zentralbank zu akzeptieren. Als der Streit über die Geldpolitik zwischen ihm und der kurz vor der Gründung stehenden Bundesbank 1956 eskalierte, beklagte er in einer Rede im Kölner Gürzenich: «Wir haben hier ein Organ, das niemandem verantwortlich ist, auch keinem Parlament, auch nicht einer Regierung.»[2] Doch auch diese Machtprobe verlor Adenauer. Der Zentralrat knickte vor dem mächtigen Kanzler nicht ein und begründete mit seiner Standfestigkeit den Ruf der Unabhängigkeit der Bank von der Regierung.

Schließlich der öffentlich-rechtliche Rundfunk. Am 16. November 1950 erklärte Adenauer gegenüber den drei Hohen Kommissaren auf dem Petersberg, die Bundesregierung lege größten Wert darauf, dass «die Rundfunkhoheit und das uneingeschränkte Recht ihrer Ausübung auf den Bund zurückübertragen werde»,[3] eine Bemerkung, die die Westalliierten sichtlich irritierte und die sie sogleich zurückwiesen. Sie legten sogar noch nach und forderten von der Bundesregierung eine Erklärung ein, nach der der Rundfunk nicht dem Staat gehöre. Doch eine solche Klarstellung erhielten sie nicht.

Was nun folgte, war ein zehnjähriger Zermürbungskampf, den Adenauer mit sämtlichen Finessen um die Eroberung der Rundfunkfreiheit führte. Doch die Länder verteidigten das alliierte Erbe hartnäckig. Die Intendanten arbeiteten dem aggressiven Anspruchsdenken der Bonner Regierung entgegen, indem sie sich enger zusammenschlossen und eigene Vorschläge für bundesgesetzliche Regelungen vorlegten, die zwar Konzessionen gegenüber dem Bund enthielten, aber die Kernposition der Landesrundfunkanstalten – das Rundfunkmonopol im eigenen Sendebereich – halten und schützen sollten. Der engere Zusammenschluss der sechs Rundfunkanstalten erfolgte in Form einer Arbeitsgemeinschaft, die durch die Intendanten am 5. August 1950 in München konstituiert wurde und die seit 1954 unter dem Kürzel ARD firmierte.[4] Damit wehrten die Intendanten einerseits Ansprüche von Gremienvertretern ab, die die Zusammenarbeit der Anstalten im Vorfeld der Gründung der Bundesrepublik selbst zu organisieren suchten, andererseits fanden die Senderchefs eine Plattform, von der aus sie europa- und bundespolitisch auftreten konnten, ohne ihre Reservatrechte zu gefährden. In die europäische Vereinigung der öffentlich-rechtlichen Anstalten, der EBU, konnte man nun eintreten, weil man mit einer Stimme sprach. Mit den Gremienvorsitzenden fand man die Lösung, in sogenannten Mitgliederversammlungen (später: ARD-Hauptversammlungen) sowohl gemeinsame wie auch getrennte Beratungen abzuhalten.

Freilich gab es auch endogene Faktoren, die zu einer verbesserten Koordination und Zusammenarbeit drängten. Sie betrafen die einheitliche Berichterstattung über internationale und nationale Sportgroßereignisse, die technologische Forschungsarbeit, für die dann eine Gemeinschaftseinrichtung, nämlich das Institut für Rundfunktechnik (IRT) gegründet wurde, und nicht zuletzt das Aufziehen eines nationalen Fernsehprogramms, für das eigens eine direktionsübergreifende Kommission eingesetzt wurde. Die Gründungsmitglieder betrachteten die ARD als ein freiwillig sich selbst regulierendes Organ, in dem nur konsensuale Entscheidungen getroffen werden konnten. Immerhin wurde ein Federführungsprinzip für die Bearbeitung verschiedener Themen eingeführt, das fachlichen Kriterien folgte und bei dem die Kosten anteilig nach dem jeweiligen Gebührenaufkommen umgelegt wurden.

In der Auseinandersetzung mit der Bundesregierung konnte die ARD die Reihen jedoch nie ganz schließen. Der SWF-Intendant Bischoff und der SWF-Rundfunkratsvorsitzende Holzamer fielen immer wieder durch ihr besonderes Verständnis für die Anliegen Adenauers auf, während der BR eine zumeist extrem föderalistische Position vertrat. Letztlich kam es im Streit mit dem Bund also auf die Länder an.

Auf deren Seite sorgte das Ringen um die Rundfunkhoheit für einen zweifachen Konzentrationsprozess. Wie im Bund wurde die Rundfunkpolitik zur Chefangelegenheit; die Kultusminister mussten sie endgültig an die Ministerpräsidenten bzw. deren Staatskanzleichefs abtreten. Um sich enger gegenüber dem Bund abzustimmen, riefen die Länder eine ständige Kommission ins Leben, die später den Namen «Rundfunkkommission der Länder» erhielt und deren Vorsitz nach einem bayerischen Beamten-Intermezzo der rheinland-pfälzische Ministerpräsident Peter Altmeier (CDU) übernahm. Bis heute wird der Vorsitz der Kommission vom jeweiligen Mainzer Ministerpräsidenten bzw. der Ministerpräsidentin ausgeübt. Viel schwerer als diese einvernehmlich unter den Ländern geregelte Personalunion wiegt jedoch, dass mit der Erklärung der Rundfunkpolitik zur Chefsache diese zu einem Spielfeld von Union und SPD wurde, so dass nach 1945 lediglich zwei Parteien die rundfunkpolitischen Weichen stellten. Auch das blieb bis heute so.

Nachdem Adenauer weder durch die Anrufung der Hohen Alliierten Kommission noch durch etliche Scharmützel mit den Ländern und Rundfunkanstalten oder durch einen überfallartig über die Regierungsfraktionen in den Bundestag eingebrachten Gesetzentwurf ein Durchbruch gelungen war, kaprizierte sich der Bund auf drei Forderungen: Er beanspruchte, einen Auslandssender auf der Kurzwelle (die besonders weit reichte, wenn man die Sendestrahlung bündelte) und einen Hörfunksender für ganz Deutschland auf der Langwelle zu betreiben sowie einen eigenen Fernsehsender aufzubauen. Die Intendanten wollten den Forderungen den Wind aus den Segeln nehmen, indem sie unter dem Dach der ARD einen Kurzwellensender für das Ausland einrichteten. Im Einvernehmen mit der Bundesregierung wurde der Leiter des Wirtschaftsfunks im NWDR, Hans-Otto Wesemann, zum Chefredakteur berufen. Wie manch anderer Hörfunkmitarbeiter hatte sich auch Wesemann die ersten journalistischen «Meriten» bei der Zeitschrift *Das Reich* erworben.[5] Nachdem die Länder und die Anstalten der Bundesregierung die personelle Besetzung der Leitungsebene weitgehend überlassen hatten, sendete die Deutsche Welle seit Mai 1953 von Köln aus in Form einer Gemeinschaftseinrichtung der ARD, die zunächst vom NWDR, danach vom WDR geführt wurde.

Für den nationalen Sender auf der Langwelle wurde eine ähnliche Lösung gefunden. Zwar pochte der Bund auf seine Alleinzuständigkeit nach dem Erlöschen des Besatzungsstatuts, aber bis es so weit war, übernahm nach einigen ARD-internen Querelen der NWDR auch hier die Ausstrahlung des Programms. Weil die Bonner Regierung die Zulieferung politischer Programmteile durch die bei ihr verhasste Anstalt ablehnte, entstand vorerst ein reiner Musiksender, der sich in Ost und West großer Beliebtheit erfreute.[6] Als die Verantwortung für die Langwellensendungen nach der Zerschlagung des NWDR auf den NDR überging, zeigte sich die ARD gegenüber der Bundesregierung zu einem weiteren Entgegenkommen bereit, indem sie den CDU-nahen Politikabteilungsleiter beim NDR, Hermann Franz Gerhard Starke, dem zudem sehr gute Kontakte zum Bundesinnenminister Schröder (CDU) nachgesagt wurden, zum Programmchef machte. Außerdem hatten die Länder der Einrichtung eines Beirats zugestimmt, an dessen Spitze der Staatssekretär Franz Thedieck (CDU) aus dem Ministerium für Gesamtdeutsche Fragen stand. Für die Wahl Thediecks hatte offenbar gesprochen, dass es sich bei ihm um einen Vertrauten Adenauers handelte und dass er sich schon in den

Zwanzigerjahren im Volksbund für das Deutschtum im Ausland (VDA) engagiert hatte. Die Berufung Starkes hatte er wohlwollend genehmigt.

Nach dieser «Periode der Anbiederung an das Bundeskanzleramt», die ihnen nichts eingebracht hatte, setzten die Rundfunkanstalten einen neuen Kurs und segelten fortan «im Windschatten der Länder».[7] Nach der Bundestagswahl im September 1957, aus der Adenauer durch den Gewinn einer absoluten Mehrheit gestärkt hervorging, wussten die Länder, was die Stunde geschlagen hatte, zumal durchsickerte, die Bundesregierung verfolge die Absicht, wie in Großbritannien ein nationales privates Werbefernsehen zuzulassen. So unter Druck gesetzt, versteifte sich die Haltung der Länder, die dem Bund im Dezember 1957 mitteilten, sie würden weder eine Auflockerung ihres Sendemonopols noch eine Gebührenregelung durch den Bund hinnehmen. Außerdem beanspruchten sie die Zuteilung neuer Fernseh-Frequenzen und widersprachen der von der Bundespost verlangten Gebührenaufteilung.[8]

Die Bundesregierung erklärte den Ländern daraufhin den offenen Rundfunkkrieg, indem sie die Erarbeitung des Entwurfs zu einem Bundesrundfunkgesetz ankündigte. Die Ministerpräsidenten reagierten auf diese Drohung mit der Mitteilung, selbst ein «Deutsches Fernsehen» einzurichten. Auf ihrer Konferenz im Juni 1959 in Kiel fassten sie recht präzise Beschlüsse, die unter anderem vorsahen, einen öffentlich-rechtlichen Verband der Landesrundfunkanstalten mit der Ausstrahlung eines zweiten Fernsehprogramms zu beauftragen. Der Verwaltungsrat dieses Verbandes sollte drittelparitätisch aus dem Bund, den Ländern und den Anstalten besetzt werden. Auch im Fernsehrat sollte der Bund Sitz und Stimme haben. Der Vorschlag entsprach somit weitgehend dem Vorgehen von ARD und Ländern bei der Deutschen Welle und beim Deutschlandsender.

Adenauer lehnte die «Kieler Beschlüsse» rundweg ab und

brachte noch im September den Kabinettsentwurf für ein «Gesetz über den Rundfunk» auf den Weg, der die Gründung von zwei bundeseigenen Radiorundfunkanstalten – der Deutschen Welle und dem Deutschlandfunk – sowie einer öffentlich-rechtlichen Bundesanstalt namens Deutschland-Fernsehen vorsah. Diesen Entwurf wies der Bundesrat einstimmig zurück. Um den Streit nicht noch weiter eskalieren zu lassen, kam es nun aus der Union heraus zu vereinzelten Vermittlungsversuchen, auch sprachen Bundesregierung und Länderregierungen wieder miteinander. Dies hatte den Effekt, dass jetzt auch die CDU/CSU-Bundestagsfraktion den Konflikt zu entschärfen trachtete, indem sie den Gesetzentwurf der Regierung überraschend auf die Einrichtung der Deutschen Welle und des «Deutschlandsenders» als öffentlich-rechtliche Bundesanstalten auf dem Gesetzesweg verkürzte. Dieses sogenannte Rumpfgesetz wurde zwar von der SPD entschieden abgelehnt, fand aber nicht nur eine Mehrheit im Deutschen Bundestag, sondern auch im Vermittlungsausschuss von Bundestag und Bundesrat. Beide Anstalten wurden mit Inkrafttreten des Gesetzes noch im Dezember 1960 errichtet. Die Deutsche Welle, ursprünglich eine Gemeinschaftseinrichtung der ARD, trat der Arbeitsgemeinschaft 1962 als mehrsprachiger Auslandssender des Bundes bei. Intendant wurde Chefredakteur Wesemann, der von Bundeswirtschaftsminister Kurt Schmücker (CDU) 1964 im Nebenamt noch zum Vorstandsvorsitzenden der neu gegründeten Stiftung Warentest berufen wurde.

Der seit 1956 von Hamburg aus im Regelbetrieb sendende Deutsche Langwellensender wurde ebenfalls in die ARD-Familie aufgenommen und strahlte ab 1962 von Köln aus sein Programm unter der Bezeichnung «Deutschlandfunk» aus. Weil er als politische Antwort auf den nach Westdeutschland reichenden DDR-Deutschlandsender galt und als «Wiedervereinigungssender» mit seinem Hörfunkprogramm auch das Gebiet der DDR bediente, sahen die Länder in dieser Konstruktion keinen Eingriff in ihre Hoheitsrechte. Gründungsintendant des Deutschlandfunks wurde Programmchef Starke. Nachdem er 1966 zur Springer-Presse gegangen war, folgte ihm sein Verwaltungsratsvorsitzender, Staatssekretär Thedieck, nach, der seit 1964 zugleich als Vorsitzender der Konrad-Adenauer-Stiftung amtierte.

Es blieb der Streit ums Fernsehen. Der Versuch der Unionsländer, mit der Bundesregierung über die Ausgestaltung eines Staatsvertrages zu verhandeln, wurde vom Bundeskanzler brüsk zurückgewiesen. Adenauer bestand auf einem Bundesgesetz, das die Länder ausschaltete. Doch die von der Union geführten, sogenannten B-Länder versuchten noch in letzter Minute, zu einem Kompromiss zu gelangen, indem sie dem Kanzler anboten, über die Ausgestaltung eines Verwaltungsabkommens und die Formulierung eines Gesellschaftsvertrags über die zu gründende Bundes-TV-GmbH weiter zu verhandeln.[9]

Es lag eine gewisse Perfidität darin, dass der Bundeskanzler nun zusammen mit Bundesjustizminister Fritz Schäffer (CSU), der die für die Länder vorgehaltenen Anteile hielt, die Deutschland-Fernsehen GmbH gründete. Warum sich Schäffer, der einmal bayerischer Ministerpräsident gewesen war, als «Verfassungsminister» für diese durchsichtige Aktion hergab, bleibt im Dunkeln. Die Rede vom «Adenauer-TV» machte nun zu Recht die Runde, denn der Kanzler war faktischer Alleingesellschafter der GmbH und konnte die Mitglieder des fakultativen Aufsichtsrats ernennen. Zum Geschäftsführer bestellte er überdies den Ministerialdirektor aus dem Kanzleramt Reinhold Mercker, der als Ministerialrat bis 1945 der Reichspost treu gedient hatte. Das Programm sollte eine weitere GmbH zuliefern, die Freies Fernsehen GmbH, die von der Industrie und von den Verlegern in der Erwartung eines lukrativen Privat-TV-Geschäfts gegründet worden war. Viel Geld brachten die Investoren allerdings nicht mit. Stattdessen verließen sie sich auf eine mündlich von der Regierung in Aussicht gestellte Bürgschaft über 120 Millionen DM.

Als die Intendanten am 25. Juli von dem Bonner Fait accompli erfuhren, erklärte SDR-Intendant Bausch noch abends in der *Tagesschau,* das Publikum sei nun von Informationen über den sogenannten Fernsehstreit nicht länger zu «verschonen». Bausch berichtete über die scharfen Proteste der Ministerpräsidenten gegen das Vorgehen des Bundeskanzlers, das nach Ansicht des hessischen Regierungschefs Zinn «Erinnerungen an das Vorgehen Franz von Papens gegen Preußen im Jahre 1932» wecke, und verwies auf eine Erklärung der ARD-Intendanten, in der es hieß, mit der privatwirtschaftlich organisierten Gesellschaft für das zweite Fernsehprogramm werde die öffentlich-rechtliche und gemeinnützige Rundfunkorganisation in Deutschland aufgegeben.[10] Doch der Widerstand der unionsgeführten Länder erlahmte schon bald. Sie unterzeichneten zusammen mit dem Bundeskanzler ein Verwaltungsabkommen, demzufolge die ARD ein erstes, der Bund ein zweites Programm und die Länder zusätzliche dritte Programme veranstalten durften. Da die sozialdemokratisch geführten Länder diesen Weg jedoch von vornherein nicht mitgingen und sich inzwischen an das Bundesverfassungsgericht gewandt hatten, mündete das aussichtslose Unternehmen in einer Sackgasse. Nun schuf das Bundesverfassungsgericht Fakten. Am 17. Dezember 1960 untersagte es per einstweiliger Anordnung die Ausstrahlung eines weiteren Fernsehprogramms, und schon am 28. Februar 1961 erging sein Urteil.[11]

Dem Urteil fiel schon deshalb grundsätzliche Bedeutung zu, weil das Grundgesetz die Kompetenz bei der Rundfunkgesetzgebung nicht eindeutig festlegte und auch die Organisationsform des Rundfunks offenhielt. Karlsruhe sprach nun den Ländern die Kompetenz für das Rundfunkwesen zu, ergänzte aber noch, dass eine Deutschland-Fernsehen GmbH auch gegen Artikel 5 Absatz 1 Satz 2 des Grundgesetzes verstoße, also gegen «die Freiheit der Berichterstattung durch Rundfunk», weil ein privatrechtlicher Gesellschaftsvertrag diese nicht gewährleisten könne.[12] Rundfunkfreiheit – so die Richter weiter – sei aber nicht nur als ein Individualrecht zu verstehen, es gelte auch für die Institution des Rundfunks, der eben nicht nur ein Medium, sondern auch ein Faktor der öffentlichen Meinungsbildung sei. Folgerichtig betonten sie das Gebot der Staatsferne und befanden die öffentlich-rechtliche Konstruktion der Anstalten als ein hierfür adäquates Modell, weil alle gesellschaftlich relevanten Kräfte zu Wort kommen könnten. Die Richter beanstandeten außerdem ein gegenüber der föderalen Staatsordnung unfreundliches Verhalten der Bundesregierung, weil diese in parteipolitischen Sonderverhandlungen mit unionsgeführten Landesregierungen versucht habe, Angelegenheiten zu regeln, die alle Länder betrafen.

Adenauer war nicht nur mit seinem Bundesrundfunkgesetz gescheitert, sondern auch mit seiner Fernsehen-GmbH. Vor dem Deutschen Bundestag bezeichnete der Kanzler das Karlsruher Urteil als falsch, bekundete aber, damit sei «diese Sache für uns erledigt».[13] Der zehnjährige Krieg um die Rundfunkhoheit war beendet.

Karlsruhe hatte zwar die Errichtung eines regierungsnahen Bundesfernsehens untersagt, aber die Ausstrahlung eines zweiten Fernsehprogramms stand weiterhin auf der politischen Tagesordnung ganz oben. Am Zug – und unter Zugzwang – waren jetzt die Länder.

Das Urteil definierte lediglich einen Rahmen, in dem Rundfunk betrieben werden konnte, so dass sich für sie verschiedene Optionen boten, das Rundfunksystem auszugestalten.[14] Anders gesagt: Die Gründung des ZDF war nicht die Ausgeburt des Karlsruher Urteils. Sie beruhte allein auf einer politischen Entscheidung der Länder, womit ein deutscher Sonderweg beschritten wurde, der noch seine besondere Wirkung entfalten sollte. Worin bestanden nun die damaligen Optionen?

Naheliegend wäre gewesen, die ARD-Anstalten mit der Ausstrahlung eines weiteren nationalen Fernsehprogramms zu beauftragen. So hielten es auch alle anderen Länder mit öffentlich-rechtlichen Rundfunkanstalten in Europa. Allen voran trat der Hessische Ministerpräsident Georg-August Zinn für eine solche Lösung ein. Sie schien kurzfristig realisierbar, weil die ARD aus dem Stand ein provisorisches zweites Programm senden konnte.

Die CDU setzte dagegen auf die Errichtung einer Rundfunkanstalt der Länder und schloss nicht aus, in sie auch den Bund hineinzunehmen. Ein ähnliches Angebot hatten die «Unions-Länder» dem Kanzler 1960 gemacht, was dieser jedoch ausgeschlagen hatte.[15] Dabei ging es nicht allein um einen Kompromiss zwischen Bundesregierung und (CDU-)Ländern. Das dahinterstehende Kalkül war, die als SPD-lastig geltende ARD zu schwächen und ihr eine konservativ ausgerichtete Anstalt gegenüberzustellen. Zudem hoffte man durch eine solche Lösung, die im Verlauf des Fernsehstreits ausgehobenen innerparteilichen Gräben wieder zuschütten zu können. Schon auf einer Konferenz am 17. März 1961 stellten die Ministerpräsidenten die Weichen für eine zusätzliche Fernsehanstalt, die damit begründet wurde, nur so für das Publikum ein «Kontrastprogramm» zum ARD-Fernsehen zustande zu bringen. Damit wurde nach Adenauer die ARD zum zweiten Verlierer des Fernsehstreits.

Eine von den Ländern eingesetzte Kommission arbeitete unter Hochdruck hinter verschlossenen Türen den Entwurf für einen Staatsvertrag aus. Am Ende kam ein Vertrag zwischen den Ländern zustande, der der Bundesregierung zubilligte, in den 66-köpfigen Fernsehrat drei Vertreter ihrer Wahl zu entsenden. Da aber zwölf Plätze für die Parteien vorgesehen waren, konnten auf dieser Bank noch weitere Bundespolitiker Platz nehmen, zu denen der Journalist und FDP-Bundesgeschäftsführer Karl-Hermann Flach ebenso gehören sollte wie der CSU-Generalsekretär Friedrich Zimmermann. In den Verwaltungsrat wollten die Ministerpräsidenten drei Mitglieder berufen, fünf sollten vom Rundfunkrat gewählt werden, die weder einer Regierung noch einem Parlament angehören durften, und die Bundesregierung durfte ein Mitglied benennen. Im Zuge der Verhandlungen kam es zu einer Verlagerung von Zuständigkeiten aus dem Verwaltungs- auf den Fernsehrat, der nun Programmrichtlinien aufstellen, den Haushaltsplan genehmigen und den Jahresabschluss feststellen konnte. Die Intendantenverfassung wurde eingeführt, die Wahl des Intendanten an eine Drei-Fünftel-Mehrheit gebunden. Unter dem Strich schufen die Ministerpräsidenten eine Länderanstalt, die stark unter ihrem persönlichen Einfluss stand, die aus einem filigranen «Proporz-Puzzle» (*Der Spiegel* vom 24. April 1962) zusammengesetzt war und durch ausgeklügelte Personaltableaus in den Kontrollgremien und für die Führungsetage nach innen und außen befriedet wurde. Dies brachte auch die «SPD-Länder» zum Einlenken, zumal der Bonner Parteivorstand inzwischen von seiner harten Oppositionspolitik gegenüber der Bundesregierung abrückte.

Der Vorwurf der Bundesregierung, die Länder würden sich mit einer quasi nationalen Anstalt rundfunkpolitisch an die Stelle des Bundes setzen, wurde von den Ministerpräsidenten zurückgewiesen, war aber nicht völlig unberechtigt. Auch in den Ländern wurde nun Kritik am Staatsvertrag laut, die jedoch andere Stellen betraf. Der Vorsitzende des SDR-Verwaltungsrats und der SPD-Fraktion im Landtag von Baden-Württemberg, Alex Möller, beauftragte ein Gutachten, das die «offensichtliche Vorherrschaft staatlicher Stellen» in den Gremien des ZDF bemängelte.[16] Tatsächlich gingen die Ministerpräsidenten bis an die Grenze des Erlaubten, indem sie für die Gremien formaliter ein nur hauchdünnes numerisches Übergewicht der nicht-staatlichen Mitglieder einzogen. Zum Vorsitzenden des Fernsehrats wurde der konservativ eingestellte Sportfunktionär Walter Wülfing gewählt, eingerahmt von zwei Stellvertretern: dem Mainzer Oberbürgermeister und Landtagsabgeordneten Jockel Fuchs, der dem SPD-Parteivorstand angehörte, und dem soeben aus dem Bundeskabinett ausgeschiedenen CDU-Politiker Rainer Barzel, der auf dem Weg war, Vorsitzender der CDU/CSU-Bundestagsfraktion zu werden. Der Verwaltungsratsvorsitz wurde von Ministerpräsident Altmeier (CDU) übernommen, als Stellvertreter fungierte der frühere Hamburger Senator Heinrich Landahl (SPD). Die Gesamtzusammensetzung des Gremiums spiegelte ziemlich exakt die politischen Kräfteverhältnisse in der Bundesrepublik wider: Der Rundfunkrat wählte zwei CDU- und zwei SPD-Mitglieder sowie ein CSU-Mitglied, die Ministerpräsidenten entsandten jeweils ein Mitglied der CDU, der SPD und der FDP, zusammen ergaben sich daraus vier Sitze für die Regierungsparteien, drei für die Opposition und ein Sitz für die FDP, die sich aus Protest gegen das Vorgehen ihrer Unionskollegen in der *Spiegel*-Affäre zeitweilig aus der Bundesregierung zurückgezogen hatte.

Es ist bezeichnend, dass die starke Staatsnähe der ZDF-Gremien so lange bestehen blieb, bis das dem Proporzgedanken zugrunde liegende Konsensprinzip aufgekündigt wurde. Erst als im November 2009 die Mehrheit des schwarzen Freundeskreises im Verwaltungsrat unter Führung des hessischen Ministerpräsidenten Roland Koch den Arbeitsvertrag mit ZDF-Chefredakteur Nikolaus Brender aus durchsichtigen politischen Gründen gegen den Widerstand des roten Freundeskreises nicht verlängerte, klagten die SPD-geführten Regierungen von Rheinland-Pfalz und Hamburg gegen den ZDF-Staatsvertrag und dessen Vorschriften zur Gremienzusammensetzung in Karlsruhe. Das Bundesverfassungsgericht entschied in seinem 13. Rundfunkurteil 2014, dass der Anteil der Regierungsvertreter und weiterer Politiker nicht mehr als ein Drittel in den Gremien der Anstalten betragen dürfe, und sprach von einer zum damaligen Zeitpunkt «verfassungswidrigen Zusammensetzung der Aufsichtsgremien».[17]

Auf das Amt des Gründungsintendanten durfte sich zunächst der junge SDR-Chef Hans Bausch Hoffnungen machen, doch weil er sich mit dem Bundeskanzler im Fernsehstreit zur besten Sendezeit öffentlich angelegt hatte, war er verbrannt. Der schwarze

Freundeskreis belohnte statt seiner den SWF-Rundfunkratsvorsitzenden Karl Holzamer für dessen jahrelange Anhänglichkeit gegenüber Adenauer und setzte ihn als Gründungsintendanten durch. Holzamer war von der CDU in den ZDF-Fernsehrat entsandt worden, und es spricht einiges dafür, dass sich der Bundeskanzler für ihn eingesetzt hatte. Das ZDF erhielt so einen katholisch-konservativen Intendanten, der vom SPD-Freundeskreis mitgewählt wurde, weil die Sozialdemokraten auf die Unterstützung der Union für die Wahl des von ihnen ausgesuchten SWF-Korrespondenten Ulrich Grahlmann zum Programmdirektor bauen konnten. Für den Posten des Chefredakteurs fiel wiederum der CDU das Vorschlagsrecht zu, den Verwaltungsdirektor durfte die FDP vorschlagen. So wurden der SDR-Journalist Wolf Dietrich und der baden-württembergische Ministerialrat Kurt Rebmann, der spätere Generalbundesanwalt, gewählt.[18]

Eine weitere Liebesgabe, die an Bonn ausgegeben wurde, bestand darin, die Kosten, die das Privatfernsehen-Experiment des Bundeskanzlers verursacht hatte, dem ZDF aufzubürden.[19] Ohne mit Startkapital ausgestattet zu sein, zahlte es für die Sendeanlagen bei Frankfurt und die vorproduzierten «Programmkonserven» (Hans Bausch), warb Mitarbeiter aus den bestehenden Anstalten mit hohen Gehaltszusagen ab und vergab Aufträge an freie Produzenten, die sich dies teuer bezahlen ließen. Angesichts der finanziellen Misere, in der das ZDF steckte, unternahm die ARD im Dezember 1963 einen letzten Anlauf, um über einen gemeinsamen Rundfunkverband zu einer finanziell schlagkräftigen publizistischen Einheit zu gelangen, der jedoch vom Fernsehrat des ZDF entschieden zurückgewiesen wurde. Unter allen Beteiligten war klar, dass das ZDF mit einem dreißigprozentigen Anteil an den Fernsehgebühren nicht auskommen würde. Den ZDF-Intendanten bekümmerte dies nicht sehr, wusste er doch, dass die Länder ihr Kind nicht sich selbst überlassen konnten.

Programmlich musste die ARD dem ZDF noch einige Zeit aushelfen. Sie lieferte die *Tagesschau* zu, bis der nach Mainz umgezogene Sender mit *heute* eine eigene Nachrichtensendung auf die Beine stellen konnte. Außerdem brachten Landessender in verschiedenen Fenstern des ZDF-Vorabendprogramms vorübergehend ihre regionalen Sendungen unter – auch so konnte der unterfinanzierte Sender Produktionskosten sparen.[20] Für die Landesrundfunkanstalten war dies eine Vorübung für die dritten (eigentlich ihre zweiten) Programme. Schon seit Längerem forderten sie die Vergabe von zusätzlichen Frequenzen für die Ausstrahlung eigener Programme. Dass es dabei nicht um die rein regionale Ergänzung des ersten Fernsehprogramms oder das Abspielen von Wiederholungen gehen sollte, bewies das angestrebte Profil. Geboten wurde ein dezidiertes Bildungs- und Kulturprogramm, inklusive eines unterrichtsbegleitenden Schulfunks, durch das man natürlich auch hoffte, die Länder zu einer entsprechenden gesetzlichen Beauftragung bewegen zu können, weil die sich kaum einem zusätzlichen Angebot an kultureller und politischer Bildung verschließen konnten. Für viele Länder kam hinzu, dass nun neben dem Radio auch das Fernsehen zur stärkeren Identifizierung mit dem eigenen Bundesland dienen konnte. Für die ARD boten die dritten Programme schließlich die willkommene Gelegenheit, ihr erstes Programm von «schweren» Stoffen zu entlasten, um dem ZDF besser Paroli bieten zu können, das nicht ohne Erfolg neben studioproduzierten Unterhaltungssendungen auf den Zukauf US-amerikanischer Serien setzte.

Dessen ungeachtet kam im März 1963 ein Programm-Koordinierungsabkommen zustande, das eine entsprechende staatsvertragliche Vorgabe umsetzte. Die Länder wollten sichergestellt sehen, dass sich ARD und ZDF nicht mit denselben Formaten zu denselben Sendezeiten Konkurrenz machten. Anders gesagt: Der König Zuschauer sollte nicht zwischen zwei Krimis nur zur Hauptsendezeit wählen müssen, wenn er mit seiner Fernsehgebühr beide bezahlt hatte. Daneben verständigten sich ARD und ZDF auf einen Eurovisions- und einen Sportbeauftragten, um sich bei europäischen und sportlichen Großereignissen nicht in die Quere zu kommen. All dies hätte man sich freilich sparen können, wenn die Länder die ARD mit der Ausstrahlung eines zweiten Fernsehprogramms beauftragt hätten.

Tatsächlich erwies sich die Entscheidung der Ministerpräsidenten für ein zweites Fernsehprogramm, das von einer eigens gegründeten Länderanstalt bestritten wurde, alles andere als glücklich. «Adenauers illegitimes Kind» (Rüdiger Steinmetz) war und blieb über Jahre strukturell unterfinanziert und litt – auch weil es technisch bedingt nur mit Zusatz- oder neuen Geräten zu empfangen war – anfangs unter beträchtlichem Zuschauermangel. Die Länder trauten sich weder, die Gebühren zu erhöhen, noch konnten sie ihrer neuen Anstalt Steuergeld zuführen. Sie lehnten 1964 auch das vergiftete Angebot der Zeitungsverleger ab, die Schulden des ZDF zu übernehmen, wenn man sie im Gegenzug das Programm zuliefern lasse. Dies hätte nichts anderes als den Einstieg in ein kommerzielles Werbefernsehen bedeutet, mit dem die publizistische Trennung zwischen einem privatrechtlichen Printmarkt und einem gemeinnützigen Rundfunk perforiert worden wäre.

Letzten Endes bürgten die Länder für einen Kredit an die Mainzer Anstalt in Höhe von 130 Millionen DM. Die Zinszahlungen bürdeten sie den ARD-Anstalten auf. Zwischen 1966 und 1970 waren rund 40 Millionen DM aufgelaufen. Die Rundfunkanstalten nahmen die finanzielle Bürde nur deshalb auf sich, weil die Länder damit drohten, ansonsten die Aufteilung der Fernsehgebühren weiter zugunsten des ZDF zu verschieben, und weil sie für 1972 eine allgemeine Gebührenerhöhung in Aussicht stellten.[21] Die Debatte um die Erhöhung der Rundfunkgebühren setzte insofern mit der Gründung des ZDF ein. Es blieb dabei: Die Bundesrepublik leistete sich für die Ausstrahlung von zwei nationalen Fernsehprogrammen zwei öffentlich-rechtliche Sendeanstalten. Der Aufbau des öffentlich-rechtlichen Rundfunks in der Bundesrepublik Deutschland war damit abgeschlossen. Er umfasste nun zwölf Rundfunkanstalten.

Neue Töne im Rundfunkjournalismus

Im Übergang zu den Sechzigerjahren kamen neue Töne im Rundfunkjournalismus auf. Sie durchzogen die zeitkritischen TV-Magazine, deren investigative Beiträge beim Publikum große Aufmerksamkeit erregten und heftige Diskussionen auslösten. Sie drückten sich aber auch in einer erstaunlichen Renaissance politischer Kommentare aus. Neben den sterilen Verlautbarungsjournalismus trat ein diskursiver Stil, der seine Standards nicht länger in der deutschen Vergangenheit, sondern in der Gegenwart anderer Länder, vor allem in den USA, suchte. Inzwischen schien es unvorstellbar, dass die Rundfunkanstalten eine zwanzigminütige Rede Adenauers übertrugen, in der er (wie noch 1958 geschehen) mit seinen Widersachern in der Deutschlandpolitik abrechnen konnte. Sowohl in den Printmedien wie auch in Radio und Fernsehen rückte eine jüngere Generation in Schlüsselpositionen ein und begann, die früheren Schriftleiter der NS-Presse und Kriegsberichterstatter der Wehrmacht abzulösen.[22] Die Mischung aus staatstragender Attitüde und aufklärerischem Geist verschaffte dem öffentlich-rechtlichen Rundfunk eine Glaubwürdigkeit, die der Rundfunk in Deutschland noch nie besessen hatte, und die weit vor derjenigen anderer Medien und Institutionen lag. Er war zu einer öffentlichen Instanz geworden, der man zuhörte und vertraute. Dies hing nicht zuletzt mit den sozialen und technischen Möglichkeiten der Mediennutzung zusammen.

Bis in die Sechzigerjahre hinein blieb der Hörfunk das einzige Massenmedium, das imstande war, alle bundesdeutschen Haushalte zu erreichen. Ermöglicht wurde dies durch technische Innovationen: Der Ausbau der UKW-Netze, die Erfindung des Transistors und der Einsatz langlebiger, kleiner Batterien machten das Radio mobil, endlich ließ es sich mitnehmen – in den Urlaubsort, ins Freibad oder auf die Baustelle. Die Massenmotorisierung brachte den Rundfunk auf die Straße. 1960 fuhren auf den westdeutschen Straßen 4,5 Millionen Pkw, am Ende des Jahrzehnts waren es schon 13 Millionen.[23] Fast immer dabei: das Autoradio, das Millionen von Berufspendlern über gesperrte Straßen, Unfälle oder Staus informierte, das Wetter vorhersagte, tagesaktuelle Berichte brachte und die neueste Musik spielte.

Aber auch die klassischen Massenmedien erlebten nach dem Krieg einen beispiellosen Aufstieg. Der Bücherausstoß erhöhte sich Jahr für Jahr, die Erfindung des Taschenbuchs und die Gründung von Leseringen und Buchgemeinschaften sorgten für eine «Demokratisierung der literarischen Kultur» (Hans-Ulrich Wehler). Daneben etablierte sich ein riesiger Markt von Groschenromanen, und bunte Illustrierte fanden nicht nur in Friseursalons neugierige Leserinnen. Print und Funk profitierten dabei voneinander. Es war kein Zufall, dass die aus dem Springer Verlag kommende *Hör Zu!* (vormals *Radio Post*) zur größten europäischen Illustrierten wurde, brachte sie doch eine detaillierte Vorschau auf das wöchentliche Hörfunk- und Fernsehprogramm und veröffentlichte Storys aus der Welt von Rundfunk, Film und Fernsehen, in denen schon bald beliebte Schauspielerinnen und Showmaster ganz vorne standen. Der Erfolg der *Hör Zu!* war aber nicht zuletzt möglich, weil der öffentlich-rechtliche Rundfunk – anders als die BBC mit ihrer *Radio Times* – von vornherein auf die Herausgabe eigener Programmzeitschriften verzichtete. Den Hintergrund für diesen Verzicht bildete eine mehr oder minder offen formulierte Erwartung der Politik: Die Zeitungsverleger sollten, wenn sie schon selbst keinen Rundfunk veranstalten durften, von ihm wenigstens über hohe Auflagen in ihren Programmzeitschriften profitieren, über die sich wiederum teure Werbeanzeigen und hohe Abonnementzahlen generieren ließen. Der Rundfunk aber sollte sich vom Printmarkt fernhalten.

Die Zahl der täglich verkauften Tageszeitungen stieg zwischen 1954 und 1964 auf 17,3 Millionen Exemplare und erreichte bald 70 Prozent der Bevölkerung, bis sie 1983 ihren Höhepunkt überschritten hatte.[24] Allerdings – und dies markiert den großen Unterschied zwischen Print und Rundfunk: 1960 kam ein Drittel der Erwachsenen ganz ohne eigene Bücher aus, 20 Prozent nannten *ein* Buch ihr Eigen, 10 Prozent besaßen zwei oder mehr Bücher. Und selbst wenn man die eifrigen Tageszeitungsleser dazurechnet, gab es doch immer weit mehr Hörer als Leser. Der Hörfunk erreichte alle, ohne Unterschied des Geschlechts, des Alters oder der Schichtenzugehörigkeit. Nur, *den* Hörfunk im Sinne eines deutschlandweit ausgestrahlten Radioprogramms gab es nicht. Deswegen war das Radio in Deutschland kein nationales Massenintegrationsmedium. Ebendies hatten die Westalliierten mit ihrem föderalen Rundfunkkonzept verhindern wollen. Sofern sie nicht in einer Gegend wohnten, wo sich Sendegebiete überschnitten, konnten die Hörer aus technischen Gründen nur «ihren» Sender empfangen. Die Bayern empfingen den Bayerischen Rundfunk, die Norddeutschen den Norddeutschen Rundfunk, die Westfalen, Rheinländer und Lipper den Westdeutschen Rundfunk. Aber zum Ende der Sechzigerjahre konnten sie schon zwischen zwei Hörfunkprogrammen ihres Senders wählen. So strahlte der SWF seit 1967 ein familienorientiertes Programm mit kürzeren Berichten und leichterer Unterhaltungsmusik aus und bot den Hörern gleichzeitig eine Welle mit einem gehobenen Programm aus anspruchsvollerer Jazz- und klassischer Musik.[25] Die deutschen Sender folgten hierin gewissermaßen der BBC, die ihren Hörern ein nach kulturellem Kapital gestaffeltes Wellenkonzept anbot. Eine eher seichte Welle für die Unterklassen, eine anspruchsvollere für die Mittelschicht und eine Minderheitenwelle für die gebildete Oberschicht. Ende der 1960er Jahre konnte dann jeder Hörer auf mindestens einen Stereo-Sender zurückgreifen.

Es zeichnete sich rasch ab, dass nicht der Hörfunk, sondern das

Fernsehen das Potenzial besaß, die Nation vor sich zu versammeln. Zwölf Jahre nach Ende des Zweiten Weltkriegs, 1957, gab es eine Million Fernseher, acht Jahre später stand in der Hälfte der bundesdeutschen Haushalte ein Fernseher. 1969 waren es 84 Prozent, 1978 fast 100 Prozent. Allerdings sendete das Fernsehen noch nicht rund um die Uhr. Bis 1978 fand die Ausstrahlung stundenweise, und zwar am Abend statt. Deswegen wurde das Radio zum Begleitmedium der Bundesbürger tagsüber, das Fernsehen zu ihrer liebsten Freizeitbeschäftigung am Abend, was neben dem Hörfunk vor allem das Kino zu spüren bekam. Die «massenmediale Revolution des Fernsehens» (Hans-Ulrich Wehler) besaß einen globalen Charakter, verlief aber in stark unterschiedlichen nationalen Geschwindigkeiten.[26] Die wohlhabenden USA waren das Heimatland des Fernsehens. Und sie sollten sein Schrittmacher sein. In Europa gingen die Briten voran. Hinter dem Eisernen Vorhang schlossen die DDR-Bürger schon bald zu ihren «Brüdern und Schwestern» im Westen auf, während die Ausstattung von Haushalten mit Fernsehgeräten in den südosteuropäischen Ländern ebenso schleppend vorankam wie auf der Iberischen Halbinsel.

Das Radio konnte – im Tagesverlauf und auf unterschiedlichen Wellen – *allen* etwas bieten. Die beiden bundesdeutschen Fernsehprogramme waren dagegen wenigstens zur Hauptsendezeit zwischen 20 und 22 Uhr gezwungen, ein Programm anzubieten, das möglichst *viele* Bürger gleichzeitig ansprach. Der öffentlich-rechtliche Rundfunk in der Bundesrepublik war – das zeigte sich schon bald – darin außergewöhnlich erfolgreich. Sicher, er besaß keine private Konkurrenz, aber dieser Erfolg beruhte auch auf seiner inneren Konstruktion. Frank Bösch hat den «Mainstream-Effekt» des gemeinnützigen Fernsehens so erklärt: Weil sein Auftrag darin bestand, für alle da zu sein, es sich dabei aber natürlich an ein inzwischen heterogener werdendes Publikum wenden musste, achtete es darauf, jede Altersgruppe, jedes Geschlecht, jede soziale Schicht, jede Religion und Region zu erreichen.[27] Der öffentlich-rechtliche Rundfunk war als *catch-all-broadcaster* programmiert worden und wurde so zu einer nationalen Integrationsinstanz, die selbst den Mauerbau überdauerte. Wie stark das Fernsehen den Lebensalltag beeinflusste, belegten die zeitliche Strukturierung des Alltags, das morgendliche Gespräch am Arbeitsplatz über den vorherigen Fernsehabend, den subtilen Zwang, anzuschauen, worüber demnächst alle anderen sprachen. Die Tageszeitungen mussten sich der Macht der Fernsehnachrichten beugen. Sie machten morgens mit den Themen auf, die die *Tagesschau* am Vorabend zuerst gebracht hatte.

Der öffentlich-rechtliche Rundfunk war in der Bundesrepublik *der* große *Nation Builder* – weit vor der allgemeinen Wehrpflicht, die nur ein Geschlecht direkt betraf, und weit vor den Schulen, deren Lehrpläne von den Bundesländern unterschiedlich gestaltet wurden. Das abendliche Lagerfeuer des Fernsehens erwärmte die Deutschen über Generations- und Schichtgrenzen hinweg. Die Auflösung sozial-moralischer Milieus mit ihren festgefügten Weltbildern, die die deutsche Gesellschaft so lange geprägt hatten, wäre ohne die integrierende Wirkung des öffentlich-rechtlichen Fernsehens kaum möglich gewesen.

Bisweilen wurde das Fernsehen dennoch überschätzt. Ein unmittelbarer Zusammenhang zwischen Fernsehkonsum und Fertilität ließ sich empirisch nicht nachweisen. Dass nach einem abendlichen Stromausfall in den USA am 9. November 1965 neun Monate später die Geburtenrate nach oben geschossen sein soll, behauptete ein pfiffiger Journalist, der damit einen langlebigen Mythos in die Welt setzte. Die Nebenwirkungen des Fernsehkonsums auf das Vereinsleben, die politische Versammlungstätigkeit oder auf private Familienfeiern waren dennoch beträchtlich. Sie fielen entweder kleiner aus oder mussten verschoben werden.

Bleibt noch die Frage, ob das öffentlich-rechtliche Fernsehen an der Spitze des internationalen medialen Fortschritts stand, wie manche glauben machten. Die Antwort lautet nein, aber deswegen war es noch nicht – wie ihm wieder andere vorwarfen – provinziell. Es machte sich unabhängig von internationalen Presseagenturen und versorgte das Publikum über ein dichter werdendes Korrespondentennetz mit Berichten aus aller Welt, so dass die Bundesbürger den Eindruck gewannen, unmittelbar am Weltgeschehen beteiligt zu sein. Die «Provinz»-Aufführungen des Kölner Millowitsch- und des Hamburger Ohnsorg-Theaters erhielten beste Sendezeiten, anspruchsvolle Sendungen mussten sich mit randständigen Sendeplätzen abfinden.

Neben dem Recyceln von Filmkonserven, die vor 1945 entstanden waren, lebte das Medium von der Adaption erfolgreicher ausländischer Formate. So war in den USA längst die politische Talkshow mit Journalisten *(Meet the Press)* erfunden, bevor der von Werner Höfer moderierte *Internationale Frühschoppen* 1952 in den Hörfunk und ein Jahr später ins Fernsehen gelangte. Die zeitkritische Magazinsendung *Panorama*, die 1957/58 im deutschen Fernsehen erprobt wurde, besaß ebenfalls US-amerikanische Vorbilder, die den Unterhaltungswert einer aggressiven Skandalberichterstattung längst erkannt hatten. Auch die legendäre Sendereihe *Zur Person* mit Günter Gaus, die das ZDF 1963 das erste Mal ausstrahlte, besaß ein Vorbild. In der BBC war 1959 die Sendung *Face to Face* gestartet, in der ein prominenter Zeitgenosse – zum Beispiel Martin Luther King – ausführlich interviewt wurde. Die Einführung moderierter Nachrichtenmagazine in der ARD und im ZDF *(Tagesthemen, heute journal)* erfolgte 1978 nach US-amerikanischen Vorbildern. Die gern gesehenen Quiz-Sendungen waren ebenso wenig eine Erfindung des deutschen Fernsehens wie die großen Abendshows mit dem Fernsehballett. Wie erfolgreich solche Importe waren, unterstrich die im Deutschen eingeführte Berufsbezeichnung des «Showmasters», ein Begriff, den es im Englischen gar nicht gibt, der aber die große weite Welt des Fernsehens für das deutsche Publikum einfing.

Auch in gesellschaftspolitischer Hinsicht galt das bundesdeutsche Fernsehen nicht unbedingt als Schrittmacher. Eine Sensation ereignete sich am 12. Mai 1971, weil mit Wibke Bruhns zum ersten Mal in einer westdeutschen Nachrichtensendung eine Frau auftrat (wenngleich es sich dabei nur um eine Spätausgabe handelte). Aber schon elf Jahre zuvor hatte Nan Winton die Nachrichten in der «alten Tante BBC» verlesen, nachdem ihr Barbara Mandell im britischen Privatfernsehen ITV knapp zuvorgekommen war. Am Internationalen Frauentag 1963 war Anne-Rose Neumann in der *Aktuellen Kamera* des DDR-Fernsehens als Nachrichtensprecherin aufgetreten und blieb dies bis 1976. Der bundesdeutsche Fernsehjournalismus blieb trotz Wibke Bruhns vorläufig fest in männlicher Hand.[28]

Im internationalen Vergleich spielte das öffentlich-rechtliche Fernsehen der Bundesrepublik keine Avantgarderolle, auch wenn es für manche Überraschung gut war oder sich in der einen oder anderen Sendenische bisweilen Erstaunliches fand. Seine Leistung bestand nicht in außerordentlichen Pionierleistungen, sie bestand in der Beglaubigung gesellschaftlicher Neuerungen und zeigte sich aufgrund seiner publizistischen Machtstellung bei der Justierung gesellschaftspolitischer Verhältnisse. Anders gesagt: Das im öffentlich-rechtlichen Fernsehen einmal Gezeigte zählte zur unhintergehbaren Realität der bundesdeutschen Wirklichkeit. Eben deswegen waren die Grenzen des Zeigbaren umstritten, ja umkämpft.

An den Grenzen des Zeigbaren

Den Lackmustest für das, was man im öffentlich-rechtlichen Rundfunk zeigen darf und was nicht, lieferte gleich die erste Auftragsproduktion für das ARD-Programm, das Fernsehspiel *Die Sendung der Lysistrata*.[29] Der vom NDR in Auftrag gegebene Film war das Werk des österreichischen Schauspielers, Film- und Fernsehregisseurs Fritz Kortner, der sich Ende der 1920er Jahre für die sozialdemokratische Arbeiterbewegung engagiert hatte und 1947 nach Deutschland zurückgekehrt war. Kortner realisierte den Film zusammen mit dem deutsch-ungarischen Filmproduzenten Gyula Trebitsch, der kurz zuvor mit dem *Hauptmann von Köpenick* einen internationalen Erfolg gefeiert hatte. Das Fernsehspiel verstand sich als eine Neuinterpretation von Aristophanes' antiker Komödie *Lysistrata,* in der es den Frauen der beiden verfeindeten Städte Athen und Sparta gelingt, einen verheerenden Krieg zu beenden. Einige von ihnen besetzten die Akropolis und blockierten so die für die weitere Kriegsführung benötigte Herausgabe eingelagerter Reichtümer. Obendrein verweigerten sich die Frauen auf beiden Seiten ihren Männern so lange, bis diese den Krieg abbrachen.

Kortner inszenierte die Handlung seines Films auf zwei parallel laufenden Zeitebenen. In der Rahmenhandlung lädt die von Barbara Rütting gespielte Ehefrau eines Wissenschaftlers zwei andere Ehepaare ein, um sich mit ihnen und ihrem Mann eine Fernsehausstrahlung der Komödie anzusehen, in der sie selbst die Titelrolle der Lysistrata spielt. Unter den Gästen befindet sich auch die Schauspielerin, die die zweite Hauptfigur des Stücks, die Myrrhine aus Sparta, spielt. Sie wird dargestellt von Romy Schneider, die dem deutschen Publikum aus der *Sissi*-Trilogie bestens bekannt war. Aus einem gemütlichen Fernsehabend wird aus zwei Gründen nichts: erstens, weil die freizügig gespielte Myrrhine den zuschauenden Ehemann empört, und zweitens, weil der Ehemann der Lysistrata-Darstellerin einen Treibstoff entwickelt hat, für den er aus den USA ein lukratives Angebot erhalten hat, was aber die Ehefrau zutiefst beunruhigt, weil sie eine militärische Nutzung der Entwicklung vermutet.

Wenn es Kortner mit seinem Stück um eine öffentlichkeitswirksame Debatte über die Aufweichung verhärteter Fronten im Kalten Krieg und der Grenzen des Zeigbaren im öffentlich-rechtlichen Rundfunk gegangen sein sollte, dann war er damit schon vor der Ausstrahlung des Films außerordentlich erfolgreich. Der Koordinator des Deutschen Fernsehens, der Fernsehdirektor des Bayerischen Rundfunks Clemens Münster, hatte in der ARD von vornherein vor der Produktion gewarnt, wobei es ihm sowohl um den kritischen Unterton gegen die atomare Bewaffnung der Bundeswehr ging als auch um das ungewohnte Frauenbild, die Rolle von Sexualität in der Ehe und die freizügigen Szenen mit Romy Schneider, die die Presse sensationsheischend vorab angekündigt hatte. Bevor der Film ins Fernsehen kam, wurde er im November 1960 der Programmkonferenz vorgeführt, die ihn für nicht vorzeigbar hielt und vorerst stoppte. Nach den Fernsehdirektoren begutachtete die Intendantenrunde das Kortner-Stück. Die Intendanten des BR, des WDR, des SWF, des SDR und des SR sprachen sich gegen eine Ausstrahlung, die des HR, des SFB und RB neben dem NDR für eine Ausstrahlung aus. Münster hatte geklagt: «Das sittliche Empfinden der Zuschauer wird verletzt, die Vertreter einer politischen Auffassung werden lächerlich gemacht, die Bemühungen um Frieden werden in ein falsches Licht gesetzt.» Und der SDR-Intendant Hans Bausch war ihm mit den Klageworten an die Seite gesprungen: «Ich kann ‹Lysistrata› nicht senden, es verstieße gegen das Rundfunk-Gesetz. Ich halte die Aufzeichnung für ästhetisch unter der Grenze, sittlich anstößig und politisch einseitig.»[30] Damit war der Ton gesetzt.

Bausch spielte auf die einschlägigen Regelungen in den Landesrundfunkgesetzen an, die den Programmauftrag beschrieben. Im NDR-Staatsvertrag hieß es in Paragraf 4 Absatz 1 Satz 3, dass alle Sendungen «die sittlichen und religiösen Überzeugungen der Bevölkerung» zu achten haben. Und in Absatz 2 bestimmte der Gesetzgeber weiter: «Der NDR soll die internationale Verständigung fördern, zum Frieden und zur sozialen Gerechtigkeit mahnen, die demokratischen Freiheiten verteidigen und nur der Wahrheit verpflichtet sein. Er darf nicht einseitig einer politischen Partei oder Gruppe, einer Interessengemeinschaft, einem Bekenntnis oder einer Weltanschauung dienen.»[31]

Ganz offensichtlich hob der Intendant auf den zweiten und nicht auf den ersten Satz des Absatzes ab, denn dem Film wurde eine pazifistische Ausrichtung unterstellt, die der außerparlamentarischen *Kampf-dem-Atomtod*-Bewegung in die Hände spielte. Aber mit seiner abwehrenden Haltung stand Bausch mitnichten auf festem gesetzlichen Grund. Denn natürlich konnte dieser Grundsatz nur auf das Gesamtprogramm einer Rundfunkanstalt, aber nicht auf eine einzelne (zudem noch fiktionale) Sendung bezogen werden. Andererseits konnte man die Intendanten auch nicht zur Ausstrahlung einer bestimmten Sendung zwingen, lag doch die Programmverantwortung letztlich allein bei ihnen. Nur stellte sich bald heraus, dass der NDR keineswegs über die kompletten Ausstrahlungsrechte verfügte, und dass es die Bevölkerung mit ihren sittlichen und politischen Überzeugungen anscheinend anders hielt als die Mehrheit derjenigen Intendanten, deren Rundfunkanstalten, ob zufällig oder nicht, samt und sonders in CDU-regierten Bundesländern lagen.

Der Frankfurter Intendant Werner Hess, im früheren Beruf Fernseh- und Film-Beauftragter der evangelischen Kirche, wie Bausch in seinem Standardwerk nicht zu erwähnen vergisst, brachte angesichts der drohenden Spaltung der ARD eine «‹purifizierte› Fassung» ins Spiel, die mit zwölf weiteren Bild- und Tonschnitten auskam. Außerdem wurde – um Zeit für die Nachbearbeitung und womöglich Ausspielung alternativer Sendungen zu gewinnen – der Ausstrahlungstermin um zwölf Tage verschoben. Der Sendebeginn wurde auf die spätestmögliche Sendezeit von 22.15 Uhr verlegt. Die Verlegung auf die Randsendezeit sollte die Schwelle zum Einschalten des Fernsehens erhöhen und den Anstalten, die das Fernsehspiel dennoch nicht bringen wollten, es erleichtern, anderes ins Programm zu heben.

Die Intendanten hatten mit allem gerechnet, nur nicht mit Gyula Trebitsch. Der umtriebige Ko-Produzent des Stückes vergab die Filmrechte kurzerhand an den Hamburger Filmverleih *Europa*, der die Kortner-*Lysistrata* in die Kinos der Sendegebiete derjenigen Rundfunkanstalten bringen sollte, die sich gegen ihre Ausstrahlung ausgesprochen hatten. Die Premiere in den Lichtspielhäusern wurde wenige Stunden vor die geplante Fernsehpremiere gelegt. Jetzt standen die widerspenstigen Intendanten vor einer doppelten Niederlage. Zum einen hatte die Freiwillige Selbstkontrolle der Filmwirtschaft (FSK) den Film anders als die Intendantenmehrheit keineswegs beanstandet, so dass sich die Frage aufdrängte, warum im Fernsehen nicht gezeigt werden durfte, was für das Kino problemlos durchging. Zum anderen setzte eine Abstimmung über das Programm mit den Füßen ein. Heinz Diedrich, der Chef der *Europa*-Filmverleih Hamburg, meldete: «Die Theaterbesitzer haben sich um das Kortner-Stück gerissen.» Und die schlugen die Kinokarten wiederum rasch los. Ein Novum in der Geschichte des Kinos, denn Fernsehfilme galten nicht gerade als Publikumsmagnet für Lichtspielhäuser. Die Intendanten lenkten unter dem Eindruck des Publikumsverhaltens in letzter Minute ein. Die Klassikeradaption wurde am 17. Januar 1961 um 22.15 Uhr im Deutschen Fernsehen gesendet. Nur der Bayerische Rundfunk hatte sich ausgeklinkt. Die Zuschauer mussten dort auf die Kinos ausweichen und vierzehn Jahre warten, bis auch das bayerische Fernsehen sie zeigte.[32]

Der Film überzeugte indessen nicht. Er enttäuschte Kritik und Publikum, die nach den reißerischen Ankündigungen ein tiefgründigeres Skandalspektakel erwartet hatten und sich nun über ein langstieliges und durchsichtiges Fernsehspiel beklagten. Selbst Kortner fand es letztlich «nicht vollständig gelungen».[33] Die eingeknickten Intendanten rechtfertigten die Ausstrahlung mit der Entschärfung der ursprünglichen Fassung, wobei Kortner der Nachbearbeitung zugestimmt hatte und die Produktionsfirma versicherte, es sei dadurch nichts Wesentliches verändert worden. Im Nachhinein stellte Bausch den Streit um die Ausstrahlung des Stücks als Sturm im Wasserglas dar.[34] Genau das war er aber nicht gewesen.

Die Kontroverse hatte die ARD-Hierarchie über Wochen aufgewühlt, in zwei Lager gespalten und die öffentliche Meinung mobilisiert. Der Münchener Fernsehdirektor Münster verteidigte am hartnäckigsten die konservative Interpretation des öffentlich-rechtlichen Auftrags, nämlich das Publikum vor moralisch und politisch abweichendem Verhalten zu beschützen. Er zog die Grenzen des Zeigbaren enger als die Spitzen von NDR, SFB, HR oder Radio Bremen, die sich dafür aussprachen, zu zeigen, was kontrovers aufgenommen werden würde. Sie nahmen dabei in Kauf, Kritik vonseiten der Kirchen, aus der Politik oder aus den Aufsichtsgremien einzustecken. Die Alliierten, die den öffentlich-rechtlichen Rundfunk nach Deutschland gebracht hatten, mochten in diesem Streit zufrieden auf ihr Kind schauen. Hatte doch der föderale Aufbau des Rundfunks selbst für ein breites Meinungsspektrum gesorgt, das in einer nationalen Rundfunkanstalt schwerlich vorhanden gewesen wäre. Hier hätte das Wort eines einzigen Intendanten genügt, um die Ausstrahlung des Fernsehspiels zu unterbinden. Nun mochte die Phalanx der Intendanten mit Ausnahme des Münchener Anstaltschefs durch die Verschiebung der Sendezeit und die Nachbearbeitung zwar wiederhergestellt sein, doch tatsächlich konnte dies kaum verbergen, dass sie zum ersten Mal in der deutschen Fernsehgeschichte vor dem Publikum zurückgewichen war. Das Publikum selbst war auf den Sendeplan getreten und hatte die Ausstrahlung der *Lysistrata* durchgesetzt. Neben der Politik und den Gremien mussten die Intendanten nun noch mit einem dritten Faktor rechnen: dem Publikum.

Doch nicht nur die Grenzen des Zeigbaren im Fernsehen waren umkämpft, auch die Grenzen des Sagbaren im Hörfunk. Dies belegt eine Glosse von Magda Gatter, die sich kritisch mit dem systematischen «Schleifen» in der Bundeswehr auseinandersetzte und Rekruten Tipps gegen übergriffige Ausbilder gab. Verteidigungsminister Kai-Uwe von Hassel (CDU) stellte den Hörfunkbeitrag sogleich in eine Linie mit der «sowjetzonalen Zersetzungspropaganda» und ließ auf allen Kasernenhöfen eine scharfe Stellungnahme verlesen. Hier war es nicht so sehr das Publikum, sondern WDR-Intendant Klaus von Bismarck, der sich hinter die Redakteurin stellte und sie in der Leitung des *Frauenfunks* beließ.[35]

Wutschnaubende Zuschauerreaktionen löste eine zweiteilige WDR-Doku unter dem Titel *Heia Safari* aus, die sich mit der deutschen Kolonialgeschichte in Afrika auseinandersetzte und am 5. und 6. Oktober 1966 im ersten Fernsehprogramm lief.[36] Die Titelgebung war eine Anspielung auf das 1920 erschienene Jugendbuch des Kommandeurs der deutschen Schutztruppe für Deutsch-Ostafrika, Paul Emil von Lettow-Vorbeck, in dem dieser seinen Einsatz in der größten Kolonie des Deutschen Kaiserreichs in leuchtenden Farben beschrieben hatte. Nicht zuletzt das erfolgreiche Wirken des völkischen Nationalisten Lettow-Vorbeck, der nach 1918 ganz wesentlich die Erinnerung an ein vermeintlich heroisches Soldatentum und die zivilisatorischen Leistungen deutscher Kolonialpolitik hochgehalten hatte, hatte den Regisseur Ralph Giordano zu einem Film angetrieben, der – wie es im Untertitel hieß – «die Legende von der deutschen Kolonialidylle in Afrika» zerstörte, weil er den Alltag der deutschen Kolonialherrschaft als hemmungslose Ausbeutung des Landes und brutale Unterdrückung seiner Einwohner nachzeichnete. Die Niederwerfung des Herero-Aufstandes wurde als erster Völkermord im 20. Jahrhundert angeprangert.

Der in Form einer Dokumentation gehaltene Zweiteiler war eine furiose Anklage gegen die Verklärung deutscher Kolonialpolitik und eine geschichtsvergessene Bonner Afrikapolitik, zielte aber im Ergebnis auf eine Aussöhnung zwischen Afrikanern und Deutschen.

Der Film beruhte auf Interviews mit Afrikanern, die sich an die deutsche Kolonialzeit erinnerten, und auf Archivmaterial; fachlich beraten worden war der Regisseur von *dem* zeitgenössischen historischen Spezialisten für das deutsche Kolonialwesen, dem Fritz-Fischer-Schüler Hartmut Pogge von Strandmann. Gleich nach der Ausstrahlung des ersten Teils verlangten Bundestagspräsident Eugen Gerstenmaier (CDU) und der designierte Bundesfinanzminister Franz Josef Strauß (CSU), den zweiten Teil aus dem Programm zu entfernen, stießen damit jedoch auf taube Ohren im WDR. Es folgte eine Flut von Anrufen und Briefen, in der sich Zuschauer über diese Form von «Nestbeschmutzung» beschwerten und einen positiveren Umgang mit der deutschen Geschichte verlangten. Die Reaktionen des WDR fielen ausgesprochen professionell und deswegen beispielgebend für die Bewältigung solcher Zuschauerreaktionen aus. Jeder Briefschreiber erhielt innerhalb kurzer Zeit einen Antwortbrief, außerdem wurde eine Diskussionssendung mit den Filmemachern und politisch-historischen Experten sowie eine Diskussionsrunde mit Publikum angesetzt, das aus eigens eingeladenen Kritikern der Sendung bestand. Dies stieß im Haus nicht nur auf Verständnis. Chefredakteur Franz Wördemann, der auch einige Jahre für die BBC gearbeitet hatte, lehnte eine solche Anbiederung an das Publikum rundherum ab. Für den CDU-Mann geriet dadurch die Unabhängigkeit des Rundfunks in Gefahr, denn die nächste Stufe konnte nur noch in der Unterwerfung der Programmmacher unter den Willen des Publikums liegen. Doch Intendant Bismarck bestand darauf, Kritiker aus dem Publikum in der Sondersendung zu Wort kommen zu lassen. Daneben gab der Sender eine repräsentative Umfrage unter den Fernsehzuschauern zu der zweiteiligen Dokumentation in Auftrag, die bemerkenswerte Ergebnisse zutage förderte. Ihr zufolge hatte sich in den Zuschriften nämlich lediglich eine wütende Minderheit geäußert, während die schweigende Mehrheit der Befragten die Sendung sehr gut (53 Prozent) oder zufriedenstellend (15 Prozent) empfand. Nur acht Prozent beurteilten sie als «sehr schlecht». Insgesamt schnitt *Heia Safari* sogar besser ab als der Durchschnitt historischer Dokumentationen.

Die vom WDR im Februar 1967 ausgestrahlte Ergänzungssendung, in der ausschließlich Zuschauer zu Wort kamen, die mit Giordano lautstark ins Gericht gingen, löste ein bemerkenswertes Echo aus. In der nunmehr auffallend jüngeren Zuschauerpost wurde die Unbelehrbarkeit der Studiogäste kritisiert. Der Teil der Presse, der den Film zunächst als zu einseitig beanstandet hatte, verurteilte nun die auffällig nationalistische Gesinnung, die sich im Studio breitgemacht hatte. Der Intendant, der sich nach der Sendung sogar noch selbst zu Wort meldete, verteidigte die kritische Beschäftigung mit der deutschen Kolonialvergangenheit im Rundfunk, räumte aber ein, sie hätte bei einer Dokumentation ausgewogener ausfallen müssen. Hierfür kündigte er eine umfassende Dokumentation über die europäische Kolonialgeschichte an, die jedoch nicht zustande kam. Gleichwohl enthielt das Statement ein deutliches Bekenntnis, auch weiterhin zur Belebung der Debatte um die deutsche Vergangenheit beitragen zu wollen. Viele Jahre später schwärmte Giordano, der WDR habe ihm «Möglichkeiten geboten, die ich mir in meinen kühnsten Träumen nicht hätte ausmalen können. Ich konnte hinausfliegen und machen, was ich wollte.»[37]

Über Gebühr: Rundfunkfreiheit als Finanzierungsproblem

Kaum etwas war in der Nachkriegszeit so stabil geblieben wie die Rundfunkgebühr. 1924 war sie mit zwei Reichsmark festgesetzt worden, was in etwa dem monatlichen Bezugspreis einer lokalen Tageszeitung entsprach.[38] Diese Radiogebühr überstand die Weltwirtschaftskrise und den Weltkrieg, den Hungerwinter 1946/47 und die Währungsreform (sie lautete seitdem auf zwei DM), das Wirtschaftswunder und die erste Rezession. 1954 wurde für die Besitzer von TV-Geräten eine zusätzliche monatliche Gebühr von fünf DM erhoben, ein gegriffener Betrag, den der NWDR-Verwaltungsrat vorgeschlagen hatte und mit dem anfangs alle zufrieden schienen: die Anstalten, die Politik, die Post (die davon eine Mark für sich einbehielt) und die Zuschauer. Der WDR und der NDR kamen mit den Gebühreneinnahmen so gut aus, dass sie auf Werbung in ihren Hörfunkwellen freiwillig verzichteten. Die allgemeine Freude war aber nicht von Dauer. Das ZDF kam schon bald als Kostgänger hinzu, und für den Ausbau der Sendeanlagen für die dritten Programme hielt die Post die Hand auf, zudem erwies sich der technische Umstieg auf das Farbfernsehen als kostspieliges Unterfangen.

Die ARD stellte den Ministerpräsidenten im Sommer 1967 eine mittelfristige Finanzplanung vor, nach der sich bis 1970 ein geschätzter Fehlbetrag von mehr als einer halben Milliarde DM ergab. Zusammen mit den durch die Olympischen Spiele in München bedingten Mehraufwendungen, der von der Politik verlangten Beteiligung an der Finanzierung des Deutschlandfunks und einer Ausdehnung des Finanzausgleichs zur Unterstützung der drei kleineren Anstalten (RB, SR und SFB) lag der errechnete Fehlbetrag sogar über 600 Millionen DM. Bei über 300 Millionen DM (1970) bewegte sich der Betrag, den das ZDF den Steuerbehörden schuldete. Anders als die ARD-Anstalten hatte das ZDF bis dato keine kommerzielle Tochtergesellschaft zur Abwicklung des Werbefernsehens gegründet, weil es den Standpunkt vertrat, die öffentlich-rechtliche Anstalt sei in punkto Werbeeinnahmen weder körperschaft- noch gewerbesteuerpflichtig, da diese wie Gebühreneinnahmen zu behandeln seien. Die Anstalten adressierten die Gebührenwünsche an ihre Muttergemeinwesen und wurden darin durch ein grundlegendes Urteil des Bundesverwaltungsgerichts vom 15. Mai 1968 bestätigt. Das Gericht sprach der Rundfunkgebühr zum einen eine besondere Rechtsnatur zu. Es handele sich um eine «Anstaltsnutzungsgebühr mit Beitrags-Einschlag»,[39] mithin um keine Steuer, keine Verwaltungsgebühr, keine Konzessionsabgabe und eben keine Hoheitsgebühr, wie die Post, befangen in ihrer Weimar-Tradition, zu glauben meinte. Zum anderen bestätigte das Gericht, dass die rundfunkpolitische Organisationshoheit der Länder die Regelung der Gebühren mit einschloss.

Die Freude der Ministerpräsidenten über das Urteil des höchsten Verwaltungsgerichts hielt sich dennoch in Grenzen. Denn nun mussten sie das Gebührenverfahren und die Gebührenhöhe regeln und beides vor den Bürgern verantworten. Dafür waren wiederum zwei Staatsverträge nötig, einer, der das Grundsätzliche regelte, ein anderer, der die Gebühren festlegte. Erneut traten die Ministerpräsidenten hierbei mit ihren Staatskanzleien als rundfunkpolitische Gesetzgeber auf, denn am Ende des Tages konnten die Parlamente einem einmal ausgehandelten Staatsvertrag nur zustimmen oder ihn ablehnen.

Grundsätzlich entschieden sich die Regierungschefs in einem ersten Staatsvertrag vom 31. Oktober 1968 für die Beibehaltung eines einheitlichen Gebührenrechts. Im Umkehrschluss bedeutete dies die Zementierung des ARD-internen Finanzausgleichs. Prinzipiell denkbar gewesen wäre eine je nach Bundesland unterschiedlich hoch erhobene Gebühr. Damit wäre der Rundfunkempfang in Bremen, in Westberlin und im Saarland allerdings zu einem teuren Vergnügen geworden. Es blieb bei einer bundeseinheitlichen Gebühr, was wiederum den drei Ländern mit den defizitären Anstalten zu einem mächtigen Einnahmehebel verhalf; sie ließen von vornherein durchblicken, dass jede Gebührenerhöhung nur dann mit ihnen zu machen sei, wenn mit ihr zugleich der interne Finanzausgleich geregelt sei.

Die erste Gebührenerhöhung begleitete ein von den Verlegern geschürter Sturm der Entrüstung. Deren Lobby behauptete, eine Erhöhung der Rundfunkgebühren würde sofort zu einer massenhaften Kündigung von Zeitungsabonnements führen, womit die freie Presse einmal mehr vom «staatlichen Rundfunk» geschädigt werde. In den Zeitungen wurde die vermeintliche Verschwendung von Gebührengeldern in den Verwaltungen der Rundfunkanstalten und durch die Zahlung von «Stargagen» im Fernsehen angeprangert. Der SDR-Intendant Bausch kommentierte die Kampagne mit dem Hinweis, die Zeitungen würden sich stets ausführlich mit steigenden Rundfunkgebühren beschäftigen, während der Rundfunk niemals den steigenden Zeitungsbezugspreisen nachgehe.[40] Auf der Verlegerseite wurden solche Hinweise als Drohung aufgefasst.

Die Springer-Presse stand wie immer an der Spitze der Kampagne gegen den Rundfunk und fiel durch ihre ebenso unversöhnliche wie geschickte Konfrontation auf. Die *Welt* listete am 10. Juni 1969 in einer Übersicht den politischen Widerstand aus den Ländern auf, der einer Gebührenerhöhung entgegenschlug. Der nordrhein-westfälische Ministerpräsident Heinz Kühn (SPD) erklärte kategorisch, er sehe keine Mehrheit in seinem Landtag für eine Gebührensteigerung. Die für den 1. Januar 1970 avisierte Gebührenerhöhung kam dem Politiker, der außerdem noch im Verwaltungsrat des WDR saß, alles andere als gelegen, denn fünf Monate später standen Wahlen in seinem Bundesland an. Dasselbe galt für Bayern, Niedersachsen, Hessen, das Saarland und Hamburg. Mehr als drei Viertel der bundesdeutschen Wahlberechtigten waren in einem Jahr zur Wahl aufgerufen, das die erste Erhöhung der Rundfunkgebühren in der deutschen Geschichte bringen sollte, und dies auch noch kurz nach einer Bundestagswahl, die spektakulär knapp ausgegangen war. Es war deshalb nicht erstaunlich, dass sich die politischen Gemüter erhitzten, zahlreiche, durchaus widersprüchliche Forderungen an eine Gebührenerhöhung geknüpft wurden und der politische Druck auf die Anstalten von allen Seiten zunahm. Täglich erfolgten Aufforderungen, größere Rationalisierungsanstrengungen zu unternehmen, stärker zusammenzuarbeiten und die Berichterstattung kostengünstiger zu koordinieren, während die Intendanten auf eine zwischen ARD und ZDF abgestimmte Investitionsplanung oder die Errichtung von ARD-Gemeinschaftseinrichtungen und auf die wechselnde Veranstaltung aller Hörfunk-Nachtprogramme durch jeweils eine Anstalt verwiesen.[41]

Das Verlangen der Ministerpräsidenten, vorab durchgerechnete Einsparmöglichkeiten zu Gesicht zu bekommen, fand indessen weder Gegenliebe noch konnte es kurzfristig erfüllt werden. Zu unpräzise waren die Einsparvorgaben, und es gab auch keine Instanz, die in der gebotenen Kürze seriös Einsparvolumina durchrechnen konnte. Auf der anderen Seite machten die Intendanten zusätzliche Ausgaben für Großveranstaltungen, gestiegene Urhebervergütungen, Investitionen in Satellitenprogramme, Kabelfernsehen und terrestrische Frequenzbereiche geltend und klagten über die ebenso mühselige wie kostspielige Implementierung des Farbfernsehens.

Aber die Rundfunkanstalten standen nicht allein. Für ihre Gebührenpläne erhielten sie Unterstützung aus der Gesellschaft. Die Kulturorganisationen sprachen sich für eine Erhöhung der Gebühren aus. Das war natürlich kein Zufall, denn der öffentlich-rechtliche Rundfunk hatte sich längst als bedeutsamer Mäzen von Kunst und Kultur erwiesen. Den Gewerkschaften fiel die Zustimmung zu einer Gebührenerhöhung schon schwerer, weil sie auf Millionen von Mitgliedern Rücksicht nehmen mussten, die die monatlichen Gebührenzahlungen im Geldbeutel spürten. Dennoch sprachen auch sie sich öffentlich für eine Gebührenerhöhung aus.

Den Ministerpräsidenten war klar, dass sie um eine Erhöhung nicht herumkamen. Deswegen ging es darum, sie so zu gestalten, dass sie von den Landtagen und den Wählern leichter akzeptiert werden konnte. Dafür gab es drei Stellhebel: Der stärkste war die endgültige Feststellung der Erhöhung. Hier halbierten die Regierungschefs die Bedarfsanmeldung der Anstalten. Sie bewilligten nur ein Mehr von 50 Pfennigen beim Hörfunk und von einer Mark beim Fernsehen. Die Zahlungsweise hatten sie bereits im Staatsvertrag über die Regelung des Rundfunkgebührenwesens bei einem monatlichen Einzug belassen, weil sie befürchteten, der ursprünglich gewünschte, rationellere vierteljährliche Einzug könnte beim Gebührenzahler als besonders hoher Sprung ankommen. Der dritte Stellhebel betraf die Gebührenbefreiung. Hier erweiterten die Ministerpräsidenten die Befreiungstatbestände auf dem Verordnungsweg erheblich: Nicht nur Blinde, Schwerbehinderte, Pflegebedürftige und Sozialhilfeempfänger wurden von der Gebührenzahlung ausgenommen, sondern auch sämtliche Haushalte, deren Einkommen weniger als das Doppelte des Sozialhilferegelsatzes betrug. Außerdem banden die Regierungschefs der Länder noch einige «Erwartungen» an ihren Beschluss, nämlich einen für die Nehmeranstalten auskömmlichen internen Finanzausgleich, die weitere Beteiligung an der Finanzierung des Deutschlandfunks, keine Ausdehnung der Werbezeiten und die Erfüllung der der ARD auferlegten Zinszahlungen für das ZDF sowie die Einrichtung eines Sozialwerks für alle Journalisten aus Funk und Print. Eine solche Rentenkasse kam aus guten Gründen nicht zustande; aus ihr wurde 1972 aber eine Pensionskasse für freie Mitarbeiter des Rundfunks.

Hinter der ersten Gebührenerhöhung in der Geschichte des öffentlich-rechtlichen Rundfunks stand somit ein außerordentlicher politischer Kraftakt, den die Zahlen allerdings nicht wiedergaben. Inflationsbereinigt stiegen die Gebühren nämlich gar nicht, sie waren sogar noch gesunken: von umgerechnet 21,30 Euro im Jahr 1953 auf 17,91 Euro 1970. Für die Rundfunkanstalten kam es immerhin noch zu einer weiteren Erleichterung. Das Bundesverfassungsgericht urteilte am 27. Juli 1971, dass deren Tätigkeit weder gewerblicher noch beruflicher Art sei und sie deswegen auch nicht der 1967 eingeführten Mehrwertsteuer unterliegen würden.

Weil die Länder nur die Hälfte des angemeldeten Bedarfs genehmigt hatten und auch die Rundfunkanstalten inzwischen die Inflation deutlich zu spüren bekamen, ließ die nächste Gebührenerhöhung nicht lange auf sich warten. Doch gerade wenn sich alles verteuerte, war eine Gebührenerhöhung besonders schwer durchzusetzen. Deswegen wurde nach Wegen gesucht, den Anstieg der Gebühren dauerhaft zu bremsen und ein Verfahren zu entwickeln, das die Anstalten aus ihrer unangenehmen Bittstellerposition gegenüber der Politik herausbrachte, und die Politik aus ihrer ungemütlichen Entscheidungsposition gegenüber den Bürgern. Der Befreiungsschlag, den Hans Bausch in die rundfunkpolitische Debatte brachte, nämlich die Gebühr zu dynamisieren, fand keine Unterstützung.[42] Eine Dynamisierung entlang eines Indexes hätte die Politik zwar entlastet, aber wiederum auch entmachtet, und sie wäre angesichts des Preisauftriebs auf großen Widerstand in der Bevölkerung gestoßen. Schließlich traf der Vorschlag auch in den Anstalten auf Skepsis, weil das Indexmodell keine außerordentlichen Investitionsbedarfe integrierte.

Die Rundfunkanstalten ließen sich etwas anderes einfallen, um ihre Kosten zu senken. Nach Zustimmung der Länder entschieden sie sich 1972 dafür, die Gebühren selbst anstelle der Post einzuziehen. Dafür bauten sie in Köln-Bocklemünd ein modernes Dienstleistungszentrum mit einer zentralen Datenbank auf. Die «Gebühreneinzugszentrale der öffentlich-rechtlichen Rundfunkanstalten der Bundesrepublik Deutschland», kurz GEZ, erwies sich als wesentlich leistungsfähiger und zugleich viel kostengünstiger als der Posteinzug.

Dann «entdeckten» die Intendanten auch noch ein wahlfreies Jahr, in dem sich eine «Gebührenanpassung» leichter durchsetzen ließ.[43] Aufs Neue legten die ARD-Anstalten ein umfangreiches Zahlenwerk vor, und abermals stellte sich die Frage, wer dieses Zahlenwerk außerhalb der Anstalten prüfen konnte, denn den Kontrollgremien traute man eine solche Aufgabe nicht zu, weil sie als «anstaltsnah» galten. Das mussten auch die Intendanten einsehen, die mit der Einrichtung einer bundesweiten Instanz aus Gremienvertretern zur Prüfung der Bedarfsanmeldungen geliebäugelt hatten. Die Ministerpräsidenten beauftragten eine «Arbeitsgruppe

Rundfunkgebühren», die sie mit Beamten der Staats- bzw. Senatskanzleien und Mitgliedern der Landesrechnungshöfe besetzten und die im Austausch mit den Finanzexperten von ARD und ZDF stand. Die Arbeitsgruppe war zwar alles andere als staatsfern zusammengesetzt, bewährte sich als Expertenorgan aber, da sie wie ein Puffer zwischen den Anstalten und der Politik wirkte. Aber erst nachdem die Intendanten aus Frankfurt und Köln wegen der schwierigen finanziellen Situation ihrer Sender mit fernsehfreien Tagen gedroht hatten, hatten die Länder ein Einsehen, folgten den Empfehlungen der Experten und erhöhten die Gebühren auf 3 DM (Radio) bzw. 7,50 DM (Fernsehen), wobei nun auch die Zahlung einer ermäßigten Gesamtgebühr in Höhe von 8,50 DM möglich wurde. Weil die Arbeitsgruppe ihre Empfehlungen mit einer Reihe von finanztechnischen Auflagen gegenüber den Anstalten versehen hatte, fiel es den Ministerpräsidenten leichter, von der monatlichen Fälligkeit der Gebühr Abstand zu nehmen und die Einkommensgrenze auf den eineinhalbfachen Regelsatz der Sozialhilfe abzusenken, so dass die Einzugskosten sanken und das Gebührenvolumen stieg. Weil sich das Verfahren zur Ermittlung der Gebührenanpassung bewährt hatte, wurde aus der provisorischen Arbeitsgruppe der Ministerpräsidenten 1975 die Kommission zur Ermittlung des Finanzbedarfs der Rundfunkanstalten (KEF), in die die Länder Sachverständige entsandten und die weitere Experten zu speziellen Themen hinzuziehen konnte.

In der dritten Gebührenrunde reduzierte die KEF die Bedarfsanmeldungen stark, was den Protest der Anstalten hervorrief, die mit einer bald darauf neuerlich ins Haus stehenden Gebührenerhöhung drohten. Die Ministerpräsidenten wichen deswegen von den Empfehlungen der KEF ab, indem sie den Schlüssel zwischen Hörfunk- und Fernsehgebühr verschoben und die Rundfunkgebühren sogar einige Monate früher als empfohlen erhöhten. So stiegen die Gebühren zum 1. Januar 1979 zum dritten Mal, dieses Mal um 2,50 DM pro Monat.

Unterdessen hatte sich die fast eine Milliarde DM schwere Forderung des Finanzamtes an das ZDF in Luft aufgelöst. Der Bundestag hatte nämlich ein novelliertes Körperschaftsteuergesetz verabschiedet, das eine spezielle Ausgestaltung für die Mainzer Anstalt enthielt. Danach mussten die alten Bescheide korrigiert werden, weil die Programmkosten im Werbefernsehen stärker mit der Steuerschuld verrechnet werden konnten. Da das ZDF unter Vorbehalt gewisse jährliche Steuerzahlungen geleistet hatte, wurden diese mit der neuen Steuerschuld so verrechnet, dass keine Zahlung mehr fällig wurde. Für die Zukunft wurden die Körperschaft- und die Gewerbesteuer auf unter 40 Millionen DM pro Jahr gedrückt. Zwar fiel der Gewerbesteuersatz für das ZDF nun drei Mal niedriger aus als für die Werbetöchter der ARD-Anstalten, doch diese hielten still und verzichteten auf den Rechtsweg, um die parlamentarische Aktion nicht nachträglich zu desavouieren und die Debatte über die Finanzierung des Rundfunks nicht wieder anzuheizen.[44]

Der Ruf der Anstalten nach einer auskömmlichen Finanzierung ihrer Aufgaben, oftmals garniert mit Drohungen, die Programme zu kürzen und mehr Wiederholungen zu zeigen, und die Kritik an deren undurchsichtigem Finanzgebaren sorgten für eine Verschärfung der staatlichen Aufsicht über die Haushalte des öffentlich-rechtlichen Rundfunks. Die Parlamente erweiterten sukzessive die Prüfbefugnisse der Landesrechnungshöfe und forderten entsprechende Berichte und die Stellungnahmen der Häuser an. Auch die Kontrollgremien erhielten weitere Befugnisse zur Überprüfung der Zahlenwerke. Die Intendanten wurden verpflichtet, neben den Jahresabschlüssen auch Geschäftsberichte und eine mittelfristige Finanzplanung vorzulegen.

Spätestens mit den Gebührenerhöhungen in den Siebzigerjahren wurde klar, dass die Rundfunkfreiheit nicht nur ein Organisationsproblem, sondern auch ein Finanzierungsproblem darstellte. Das Bundesverfassungsgericht hatte die öffentlich-rechtliche Organisation des Rundfunks zwar bestätigt und sich ausführlich mit dessen Rolle für die freie Meinungsbildung befasst und daraus seine Staatsferne abgeleitet. Doch zum Problem der Finanzierung hatten sich die Richter nicht geäußert. Die Drohung, dem Rundfunk die notwendigen Mittel zur Erledigung seiner Aufgaben zu verweigern oder an deren Genehmigung bestimmte Bedingungen zu knüpfen, berührte die Rundfunkfreiheit nicht minder als die Frage nach einer staatsfernen Besetzung der Aufsichtsgremien.

3. Proporz und Politisierung in den goldenen Siebzigern

Elefantenrunde in den politischen Siebzigern: Willy Brandt (SPD), Helmut Kohl (CDU) und Hans-Dietrich Genscher (FDP) räkeln sich am 3. Oktober 1976 im Bonner Studio vor den Emblemen von ARD und ZDF. Aus Bayern dazugeschaltet ist Franz Josef Strauß (CSU). Selbstverständlich wird geraucht.

«Man hört und sieht eine Gesellschaft von Mithörenden und -sehenden, die anderen beim Mithören und -sehen zuhören und zusehen.»
Thomas Lindenberger, Vergangenes Hören und Sehen (2004)

Die Nation im Fernsehzeitalter

In den 1970er Jahren wurde Fernsehen zur liebsten Freizeitbeschäftigung der Deutschen. Fernsehabende ersetzten Kinobesuche, TV-Stars beschäftigten den Boulevard, und bei großen Unterhaltungsshows wurde die Flimmerkiste zum Lagerfeuer, an dem sich die ganze Familie erwärmte.[1]

Fernsehen fand nicht nur im Fernsehen statt. Tourneetheater mit Bildschirmsternchen füllten die Stadtsäle in der Provinz, Fernsehgesichter traten auf Sparkassenveranstaltungen und Firmenfeiern auf, Städte bewarben sich um die Ausrichtung von Spielshows, TV-Werbesprüche verbreiteten sich auf Schulhöfen, und die moderierte Podiumsdiskussion wurde zum unverzichtbaren Veranstaltungsformat für Streitthemen aller Art. Noch wichtiger: Das öffentlich-rechtliche Fernsehen transportierte Themen und sorgte für gemeinsamen Gesprächsstoff. Es prägte die Bonner Republik und formte die westdeutsche Identität zu einer mondänen Fernseh-Nation. Das Fernsehen bot den Bewohnern der Bonner Republik eine neue Form alltäglich «imaginierter Gemeinschaft».[2]

Der stetig steigende Fernseh- und Radiokonsum weckte Stimmen, die vor der Flucht in eine Scheinwelt oder den bedenklichen Folgen der Zurschaustellung von Sex und Gewalt warnten. Den Bedeutungsgewinn des Rundfunks mochten solche Warnungen indes nicht zu stoppen. Dessen überragende Bedeutung für den

Lebensalltag steigerte unweigerlich den Kampf um die Steuerung der Fernsehprogramme, in denen mehrmals täglich Nachrichten für ein Millionenpublikum gebracht, aktuelle Sondersendungen ausgestrahlt und die Wahlberichterstattung ausgedehnt wurden, in denen Meinungsmagazine gegeneinander antraten, unterschiedliche Standpunkte in Talkshows aufeinanderprallten und Woche für Woche sozialkritische oder historische Dokumentationen zu sehen waren. Kurzum: Die Intensivierung und Expansion der politischen und gesellschaftlichen Berichterstattung stärkten das Fernsehen als Leitmedium im öffentlichen und privaten Raum. Es entschied darüber, was relevant war und was nicht. Dieser Umstand – und nicht so sehr die kritische Berichterstattung im Einzelfall – sorgte für ein konfliktträchtiges Verhältnis zur Politik.

In der Geschichte des öffentlich-rechtlichen Rundfunks bilden die 1970er Jahre in mehrfacher Hinsicht eine Gelenkzeit. Vieles erscheint uns heute fremd, doch manches erkennen wir wieder. Augenscheinlich wird dies in der Programmgestaltung. Auf den Mainzer Tagen der Fernsehkritik 1969 begründete WDR-Intendant Klaus von Bismarck die Programmangebote der ARD mit dem gesellschaftskritischen Auftrag des Fernsehens. Ein Jahr später stellte ZDF-Intendant Stolte Überlegungen für eine neue Programmkonzeption vor, die endgültig das überkommene Schema der Gründerzeit hinter sich lassen und durch eine stärkere Zielgruppenorientierung die Segmentierung der modernen Gesellschaft erfassen sollte, um so das Fernsehen zukunftssicher zu machen.[3] Ganz offenbar fürchteten die Programmverantwortlichen, den Finger nicht am Puls zu haben und die rebellische jüngere Generation zu verlieren. Um sie zu binden, entstanden im Radio neue Sendungen wie der *Pop-Shop* des SWF, die *Radiothek* aus Köln, *Point* vom SDR oder *Zündfunk* in Bayern und *s-f-beat* in Berlin, im Fernsehen die *Hitparade*, *disco* oder der legendäre *Rockpalast*.

Neue Formate waren das eine, direkte Publikumsbeteiligung im laufenden Programm das andere Mittel der Wahl. So wurden nun

Zuhörer und Zuschauer per Telefon in Sendungen zugeschaltet, Übertragungswagen mit Reporterteams klapperten Kleinstädte ab und fingen die Zuhörer «vor Ort» ein. Das Radio verstand sich zunehmend als tagesaktuelle Servicewelle. Der Kerngedanke war hier, dem durch das Fernsehen veränderten Mediennutzungsverhalten gerecht zu werden und es als unentbehrliches Tagesbegleitmedium zu etablieren. Am Abend gehörte das Publikum dann dem Fernsehen. Auch hier sollte das Programm lebendiger werden; statt mit Sendungen aus der Konserve sollte das Fernsehen mit Live-Berichten aus nah und fern, mit mehr Live-Übertragungen aus Sport, Musik und Unterhaltung zu seinen Ursprüngen zurückgeführt werden.

Aber nicht nur Form und Inhalte der Programmbeiträge wandelten sich, auch die Programmstrukturen wurden umgebaut. Beim ZDF begann der Abend mit der *heute*-Sendung nun schon früher, nämlich um 19 Uhr, das Spätprogramm wurde ausgedehnt. Die ARD verständigte sich dann 1978 auf eine Programmreform. Sie reagierte damit auf Änderungen im ZDF-Programmschema, die vom Publikum gut aufgenommen worden waren und das Erste unter Druck setzten. Auch wenn es immer wieder hieß, den Zuschauern sollte mit zwei landesweiten Programmen ein Kontrastangebot gemacht werden, bestand längst ein Konkurrenzverhältnis, dessen harte Währung die Quote war. Erfolgreich war, wer die meisten Zuschauer für sich gewinnen konnte. Die Folge: Sogenannte Minderheitenthemen wanderten in die Randzeiten des Programms oder in die dritten Programme ab, in der Hauptsendezeit herrschte der Mainstream der nivellierten Mittelschichtgesellschaft. Damit folgte das Fernsehen dem Radio, das durch kontrastierende Hörfunkwellen das Hauptpublikum und Minderheiten mit höherer Bildung besser anzusprechen versuchte.

Dennoch wäre es verfehlt, dem Hörfunk pauschal eine Verflachung des Programms durch seichte Unterhaltung zu unterstellen. Konrad Dussel beobachtet nämlich für die Sechzigerjahre einen

Programmumbruch, der sich in einem steigenden Anteil informierender Programmanteile sowie dem Einzug von Rock- und Popmusik zulasten der Salonmusik und Operette ausdrückte.[4]

Mit der Ausdehnung der Sendezeiten auf durchschnittlich elf Stunden in den beiden TV-Hauptprogrammen und der allmählichen Umwandlung der bildungsorientierten dritten Programme in Vollprogramme stieg das Interesse an gezielter Markenbildung und leichterer Auffindbarkeit einzelner Programmteile. Herausragende Sendungen und Köpfe sollten nun für das Gesamtprogramm und die jeweilige Rundfunkanstalt werben, einzelne Sendungen durch feste Programmplätze vom König Zuschauer leichter zu finden sein. Der begann nämlich, aus dem Fernsehsessel mit der Fernbedienung zu regieren, die seit 1975 serienmäßig in den Geräten eingebaut wurde. Last, but not least wurde die Fernsehwelt bunt. Den Durchbruch besorgten gleich zwei große Sportevents: die Olympischen Spiele 1972 und die Fußball-WM 1974, die beide in der Bundesrepublik ausgetragen wurden.

In Farbe gezeigt wurden nun auch diejenigen Sendungen, die das Programm wesentlich ausmachten und (zusammen mit den Nachrichtensendungen) strukturierten – nämlich Serien, wobei es sich nahezu ausschließlich um Krimiserien handelte. Neben *Der Kommissar* (ab 1969) und *Derrick* (ab 1974) wurden vor allem US-amerikanische Serien in unzähligen Episoden ausgespielt: *Columbo* und *Mannix* ab 1969, *Cannon* ab 1973, *Die Straßen von San Francisco* und *Kojak – Einsatz in Manhattan* ab 1974, *Detektiv Rockford – Anruf genügt* ab 1976, *Starsky & Hutch* ab 1978, *Drei Engel für Charlie* ab 1979. NDR-Programmdirektor Dietrich Schwarzkopf hatte bereits 1971 jedwede Kritik an den Serien, die von Mord, Totschlag und Gewalt handelten, weggebügelt, indem er auf das gesunde Publikumsempfinden verwies. Wenn das Fernsehen die Krimireihen absetze, würde es einen Sturm erleben, «gegen den die Französische Revolution ein Straßenauflauf war».[5]

Einer völligen Serialisierung des Fiktionalen beugte die verstärkte Übernahme von Spielfilmen ins Programm vor, wobei auch diese ganz überwiegend aus Hollywood kamen. Einer, der die starke Nachfrage bedienen konnte und damit reich und einflussreich wurde, war der Münchener Filmrechtehändler Leo Kirch, bei dem vor allem das ZDF einkaufte. Die ARD hatte dagegen 1959 die Degeto Film übernommen, über die sie Rechte an Spielfilmen und Serien kaufte und diese, wenn nötig, synchronisieren ließ, an die sie aber auch Produktionsaufträge vergab. Um die Abhängigkeit von Hollywood zu verringern, den Neuen Deutschen Film zu unterstützen und der Not leidenden deutschen Filmindustrie auf die Beine zu helfen, schlossen ARD und ZDF im November 1974 mit der Filmförderanstalt des Bundes ein Abkommen, wonach sie fortan kräftig in die Gemeinschaftsproduktion zwischen Film und Fernsehen investierten. Die Filmhersteller konnten dadurch ihre Produktionskosten erheblich senken und die Fernsehanstalten die Filme kurz nach ihrem Kinostart ausstrahlen. ARD und ZDF konnten von der Politik von dem Vorteil einer solchen freiwilligen Vereinbarung «überzeugt» werden, nachdem ihnen zuvor eine Ausgleichsabgabe an die Filmwirtschaft angedroht worden war.[6] Ohne ARD und ZDF hätte es keine nennenswerte bundesdeutsche Filmwirtschaft gegeben. Für Auftragsproduktionen, besondere filmwirtschaftliche Leistungen wie die Synchronisation fremdsprachiger Filme und den Erwerb von Ausstrahlungsrechten, gaben beide zwischen 1970 und 1980 über 3,7 Milliarden DM aus. Im Jahr 1978 – so hat Dussel nachgerechnet – zeigte die ARD 221 Filme, das ZDF 215. Angesichts solcher Zahlen sollte man annehmen, der Unterhaltungsanteil am Programm wäre beständig gestiegen. Doch auch hier fördern die Berechnungen Dussels Überraschendes zutage: Der Informationsanteil am ZDF-Programm blieb bei rund 25 Prozent über die Jahre erstaunlich stabil, im Ersten nahm er sogar noch zu, nämlich um 5 Prozentpunkte auf 40 Prozent.[7]

Dass Nachrichten, Dokumentationen, Reporte, Magazine und

politische Sondersendungen kein Schattendasein im öffentlich-rechtlichen Rundfunk fristen mussten, war nicht zuletzt dem Interesse der Bürger am politischen Geschehen zu verdanken, das seit den 1960er Jahren stark gestiegen war und in den Siebzigern noch weiter steigen sollte. In einer repräsentativen Umfrage des Meinungsforschungsinstituts Allensbach antworteten 1960 auf die Frage «Interessieren Sie sich für Politik?» mit Ja 27 Prozent der Befragten, 1969 schon 45 und 1979 immerhin 49 Prozent.[8] Dem wachsenden Interesse am politischen Geschehen kamen die Anstalten mit mehr Nachrichtensendungen in neuen Formaten entgegen. So starteten am 2. Januar 1978 die *Tagesthemen* der ARD und das *heute journal* des ZDF – moderierte Nachrichtenmagazine, die man in den USA abgeschaut hatte und die das deutsche Publikum noch ausführlicher mit Nachrichten und politischen Hintergrundberichten versorgen sollten. Die Bürger interessierten sich aber nicht nur stärker für Politik, sie engagierten sich mehr als jemals zuvor selbst: Sie nahmen fleißig an Wahlen teil und traten in Parteien ein, sie wirkten in sozialen Bewegungen mit und schlossen sich lokalen Bürgerinitiativen an.

Die Politik behielt ihr zwiespältiges Verhältnis zum Rundfunk bei. Einerseits profitierte sie wie nie zuvor von einem Medium, das ihre Ansichten in jedes Wohnzimmer transportierte. Millionen von Zuhörern und Zuschauern waren immer auch Millionen an Bürgern und Wählern. Die Presseorgane der politischen Parteien erreichten bestenfalls die eigenen Mitglieder und überzeugte Anhänger. Großkundgebungen ließen sich allenfalls vor Bundestagswahlen organisieren und besaßen bei Weitem nicht die Reichweite eines einzigen gut platzierten Interviews im Radio, geschweige denn im Fernsehen, das auf einen Schlag zehn und mehr Millionen Wähler erreichen konnte. Es gab allerdings auch eine Kehrseite, denn das Mediennutzungsverhalten der Menschen ging nicht spurlos an den politischen Partien vorbei.

Parteitage wurden nun kameragerecht abgehalten, «Auftritte»

von Politikern «inszeniert» und «Events» geschaffen, um Kameras und Mikrofone anzulocken. Kurzum: Die Politik beugte sich dem Leitmedium. Die Politisierung des Rundfunks und die Medialisierung der Politik standen in einem geradezu dialektischen Zusammenhang. Manche Politiker und manche Journalisten unterhielten schon vor dem Rundfunkzeitalter eine symbiotische Beziehung. Der Siegeszug des Rundfunks hob sie auf eine neue Stufe. Für Bundeskanzler Helmut Schmidt gehörten «die politischen Journalisten … eigentlich mehr zur politischen Klasse und weniger zum Journalismus».[9] Für den Politikwissenschaftler Thomas Meyer schlug das Pendel dagegen zur anderen Seite aus. Nach ihm unterwarfen sich die Politiker der medialen und nicht die Journalisten der politischen Logik. Aus Parteipolitikern seien immer mehr Medienpolitiker geworden. Die «Kolonisierung der Politik durch die Medien», so Meyer, habe zur Ablösung der Parteiendemokratie durch die «Mediokratie» geführt.[10] Hierfür spielte das Fernsehen die entscheidende Rolle: «TV makes the world go round.»

Wie kein anderes publizistisches Medium verband das Fernsehen die Kraft des Wortes mit der Macht der Bilder. Wer den Aufstieg der Programmmacher und Programmverantwortlichen, den Ansturm der Parteien und Interessengruppen auf den öffentlich-rechtlichen Rundfunk in den 1970er Jahren begreifen will, muss wissen, dass unter allen Beteiligten eines unbestritten war: Der entscheidende Kampf um die kulturelle Hegemonie im Land (um mit dem italienischen Marxisten Antonio Gramsci zu sprechen) wird im, über und mit dem öffentlich-rechtlichen Rundfunk ausgetragen. Wie weit der Einfluss des Fernsehens auf politische und gesellschaftliche Prozesse tatsächlich und vor allem im konkreten Fall reichte, war umstritten und konnte bis heute nicht abschließend geklärt werden. Dass es diesen Einfluss gab (und gibt), wurde und wird nicht bestritten. Kluge Intendanten neigten dazu, ihn herunterzuspielen, um sich den parteipolitischen Umklammerungen besser entziehen zu können. Nur, sie selbst waren zu politischen Figuren in einer mobilisierten Öffentlichkeit geworden.

Adenauer, der bekanntermaßen danach trachtete, den Rundfunk als politisches Führungsmittel einzusetzen, hatte seinen Parteifreunden immer wieder eingetrichtert, die Londoner Labour-Regierung habe ihren Genossen von der SPD den NWDR absichtlich überlassen und dem Rundfunk vorgeworfen, er würde die Union permanent benachteiligen.[11] Auf dem Gründungsparteitag der CDU 1950 in Goslar war der Kulturkampf gegen den unberechenbaren Nihilismus der säkularisierten Massengesellschaft mit Angriffen auf die schädlichen Wirkungen von Filmen und Rundfunksendungen eröffnet worden, und man kam rasch darin überein, dass der Rundfunk der Demokratie am besten diene, wenn er in den Dienst der christlichen Erneuerung der deutschen Gesellschaft gestellt werden könnte.[12] Seit den Sechzigerjahren richtete sich die Rotfunk-Kampagne der CDU vor allem gegen den WDR, wo «Linksintellektuelle» angeblich eine Form von «Meinungsdiktatur» ausüben würden.[13] Die Springer-Presse unterstützte diese Kampagne mit aller publizistischen Macht. Im Februar 1963 stellte *BILD* den *Panorama*-Moderator Gert von Paczensky in eine Reihe mit Walter Ulbricht, titelte «Der Spitzbart muss weg!» und bezeichnete den Journalisten als «das größte Brechmittel der deutschen Fernsehdiktatur». Die Union forderte ebenfalls, den Mitbegründer des ersten deutschen politischen TV-Magazins vom Bildschirm zu verbannen, weil er nach ihrer Ansicht linke Meinungsmache gegen die Bundesregierung betreibe. Tatsächlich hatte sich das Magazin mehrfach kritisch mit Verteidigungsminister Franz Josef Strauß auseinandergesetzt, bis dieser im Zuge der *Spiegel*-Affäre zurücktreten musste. Die vereinte Kampagne von Union und Springer-Presse zeigte rasch Wirkung. Wenige Wochen nach Beginn der öffentlichen Attacken wurde Paczensky vom NDR abgesetzt. Er kam beim *Stern* unter, der ihm publizistisches Asyl gewährte.[14] Nicht ohne Folgen blieb eine Reportage von Jürgen

Neven-du Mont im NDR, in der das Leben in Breslau «unter polnischer Verwaltung» nicht so negativ dargestellt worden war, wie es sich die Landsmannschaft Schlesien versprochen hatte. Angehörige der Schlesierjugend entdeckten den Journalisten auf dem Deutschlandtreffen des Vertriebenenverbandes und beschimpften ihn. Aufgehetzt durch den Verbandsvorsitzenden Erich Schellhaus, der sich in der Partisanenbekämpfung sowie in der systematischen Ermordung von Juden in Weißrussland hervorgetan hatte, wurden Neven-du Mont und dessen Kamerateam von aufgebrachten Heimatvertriebenen geschlagen, getreten, mit Totschlag bedroht und unter den Rufen «Judensau», «Kommunistenschwein» oder «Polenhund» durch die Halle gezerrt. Weder Bundeskanzler Adenauer, der auf dem Treffen in Köln ebenfalls gesprochen hatte, noch der ebendort anwesende Minister für gesamtdeutsche Fragen, Rainer Barzel, mochten diesen beispiellosen Vorgang verurteilen. Im Gegenteil. Sie stellten sich zusammen mit anderen Unionspolitikern hinter die Vertriebenenverbände und verlangten, wenn auch vergeblich, vom NDR-Intendanten arbeitsrechtliche Schritte gegen Neven-du Mont.[15]

Im Streit um die Neue Ostpolitik verlagerte sich die Rotfunk-Kampagne der Union, Springer-Presse und Vertriebenenverbände wieder stärker auf den WDR, weil der Kölner Sender 1970 mit Klaus Bednarz die ARD-Berichterstattung aus Warschau und mit Fritz Pleitgen aus Moskau übernommen hatte, während der im Jahr zuvor abgelöste Bundesminister für Vertriebene, Flüchtlinge und Kriegsgeschädigte Heinrich Windelen im Verwaltungsrat der Anstalt Platz nahm. Windelen lehnte die Neue Ostpolitik entschieden ab und sah in der wohlwollenden Berichterstattung des WDR eine unbotmäßige Parteinahme für die sozialliberale Koalition. Der Intendant stand somit unter einem doppelten Druck: Im Haus forderten die Redakteure mehr Mitsprache und pflegten einen «engagierten Journalismus» zugunsten der Entspannungspolitik, in den Gremien forderten die konservativen Kräfte eine Zügelung der Journalisten, verlangten die Ablösung missliebiger Programmverantwortlicher und drohten offen mit der Einführung des Privatfernsehens.[16]

Nach dem Machtwechsel von 1969, der Niederlage bei der vorgezogenen Bundestagswahl 1972 und dem nur knapp verfehlten Wahlsieg 1976 machte sich die Union das Theorem des Allensbacher Instituts für Meinungsforschung zu eigen, wonach eine «Schweigespirale» den gleichsam unnatürlichen Machtverlust der Union bewirkt hätte. Danach hätten die politisch und kulturell überwiegend links eingestellten Journalisten des öffentlich-rechtlichen Rundfunks unwillkürlich ein ihrer Haltung entsprechendes Meinungsklima erzeugt, das die Bürger als gesellschaftliche Mehrheitsmeinung gedeutet hätten, weil andere Stimmen nur noch schwach zu ihnen durchgedrungen wären. Aber damit nicht genug: Das mediale Meinungsklima hätte die Wähler sukzessive entmutigt, ihre eigene Meinung selbst im alltäglichen Miteinander vorzutragen, weil sie annehmen mussten, mit ihr allein außerhalb des Mainstreams zu stehen. Empirisch war diese Ansicht zwar nicht haltbar, aber sie erschien als eingängig. Die Bayerische Regierung drohte 1975, ein Jahr vor der nächsten Bundestagswahl, mit dem Austritt aus der ARD, falls deren Programm nicht endlich politisch ausgewogen ausfalle.[17]

Der alerte Generalsekretär der CDU, Professor Kurt Biedenkopf, machte sich die von Elisabeth Noelle-Neumann mit Verve immer wieder vorgetragene «Theorie» gleich nach der Wahl von 1976 zu eigen und warf den öffentlich-rechtlichen Medien vor, die Union um den sicheren Sieg geprellt zu haben. Die Schweigespirale lieferte die Erklärung für die Wahlniederlage – nicht das Auftreten des Kanzlerkandidaten Kohl, das Wahlprogramm, die Plakatmotive oder die Politik der CDU. Vor allem konnte der Generalsekretär von seiner eigenen, fehlgeschlagenen Wahlkampagne ablenken. Im April 1977 luden ARD und ZDF Biedenkopf und Noelle-Neumann sogar zu einer hochkarätigen Tagung nach Stuttgart ein, wo beide mit der Berichterstattung der Öffentlich-Rechtlichen noch einmal abrechnen konnten. Der Meinungsaustausch führte zwar zu keiner Beilegung des Konflikts, lockerte die Fronten aber immerhin atmosphärisch etwas auf.

Wer regiert die Anstalt?

Der beispiellose Aufschwung der Parteiendemokratie in der Bundesrepublik blieb nicht ohne Wirkung auf den öffentlich-rechtlichen Rundfunk. In den 1960er Jahren begann der Aufstieg der Volksparteien, in den 1970er Jahren standen sie in ihrem Zenit. In den Gremien des Rundfunks übten sie beherrschenden Einfluss aus. Vor den Sitzungen tagten die jeweiligen Freundeskreise, ihre Sprecher telefonierten miteinander, und wenn es in der Sitzung gar nicht mehr vorangehen wollte, wurde diese unterbrochen, um Zeit für informelle Verhandlungen zu gewinnen, die einen weiteren Sitzungsablauf ermöglichen sollten. In den größeren und deswegen unübersichtlicheren Rundfunkräten dämpften die Mandatare der Verbände, Kirchen und Gewerkschaften den parteipolitischen Einfluss, vor allem dann, wenn sich neben dem roten und dem schwarzen Freundeskreis noch ein grauer Freundeskreis bildete, der ein eigenes Gewicht entwickelte.

Doch dem Sog der Parteienkonkurrenz konnte auch er sich nicht entziehen. Grosso modo entsprachen die Mehrheitsverhältnisse in den Rundfunkgremien über kurz oder lang der Verteilung der allgemeinen politischen Gewichte. Besonders deutlich wurde dies in den beiden Bundesanstalten – Deutschlandfunk und Deutsche Welle – deren Spitzen die Mehrheitsverhältnisse im Deutschen Bundestag widerspiegelten.

Evidenter als in den Rundfunkräten war die politische Besetzung der Verwaltungsräte, die durchweg einflussreicher waren, weil sie häufiger als die Rundfunkräte zusammentraten, deswegen näher am Sendergeschehen waren und durchweg größere Kompetenzen besaßen. Für das Jahr 1972 hat Hans Bausch ausgerechnet, dass rund 35 Prozent aller Mitglieder der ARD-Rundfunkräte und des ZDF-Fernsehrats aus der Politik kamen, während es bei den Verwaltungsräten 55 Prozent waren.[18] In der Regel wurde die knappe Mehrheit eines Verwaltungsrats vom Rundfunkrat gewählt, die anderen Mitglieder wurden vom Parlament entsandt. Bei manchen Landessendern amtierte der Landtagspräsident als Verwaltungsratsvorsitzender. Für den Bayerischen Rundfunk ist dies bis heute gesetzlich so vorgeschrieben.

Die politischen Konflikte in den Gremien des WDR und NDR entsprangen den knappen Mehrheitsverhältnissen und dem Gerangel zwischen den drei Ländern, die die norddeutsche Anstalt trugen. Mehrländeranstalten – das lehrte schon der NWDR – standen stets auch unter starken regionalen Einflüssen, besaßen komplexere Strukturen und kompliziertere Entscheidungswege als Einländeranstalten. In denjenigen Rundfunkanstalten, in denen es in den 1970er Jahren ruhiger zuging, sorgten stabile Mehrheitsverhältnisse für ein stilles Vorgehen nach politischem Proporz. Das ZDF, der SDR und SWF sowie der BR und SR befanden sich unter konservativer Vorherrschaft, der HR, RB und SFB segelten in progressiveren Gewässern. Im Intendantenlager bildete sich die politische Polarisierung ebenfalls ab. Der Wortführer der CDU-Seite war SDR-Intendant Bausch, der Wortführer der SPD-Seite der NDR-Intendant Schröder.

Im Laufe der 1970er Jahre stieß die starke politische Einfärbung der Aufsichtsgremien auf wachsendes Unbehagen, ohne dass jedoch alternative Vorschläge zur Besetzung und Zusammensetzung an Überzeugungskraft gewannen.[19] Eine Wahl der Gremien analog zu politischen Wahlen wurde abgelehnt, weil es sich bei der Besetzung von Aufsichtsgremien jedweder Art eben nicht um allgemeine Wahlen handelte, bei denen die Organisationsmacht politischer Verbände allemal stärker durchschlagen würde. Publikumswahlen – so die Befürchtung – öffneten der Politisierung des Rundfunks erst recht Tor und Tür. Auf die Gremien zu verzichten, hätte dagegen unweigerlich eine straffe staatliche Aufsicht auf den Plan gerufen, die niemand mehr wollte. Der Ausweg lag in der Entpolitisierung der Gremien durch eine Stärkung der Verbandspositionen und eine Professionalisierung der Überwachungstätigkeit. Schon um angedrohten Klagen über eine zu staatsnahe Besetzung zu begegnen, wurde 1980 für den NDR und 1985 für den WDR die Entsendung der Vertreter gesellschaftlicher Organisationen nicht länger an eine Wahl durch das Parlament gekoppelt und der Anteil der «politischen» Vertreter auf 30 Prozent begrenzt, ohne dass dadurch allerdings die Kritik an den parteilastigen Aufsichtsorganen in der ARD verstummte.[20]

Die Kritik an der Besetzung der Gremien war ein fester Bestandteil der rundfunkpolitischen Debatte, und diese war wiederum ein Bestandteil der allgemeinen Debatte über die Chancen und Krisen der modernen Demokratie. Der öffentlich-rechtliche Rundfunk stand an der Wiege der zweiten deutschen Demokratie nach 1945, und er teilte mit ihr deren Alter und deren Stärken und Schwächen, Höhenflüge und Tiefen.[21] Nie war dies deutlicher zu spüren als in den Siebzigerjahren.

Zu Beginn des Dezenniums standen die Volksparteien hoch in der Wählergunst, durchdrangen das gesellschaftliche Leben und eben auch die Rundfunkgremien, an seinem Ende schlug ihnen immer größeres Misstrauen entgegen, wurde ihnen vorgeworfen, ihre Positionen weit überdehnt zu haben, und es begann ihr Rückzug. Der Aufstieg neutraler Institutionen – des Verfassungsgerichts, der Bundesbank und eben des gemeinnützigen Rundfunks – setzte deren weitgehende Entpolitisierung voraus. Insofern begann sich seit den Siebzigerjahren ein folgenschwerer Umschwung anzudeuten: Führungspositionen in den öffentlich-rechtlichen Anstalten wurden nicht länger als politische Positionen in der Parteiendemokratie verstanden, über deren Besetzung in repräsentativen Gremien mit Mehrheit entschieden wurde,[22] sondern als neutrale Positionen in einer Behördenleitung betrachtet, bei deren Zusammensetzung allein fachliche Eignung und nicht parteipolitische Zugehörigkeit zählen sollte. Ebenso wurde die Rolle der Politik in den Gremien schärfer beobachtet und strenger hinterfragt.

Kritik an deren Aufsichtspraxis gab es von Anfang an; sie reichte aber niemals so weit, das Modell der binnenpluralen Aufsicht grundsätzlich infrage zu stellen, sondern problematisierte deren Voraussetzungen, deren Funktionstüchtigkeit oder bestimmte Zuständigkeiten. Es ging deshalb immer um Ausgestaltungsfragen, um eine klarere Kompetenzverteilung zwischen den Anstaltsorganen, um die Größe und Zusammensetzung der Gremien, deren Arbeitsfähigkeit und immer auch um deren Distanz zum Staat und ihrer Unabhängigkeit von der Anstalt selbst. Da der öffentlich-rechtliche Rundfunk weder eine Staatseinrichtung ist noch seinen Auftrag und dessen Finanzierung selbst festlegen und sich auch nicht selbst kontrollieren kann, bedurfte es eben besonderer Aufsichtsgremien, die die plurale Organisation der Gesellschaft nachbilden, um so allgemeine Ansichten ermitteln zu können. In den Siebzigerjahren vermochten die Räte zwar, ihre Gestaltungsmacht immer wieder auszureizen, aber sie verloren an gesellschaftlichem Ansehen und deswegen auch an Gestaltungskraft. Ihnen alle Macht über den Rundfunk zu geben, wollte letztlich niemand, schon gar nicht die Intendanten. Mit Winston Churchill ließe sich insofern sagen: Die Gremienaufsicht ist die schlechteste aller Aufsichtsformen – abgesehen von all den anderen Formen, die von Zeit zu Zeit beim Rundfunk ausprobiert worden sind.

Wenn nicht die Räte, wer regierte dann den Rundfunk? Es waren vor allen die Intendanten, denen es sukzessive gelang, direkte Interventionen der Gremien in ihre Programmhoheit abzubiegen, die Personalpolitik stärker an sich zu ziehen, die Haushaltsführung zu vollziehen und strategische Unternehmensentscheidungen aufzusetzen, bevor sie die Aufsicht erreichten.

Der Intendant (die erste Intendant*in* wurde 2003 gewählt) war das einzige durchgängig «monokratische Anstaltsorgan» – wie es im besten Juristendeutsch heißt. Dies verschaffte ihm entscheidende Vorteile gegenüber den schwerfälligeren Kollegialorganen. Seit den 1970er Jahren verlagerte sich die Intendantentätigkeit von der publizistischen Steuerung hin zur unternehmerischen Leitung. Pointiert gesagt: Aus dem Chefredakteur wurde immer mehr ein Manager. Dennoch bestehen Zweifel an dieser von den Intendanten und der ihnen nahestehenden Literatur beschriebenen Entwicklungsrichtung. Aus guten Gründen kann man die Rundfunkanstalten nämlich auch als «professionelle Bürokratien» verstehen, die als gemeinnützige Einrichtungen eben keiner Profitlogik folgten.[23]

Ob Unternehmens- oder Verwaltungshierarchie – ein ungestörtes «Durchregieren» im Sender war den Intendanten schon durch die parteipolitisch vorgegebenen Personaltableaus in den Direktorien und die Aufsicht der Gremien verbaut. Doch nicht nur diese beugten etwaigen Großmachtallüren immer wieder vor. Bei den großen Häusern mit ihren Programm-, Verwaltungs-, Technik- und Produktionsdirektionen, Regional- und Auslandsstudios, den Werbetöchtern und zahllosen ARD-Schnittstellen handelte es sich inzwischen um komplexe öffentliche Unternehmen, die sich nicht einfach *top down* steuern ließen. Die größte deutsche Rundfunkanstalt, der WDR, beschäftigte Anfang der Siebzigerjahre 3000 fest angestellte und rund 10 000 freie Mitarbeiter. WDR-Intendant Klaus von Bismarck scheiterte nicht zuletzt an der Herausforderung, ein solches Haus effektiv zu leiten, und verzichtete 1976 auf eine weitere Amtszeit. Sein Nachfolger Friedrich-Wilhelm von Sell gab einige Jahre später auf, weil er sich mit den Gremien überworfen hatte.[24] Und sie sollten nicht die letzten Intendanten sein, die dem Amt auf Dauer nicht gewachsen waren. Aber es waren nicht nur die Gremien und Anstaltsbürokratien, die manchem Intendanten schwer zu schaffen machten.

Der langjährige Intendant des SDR, Hans Bausch, beklagte 1980, dass «die innerbetrieblichen Auseinandersetzungen und ihre Bewältigung ... vielen Führungskräften des öffentlich-rechtlichen Rundfunks im letzten Jahrzehnt weitaus mehr Kraft abverlangt (haben) als das allfällige Arrangement mit den Aufsichtsgremien».[25] Damit gemeint waren starke Gewerkschaften, allen voran die Rundfunk-Fernsehen-Film-Union im DGB, und selbstbewusste Personalvertretungen, die in den Tarifverhandlungen hohe Abschlüsse und beträchtliche Sozialleistungen für die Rundfunkbeschäftigten herausholten. Der Arbeitgeberseite gelang es niemals, anstaltsübergreifende Tarifverhandlungen zu führen, so dass die Gewerkschaften das jeweils beste Ergebnis nach und nach auf die übrigen Anstalten übertragen konnten.

Vor allem bei den Versorgungsansprüchen zogen die Mitarbeiter des Rundfunks an den Beschäftigten im Printbereich vorbei, in puncto Bezahlung auch am öffentlichen Dienst. Die Beschäftigungsbedingungen kombinierten jeweils das Beste aus beiden Welten – aus der Welt der Privatwirtschaft und aus der Welt des öffentlichen Dienstes. Das galt zuerst für die Intendanten und Direktoren, denen umfangreiche Pensionszahlungen und – wie bei politischen Beamten oder Ministern üblich – Übergangsgelder zugesichert wurden und deren Gehälter erheblich angestiegen waren. Dem nordrhein-westfälischen Ministerpräsidenten Heinz Kühn war es immer ein Dorn im Auge gewesen, dass der WDR-Intendant ein höheres Gehalt bekam als er selbst. Ein ungünstiger Bericht des Landesrechnungshofes über die im Intendantenvertrag festgelegten Gehaltsbestandteile, worunter auch eine monatliche Mietentlastung für repräsentative Kosten fiel, die dem Amtsinhaber bei der Bewirtung von Gästen zu Hause entstanden, bot Kühn, der dem Verwaltungsrat des WDR angehörte, 1984 endlich die Gelegenheit, ein Einfrieren des Intendantengehalts durchzusetzen. Vermutlich kannten bis dahin nicht einmal alle Verwaltungsratsmitglieder den genauen Dienstvertrag, weil er allein zwischen dem Intendanten und dem Vorsitzenden des Verwaltungsrats, dem CDU-Landtagsabgeordneten und Arbeitsdirektor der Rheinbraun AG, Konrad Grundmann, abgeschlossen worden war.[26] Das Beste aus beiden Welten galt aber nicht nur für die Intendanten und Direktoren sowie die außertariflichen Angestellten, sondern auch für die Tarifmitarbeiter und selbst für freie Mitarbeiter. Nachdem auf Initiative der SPD der Deutsche Bundestag 1972 das Tarifrecht auch für den Abschluss von Tarifverträgen für «arbeitnehmerähnliche» Mitarbeiter geöffnet hatte, genossen die «festen Freien» ebenfalls tariflichen Anspruch auf Urlaubs- und Krankengeld, Pensionsansprüche und – analog zum Kündigungsschutz – Auslauffristen, wenn sie sich nicht (wie allein beim WDR in über dreihundert Fällen geschehen) auf eine feste Stelle einklagten. 1979 sah sich Bundeskanzler Schmidt genötigt, «die Tendenzen zur Selbstprivilegierung der Beschäftigten» offen anzusprechen, und warnte die Sender im gleichen Atemzug eindringlich vor einem übersteigerten Geltungsbedürfnis: «Wo sich gelegentlich Großmannssucht zeigt, müssen die Intendanten und Räte gegenhalten, sonst liefern sie den Gegnern des öffentlich-rechtlichen Systems die Argumente frei Haus.»[27]

In den Rundfunkanstalten ging es nicht nur um Gehalt, sondern auch um Geltung, nicht nur um Absicherung, sondern auch um Mitsprache. Davon zeugte vor allem die Redakteursbewegung, die sich aus den Mitbestimmungsforderungen der Gewerkschaften sowie aus den Partizipationsforderungen der 68er-Bewegung speiste und nach und nach alle Sender erfasste. Im Printbereich verzeichnete sie einige spektakuläre Erfolge wie die Durchsetzung eines Redaktionsstatuts für den *Stern,* was wiederum deren Ableger in den Verlagen, wo die Lektoren aufbegehrten, und in den Rundfunkanstalten, wo sich die Journalisten zusammenschlossen, antrieb.[28] Dort verlangten sie neben den bestehenden Regelungen in den einschlägigen Personalvertretungsgesetzen eigene Mitbestimmungsrechte. Ihre Begründung: Nur so sei neben der äußeren

Rundfunkfreiheit die innere Rundfunkfreiheit zu gewährleisten. Anders als bei Zeitungen, Zeitschriften und Verlagen wollten sich die Redakteure im öffentlich-rechtlichen Rundfunk nicht vor einem plötzlichen Eigentümerwechsel schützen, der eine andere politische Ausrichtung des Blattes nach sich zog; sie beanspruchten, möglichst unbehelligt von den Wünschen der «Hierarchie» arbeiten zu können, was letztlich darauf hinauslief, Programminhalte unbehelligt von Vorgesetzten zu gestalten und das Programm wesentlich zu bestimmen. Die Mindestforderung war, dass kein Redakteur arbeitsrechtlich gezwungen werden sollte, etwas zu produzieren oder zu bearbeiten, was gegen dessen eigene Überzeugung verstieß. Die Mitsprache bei der Gestaltung der Programme sollte über eine von der Redakteursversammlung gewählte Redakteursvertretung erfolgen.

Die Ausgestaltung der *inneren Rundfunkfreiheit* war heiß umkämpft: Die Redakteure wählten Ausschüsse und entwarfen Statuten, worin sie die Gewerkschaften anfangs unterstützten, doch unumstritten blieb die Unterstützung für eine spezielle Berufsgruppe, die rund 20 Prozent der Belegschaft ausmachte, nicht. Und letztlich bedeutete innere Rundfunkfreiheit keineswegs, dass Redakteure das individuelle Recht besitzen, ihre persönliche Meinung über den Rundfunk zu verbreiten. Die Intendanten reagierten in der Regel verbindlich, verwiesen zumeist erleichtert auf entgegenstehende gesetzliche Bestimmungen und bestanden auf ihrer Letztverantwortung für das Programm. Unter dem Strich blieb die Bewegung mitnichten erfolglos. Die Rundfunkanstalten wurden gezwungen, nachvollziehbare Programmrichtlinien zu erstellen und die Abnahme von Sendungen so zu regeln, dass die Programmverantwortlichen auf die Programmmacher eingehen mussten. Die journalistische Unabhängigkeit wurde damit gestärkt. Zu Hilfe kam den Redakteuren auch die Politik, namentlich die Sozialdemokraten. Im NDR-Staatsvertrag wurde die Einrichtung eines Redaktionsausschusses vereinbart, bei Radio Bremen erhielten die Redakteure 1979 ähnlich wie die leitenden Angestellten bei der betrieblichen Mitbestimmung einen besonderen Status in der Personalvertretung, und das WDR-Gesetz von 1985 sah ebenfalls eine Redakteursvertretung vor. Schon 1973 hatte der Kölner Intendant eine «Beteiligungsordnung» erlassen, die den Forderungen der Redakteure entgegenkam, indem sie die Position der Autoren verbesserte. Wesentliche Änderungen oder die Streichung eines Programmbeitrags waren nun nicht mehr mit leichter Hand möglich; sie bedurften, wenn keine Einigung zu erzielen war, einer schriftlichen Begründung. Im Hessischen Rundfunk trat 1978 per Dienstvereinbarung ein Redakteursstatut in Kraft, und auch beim SWF setzte die Bewegung eine spezielle Redakteursvertretung durch. Im konziliant-konservativ geführten SDR traten im selben Jahr Programmgrundsätze in Kraft, die zwar formal vom Intendanten erlassen wurden, aber mit dem Personalrat, der Gewerkschaft und den Redakteuren abgestimmt worden waren. Für das gemeinsame Fernsehprogramm der ARD war ein gewisser Handlungsbedarf ebenfalls nicht abzuweisen, weil es immer wieder zu Auseinandersetzungen über umstrittene Beiträge gekommen war. Im Juli 1971 verständigten sich die Intendanten deshalb auf Grundsätze für die Zusammenarbeit, die von Bausch und Schröder ausgehandelt worden waren. 2023 meldete der MDR, er wolle die innere Rundfunkfreiheit ebenfalls durch die Einrichtung einer unabhängigen Redakteursvertretung stärken.[29]

Der Aufstand der Redakteure besaß eine nicht zu unterschätzende inhaltliche Komponente, die auf einem neuerlichen Wandel des journalistischen Selbstverständnisses beruhte. Es wäre deshalb verfehlt, die Bewegung als bloße Nebenerscheinung zeitgenössischer Demokratiebewegungen zu sehen oder sie als berufsbezogene Sonderbewegung abzutun, der es allein um die Durchsetzung gruppenegoistischer Rechte gegangen wäre. Bereits im Übergang zu den 1960er Jahren hatte sich das journalistische Selbstverständnis gewandelt und einen zeitkritischen Journalismus hervorgebracht, der in den Funkhäusern eine Avantgarderolle gespielt hatte, bevor er auch in den Printmedien durchbrach. Zehn Jahre später verschrieben sich zahlreiche Redaktionen nicht mehr nur einer Kritik an den bestehenden Verhältnissen, sondern auch an deren Veränderung. Ein «engagierter Journalismus» sollte eine schal gewordene Neutralität, die aus dem Gebot der Überparteilichkeit entsprungen war, überwinden. Joachim Fest, später FAZ-Mitherausgeber und Leiter des Feuilletons, damals noch Rundfunkjournalist, hatte 1966 diese Einschränkung redaktioneller Freiheit eingehend beklagt. Sie habe ihre Ursachen weniger in äußeren Interventionen als vielmehr «in freiwilligen Verzichthaltungen im Innern», in einer «dumpfen Nachgiebigkeit gegenüber dem allgemeinen Konformitätsdruck», mithin in etwas, «was man ‹Gefälligkeitsdemokratie von unten› nennen könnte».[30]

Ein zeitgemäßer Journalismus wollte diese Haltung aufbrechen, indem er Ungewohntes wagte, zum Widerspruch reizte, in Richtungsfragen Farbe bekannte und denjenigen Gehör verschaffte, die keine Stimme in der Öffentlichkeit besaßen. Farbe in Richtungsfragen zu bekennen, hieß zum Beispiel, die Folgen des Zweiten Weltkrieges endlich anzuerkennen, für eine Aussöhnung mit Polen einzutreten und die Entspannungspolitik zu unterstützen. Vorreiter für eine Neue Ostpolitik fanden sich in den Kirchen, aber eben auch im Rundfunk. In politischen Magazinsendungen der ARD wie *Panorama, Report* oder *Monitor* war schon zu einem Zeitpunkt für eine Anerkennung der Oder-Neiße-Grenze argumentiert worden, als sich die SPD mit ihr noch schwertat.[31]

Anderen stärker Gehör zu verschaffen, bedeutete, Minderheiten zu Wort kommen zu lassen. Der Rundfunk sollte zu einem Sprachrohr der Sprachlosen werden. Die Forderungen der Frauenbewegung und der Schwulen- und Lesbenbewegung sollten ebenso ins Programm gehoben werden wie die Aktivitäten der Bürgerinitiativ- und Umweltbewegung. Ausländer sollten als Mitbürger und nicht nur als Arbeitskräfte sichtbar gemacht und Rauschgiftsüchtige nicht als Kleinkriminelle abgestempelt werden. Last, but not least sollte aus Sicht betroffener Zivilisten über den Vietnam-Krieg und ohne koloniale Attitüde über die «Dritte Welt» berichtet werden. Ein derart engagierter Journalismus wurde in einigen Printmedien zum Geschäftsmodell erhoben, doch anders als in den Verlagen geriet er in den Funkhäusern zu einem Politikum, das Kontrollgremien und Publikum, Presse und Politik sowie Chefredakteure und Intendanten umgehend auf den Plan rief und eingehend beschäftigte. Schließlich sorgte er für Aufsehen und Unruhe, Programmbeschwerden, Nachfragen in den Gremien und kritische Zeitungskommentare – und er befeuerte die Rotfunk-Kampagnen der Union. Intendant Bismarck warnte seine Redakteure deshalb davor, «ständig den Heiligen Sankt Georg für Minderheiten am Rande der Gesellschaft zu spielen».[32] Die Hierarchen in den Sendern gingen sukzessive daran, die Freigeister in den Redaktionen mit bürokratischen Mitteln einzuhegen, wobei sie stets beteuerten, es gehe vor allem um die Form und um die Sache und nicht um den konkreten Inhalt oder die jeweilige Meinung. Denn natürlich berührte das journalistische Berufsverständnis das publizistische Selbstverständnis des Rundfunks. Der konservative Journalist und Programmdirektor Deutsches Fernsehen, Dietrich Schwarzkopf, sprach diesen Zusammenhang direkt an, wenn er den «missionarischen Gesinnungsjournalismus» für eine der größten Schwächen der ARD hielt.[33] Dass über ihn in- und außerhalb des öffentlich-rechtlichen Rundfunks gerungen und gestritten wurde, stand für das wache demokratische Bewusstsein in der Bundesrepublik. Unter dem Strich gelang es engagierten Journalisten und couragierten Programmverantwortlichen, das überkommene Meinungsspektrum zu erweitern, die gewachsene Vielfalt in der Gesellschaft besser abzubilden und Minderheiten zu einer Form der öffentlichen Anerkennung zu verhelfen, die deren Gleichstellung wesentlich beförderte. Es dauerte nicht mehr lange, und der Gesetzgeber formulierte daraus entsprechende Programmgrundsätze. In das WDR-Gesetz von 1985 fand zum Beispiel die Formulierung Eingang, der WDR «soll die internationale Verständigung fördern, zum Frieden und zur sozialen Gerechtigkeit mahnen, die demokratischen Freiheiten verteidigen, zur Verwirklichung der Gleichberechtigung von Mann und Frau beitragen und der Wahrheit verpflichtet sein».

Objektivität, Neutralität, Ausgewogenheit

Um jedweder Kritik an einer einseitigen Berichterstattung den Wind aus den Segeln zu nehmen, setzten die Intendanten auf größtmögliche Ausgewogenheit und traten damit Lawinen an Bürokratie los. Gezählt und nachgerechnet wurde nun auf beiden Seiten: Welcher Politiker kam wie lange, wann und wo zu Wort? Wurde die Opposition genauso behandelt wie die Regierung? In wie vielen Beiträgen wurde welches Thema aus welcher Perspektive angesprochen? Welche Kommentare fielen in die eine, welche in die andere Richtung aus? Der minutiöse Programmproporz, eine mediale Sonderform des kleinkarierten, parteipolitischen Karos, war allerdings in der DNA des öffentlich-rechtlichen Rundfunks schon enthalten. Es waren die Amerikaner gewesen, die die Erbsenzählerei vorgegeben hatten, weil sie darauf bestanden hatten, den Vertretern der verschiedenen Richtungen sei «bei strittigen Fragen von allgemeinem Interesse die gleiche Länge der Sendezeit zu gewähren».[34] In den Programmen der Sender schlugen sich solche Vorgaben anfangs nieder, indem den Parteien (ähnlich wie den Kirchen) feste Programmplätze zugeteilt wurden, die diese wiederum unter sich aufteilten. So gab Radio Stuttgart in der Sendung *Parteien diskutieren* Politikern seit 1946 regelmäßig die Gelegenheit, im «fairen Meinungsaustausch» allgemeine Probleme zu erörtern, um – so der Sendeleiter – «einige Wenige davon zu überzeugen, daß man zwar verschiedener Meinung sein kann auf politischem Gebiet, daß man verschiedene Wege einschlagen kann zur Lösung ernster Fragen, ohne sich gegenseitig umzubringen».[35] Die «Richtlinien für das Zweite Deutsche Fernsehen», die ohne alliierte Nachhilfe zustande gekommen waren, stellten klar, dass die Ausgewogenheit des Programmes zwar nicht Überparteilichkeit in jeder Einzelsendung vorschreibe, doch sollten Einzelsendungen, in denen bei strittigen Fragen nur ein Standpunkt zur Geltung komme, durch «ergänzende Sendungen» wieder ausgeglichen werden.[36] Es dauerte nicht lange, und die Journalisten mussten sich jede Recherche vorab mehrfach gegenzeichnen lassen. Bis zu sieben Unterschriften aus der Anstaltshierarchie waren schließlich erforderlich – ein Aufwand des Absegnens von oben, der die Statutenbewegung mit angefeuert hatte.[37]

Die politische Polarisierung zwischen Union und SPD wirkte sich zwar auch auf den Rundfunk aus, doch sollte dabei nicht übersehen werden, dass der rundfunkpolitische Gesprächsfaden zwischen den Parteien niemals abriss und manche Konflikte lediglich parteipolitisch überformt waren, ihre Ursachen aber woanders lagen. Für eine Kooperation unter den Beteiligten sorgte schon das Proporzprinzip, zumal dann, wenn für die Wahl eines Intendanten mehr als die einfache Stimmenmehrheit nötig war.

Wie dieses System funktionierte, lässt sich am Beispiel des ZDF, wo für die Intendantenwahl drei Fünftel aller Stimmen des Fernsehrats benötigt wurden, gut nachzeichnen. Im Frühjahr 1973 residierte auf dem Lerchenberg immer noch der Gründungsintendant, der sich mittlerweile im 67. Lebensjahr befand und dessen Ablösung offenbar bevorstand. NRW-Ministerpräsident Heinz Kühn, im SPD-Parteivorstand verantwortlich für die Medienpolitik, nahm deshalb Kontakt mit dem rheinland-pfälzischen Ministerpräsidenten Helmut Kohl auf, der Vorsitzender des ZDF-Verwaltungsrates war, um gemeinsam eine Nachfolgeregelung zu treffen.[38] Zwischen 1973 und 1975 trafen sich beide mehrmals in der Bonner Landesvertretung des Landes Nordrhein-Westfalen und besprachen ein Personalpaket, um die Zeit nach Holzamer zu planen. Kühn akzeptierte das Vorschlagsrecht der Union für die Intendantennachfolge, Kohl konzedierte der SPD, noch vor Ablauf der Amtszeit den Programmdirektor und den stellvertretenden Intendanten zu bestimmen. Die Absprachen hielten. Einer ersten Vereinbarung zufolge berief der Verwaltungsrat auf Vorschlag von Holzamer Ende 1973 Gerhard Prager zum Programmdirektor und Harald Ingensand zum stellvertretenden Intendanten. Doch Prager verstarb Mitte 1975 plötzlich, weshalb Kühn und Kohl nachverhandeln mussten. Nun wurde Dieter Stolte auf Wunsch der CDU vom SWF zurückgeholt und Programmdirektor beim ZDF. Der Holzamer-Vertraute galt schon vor seinem Weggang nach Baden-Baden auf dem Lerchenberger Flurfunk als «Schatten-Intendant»[39] und hielt sich seit Längerem als Nachfolger bereit. Stolte war beim SWF zwar Fernsehdirektor geworden, kam aber für den dortigen Intendantenposten nicht infrage. Dies erleichterte ihm die Rückkehr nach Mainz. Kurz nach seinem Weggang setzte Kohl beim SWF den Chef seiner Staatskanzlei, Willibald Hilf, als neuen Intendanten durch, der nebenbei Patenonkel einer seiner Söhne war.

Im Gegenzug zur Besetzung der Programmdirektion durch Stolte wurde der Intendant des Deutschlandfunks, Reinhard Appel, auf Wunsch der SPD Chefredakteur des ZDF. Wider Erwarten beendete Holzamer seine Amtszeit jedoch nicht vorzeitig und blieb bis ins 71. Lebensjahr Intendant. Weil Kühn der CDU ein Vorschlagsrecht nur bei einer vorzeitig beendeten Amtszeit Holzamers eingeräumt hatte, kam es deswegen 1977 zu einer Kampfabstimmung zwischen Stolte und Appel, die keiner der beiden für sich entscheiden konnte. Außenminister Hans-Dietrich Genscher (FDP), langjähriges Mitglied des Verwaltungsrats, zauberte UN-Botschafter Rüdiger Freiherr von Wechmar, der früher ZDF-Korrespondent gewesen war, aus dem Hut, doch der fiel ebenfalls durch. Um die Hängepartie zu beenden, die mittlerweile in der Öffentlichkeit Wellen schlug, verständigten sich Union und SPD auf die Wahl eines anderen Diplomaten, auf den früheren Chef des Bundespresseamtes und kurzzeitigen Intendanten der Deutschen Welle, Karl-Günther von Hase, der nach dem Ende der Großen Koalition Botschafter in London geworden war und jetzt in Brüssel saß. Hase war bereits 1973 von der CDU-Seite im NDR-Verwaltungsrat als Intendant vorgeschlagen worden, konnte von ihr damals jedoch nicht durchgesetzt werden. Diesmal klappte die Wahl, und der Kandidat ging ohne Probleme durch. Danach konnten die CDU-Vertreter ihrer Partei melden, sie hätten ein prominentes Mitglied durchgesetzt, die SPD-Vertreter konnten sagen, sie hätten einen Übergangskandidaten unterstützt, um Stolte zu verhindern und die Nachfolgefrage offen zu halten. Laut Bausch eilte Hase unter Journalisten ein guter Ruf voraus; er selbst bekannte später, vom ZDF keinerlei Ahnung gehabt zu haben. Von jeglicher Erwartung weitgehend befreit, absolvierte er unfallfrei eine Amtszeit, bevor dann doch Stolte zum Zuge kam, der das Proporzwesen wie kaum ein zweiter Intendant kannte und bediente.[40]

Anders als Helmut Kohl beschäftigte sich Heinz Kühn mit den strukturellen Problemen, die einem zwischen Polarisierung und Proporz eingeklemmten öffentlich-rechtlichen Rundfunk erwuchsen, und sprach sie öffentlich an: «Ein Sozialdemokrat als Intendant darf kein sozialdemokratischer Intendant sein, und ein Christdemokrat als Intendant darf kein christdemokratischer Intendant sein.»[41] Kohl hingegen klagte später, die sechs Hauptabteilungsleiter des ZDF, die alle CDU-Mitglieder gewesen seien, hätten ihm seinen Einsatz für sie nie gedankt. Im Gegenteil, «die CDU-Leute, die dort saßen, hatten immer die Bestrebung, ihre Unabhängigkeit zu beweisen».[42] Die SPD lud die Parteimitglieder unter den Senderchefs sogar zu den Sitzungen ihrer Medienpolitischen Kommission ein. Die Union pflegte auf andere Weise den Kontakt zu den ihr nahestehenden Intendanten.[43]

Kühn thematisierte aber nicht nur das Problem der Unabhängigkeit von Senderverantwortlichen, die durch politische Proporzerwägungen in ihr Amt gelangt waren. Er sprach ebenfalls das aus dem ersten Karlsruher Fernsehurteil abgeleitete Prinzip der Ausgewogenheit als Fluch der guten Tat an, denn nach dem Strickmuster zwei rechts, zwei links könne man zwar einen Pullover herstellen, aber keinen Programmplan entwerfen. Bei aller Ausgewogenheit dürfe man nämlich den Mut, unbequeme Themen journalistisch aufzugreifen, nicht ersticken. «Ängstliche Neutralität», so der frühere Journalist wörtlich, «wird unvermeidlich muffige Langeweile.» Hugh Greene hatte schon 1946 in seiner programmatischen Rede vor Angestellten des Kölner Funkhauses das Wort «Ausgewogenheit» zwar nicht in den Mund genommen, sondern von «Sachlichkeit und Objektivität auf allen Gebieten» gesprochen, dabei aber ausdrücklich vor einer langweiligen Berichterstattung gewarnt. Kühn knüpfte an diese Warnung an und spitzte sie zu: Auch der Versuch, das bestehende Meinungs- und Gesinnungsspektrum fair zum Ausdruck bringen zu wollen, dürfe nicht in einem «gesinnungsverdünnten, risikofreien Kommentieren in Allgemeinplätzen» enden. Deswegen sei die Frage erlaubt, ob «in unserer Zeit geschichtliche Gestalten wie Martin Luther oder Ignatius von Loyola die Chance haben würden, in Mainz oder Köln oder München ans Mikrofon oder auf den Bildschirm zu kommen».[44] Damit war der deutsche Medienpolitiker wieder ganz bei Winston Churchill, der es bekanntermaßen der BBC stets übel genommen hatte, als Kritiker der Appeasement-Politik bei ihr nicht zu Wort gekommen zu sein, und der sich als Premierminister dafür Jahre später mit der Einführung des Privatfernsehens in Großbritannien gerächt hatte.

Tatsächlich war nicht nur die Ausgestaltung, sondern immer auch die Breite des Meinungskorridors umstritten, den der öffentlich-rechtliche Rundfunk anbot. Dies lag schon daran, wie Kühn bemerkte, dass der Rundfunk dem Bürger einerseits ein Fenster in die Welt geöffnet habe, anderseits aber diese Welt nun zu ihm hineinscheine. Welches Weltbild gezeigt werde, sei umstritten, denn, so Kühn weiter, die unterschiedlichen Mächte der Gesellschaft kämpften darum, den Bürgern «das richtige Bewusstsein, den rechten Geschmack, die genehme Gesinnung» beizubringen.[45] Auf die Frage, wer darüber entscheidet, wer im Rundfunk zu Wort kommt, gab der Sozialdemokrat eine materialistische Antwort: Nicht die Programmmacher oder Programmverantwortlichen entscheiden letztlich, sondern die soziale Wirklichkeit und die politischen Kräfteverhältnisse. Früher oder später wären Luther und Ignatius also ins Programm genommen worden, der eine vermutlich nicht schon als renitenter Priester und der andere kaum als einsamer Pilger, aber nachdem die Ideen des einen eine Bewegung entfacht und der andere einen bemerkenswerten Orden begründet hatte, wären sie vermutlich sogar im Hauptprogramm gelandet, und (um Kühn dialektisch zu ergänzen) diese mediale Aufmerksamkeit hätte noch eine eigene Wirkung entfaltet. Denn die Medien spiegelten nicht nur die Realität, indem sie gesellschaftliche Veränderungen seismografisch aufspürten, sie beeinflussten und schufen sie auch.

Der Luther beziehungsweise der Ignatius der Siebzigerjahre war ein namenloser Bürger, aber er war aktiv. Der öffentlich-rechtliche Rundfunk besaß in diesen Jahren durchaus Gespür für Neuartiges, sorgte für Kontroversen, spiegelte Konflikte, die eingefahrene Gleise verließen, und verbreiterte den Meinungskorridor. Das Kölner Reportage-Format *Vor Ort* ließ Bürgerinitiativen zu Wort kommen und löste damit große Widerstände im eigenen Haus, zwischen den Rundfunkanstalten, in den Gremien und der politischen Öffentlichkeit aus. Eine Reportage über den Kampf der Bürgerinitiativen am Oberrhein gegen den Bau des AKW Wyhl («lieber heute aktiv als morgen radioaktiv») machte ein Millionenpublikum auf Proteste aufmerksam, die vom «Besuch» des Landtags in Stuttgart über die Blockade einer Sitzung der CDU-Landtagsfraktion bis hin zur spontanen Besetzung des Bauplatzes reichten. Es waren vor allem die verstörenden Bilder über die brutale polizeiliche Räumung eines Waldstückes, die die Gemüter erhitzten und zahlreiche Proteste gegen das Vorgehen der Polizei auslösten.

Es hatte sich nicht verbergen lassen, dass das Fernsehen die Aktivisten hautnah begleitet hatte. Die CDU in Baden-Württemberg, die von den Filmaufnahmen erfahren hatte, setzte sofort SWF-Intendant Hammerschmidt unter Druck und bat ihn, die Sache aufzuklären, da nicht sein Sender, sondern ein Team des WDR für die Aufnahmen verantwortlich war. Hammerschmidt ließ Fernsehdirektor Stolte bei dessen Kölner Kollegen Höfer anfragen, ob denn die Reportage, die im ARD-Fernsehen gezeigt werden sollte, in Ordnung gehe, was dieser umgehend bejahte. Nach der Ausstrahlung brach dann der Sturm los. Die Landesregierung, angeführt von Ministerpräsident Hans Filbinger, empörte sich darüber, dass im deutschen Fernsehen Stimmung für protestierende Bürgerinitiativen gemacht werde, die beiden süddeutschen, der CDU nahestehenden Intendanten Hammerschmidt und Bausch drohten für zukünftige Fälle mit dem Ausstieg ihrer Sender aus dem gemeinsamen ARD-Programm, und Stolte behauptete, von Höfer getäuscht worden zu sein. Der verteidigte tapfer die Form der Reportage, die deswegen einseitig sein dürfe, weil doch an vielen anderen Stellen im Fernsehprogramm die Ansichten der Befürworter des Kraftwerksbaus und des Atomprogramms zu Wort gekommen seien.

Im WDR ließ man sich von den wütenden Protesten aus Süddeutschland nicht irritieren und setzte die Reportagereihe fort, in der strittige Themen im In- und Ausland aufgriffen wurden und in denen Betroffene zu Wort kamen. Und doch erwies sich die Wyhl-Reportage als Pyrrhussieg. Die Gegner einer solchen Reportage, die protestierende Bauern und Bürger ungefiltert zu Wort kommen ließ, brachten vor allem formale Argumente vor, deren stärkstes der ARD-Logik folgte, wonach Reportagen außerhalb des eigenen Sendegebietes als Einmischung in die inneren Angelegenheiten einer befreundeten Rundfunkanstalt aufgefasst werden mussten.

Genau dieses Argument hatte bereits die erzürnte baden-württembergische Landesregierung vorgebracht. Nach dem Intendantenwechsel von Bismarck auf Sell, dem Abgang Werner Höfers und der Besetzung der Position des TV-Chefredakteurs durch den Christdemokraten Theo M. Loch, der seine Offizierskarriere in der «SS-Leibstandarte Adolf Hitler» bis 1983 vertuschen konnte, sorgten Strukturreformen für den schleichenden Tod der mit einem Grimme-Preis ausgezeichneten Sendereihe. 1977 wurde die Sendezeit um ein Drittel gekürzt und die redaktionelle Betreuung in die Programmgruppe Landespolitik geschoben; in Zukunft durften nur noch Themen aus dem Sendegebiet des WDR aufgegriffen werden. Schließlich wurde noch Hans-Geert Falkenberg, Wortführer des konfliktorientierten, kritischen Journalismus und Programmbereichsleiter Kultur, abgesetzt. Nach der Kündigung eines weiteren Redakteurs gründete die Journalistengewerkschaft RFFU die Initiative *Rettet die Rundfunkfreiheit im WDR*,[46] doch die Sendereihe war nicht mehr zu halten. Es wäre jedoch verkürzt, mit ihrem Ende den engagierten Journalismus zu Grabe zu tragen. Das Beispiel zeigt vielmehr, in welches Kreuzfeuer der öffentlich-rechtliche Rundfunk angesichts der RAF-Terrorwelle im Deutschen Herbst 1977 noch geraten sollte.

Auf der einen Seite standen nach wie vor die Unionsparteien, die Springer-Presse, die Vertriebenenverbände und Vereinigungen wie die *Aktion Funk und Fernsehen*, die mit Unterschriftensammlungen gegen den «roten Meinungsterror» mobil machte. Auf der anderen Seite sammelten sich die Anhänger der neuen sozialen Bewegungen, die sich ebenfalls nicht ausreichend im Programm repräsentiert sahen und mit dem Aufbau einer «Gegenöffentlichkeit» begannen. Im Rahmen dieser Gegenöffentlichkeit spielten auch selbst organisierte Radiosender eine Rolle.

Die Bürgerinitiativen am Oberrhein hatten zwar den Bau des AKW Wyhl verhindern können, nicht jedoch, dass das im deutsch-französischen Grenzgebiet liegende AKW Fessenheim ans Netz ging. Dessen ungeachtet wurde der Protest fortgesetzt, und er erfolgte seit dem 4. Juni 1977 mithilfe des Piratensenders Radio Verte Fessenheim, der von einem besetzten Hochspannungsmast des Kraftwerkes aus jeden Samstag für 15 Minuten auf Deutsch, Französisch und Alemannisch sendete. In den folgenden Jahren wurden die Sendezeiten ausgedehnt und das Spektrum der behandelten Themen erweitert.[47]

Die Gründung von Radio Verte Fessenheim wurde zum Vorbild für den Start weiterer Piratensender, die sich «freie» Sender nannten. Dem etablierten Rundfunk warfen sie eine einseitige oder verfälschende Berichterstattung, eine zu große Staatsnähe und die Unterdrückung «unbequemer» Nachrichten vor.[48] Verständlich wird die Entstehung solcher Privatsender im Kontext des Versuchs, über die neuen sozialen Bewegungen und im entstehenden linksalternativen Milieu eigene Kommunikationsräume zu öffnen und Formen der medialen Selbstrepräsentation zu erproben. Am erfolgreichsten war man hierbei sicherlich im Zeitungs- und Zeitschriftenbereich, wo Stadtmagazine wie der Frankfurter *Pflasterstrand,* Zeitungen wie die *taz* oder Zeitschriften wie *konkret* immer mehr Leser fanden. 1980 belief sich die Zahl der linksalternativen Zeitschriften auf rund 390 mit einer geschätzten monatlichen Gesamtauflage von 1,6 Millionen Exemplaren, was einen Marktanteil von immerhin acht Prozent ausmachte – Tendenz steigend.[49]

Das WDR-Format *Vor Ort* machte sich den Ansatz der Alternativpresse zu eigen. Nicht Journalisten sollten sprechen und die Anliegen der Bürger erklären, sondern die Betroffenen sollten ihre Anliegen selbst vorbringen. Es liegt auf der Hand, dass ein solches alternatives journalistisches Selbstverständnis, bei dem die Empfänger zu Sendern gemacht werden, auf erhebliche Widerstände in den Anstalten stoßen musste, insbesondere dort, wo ein gouvernementales Kommunikationsmanagement gepflegt wurde. Doch selbst in der traditionellen Berichterstattung tauchten Sternmärsche und Polizeiaufgebote, Bauplatzbesetzungen und Wasserwerfereinsätze, Statements von Aktivisten und Versammlungen von Bürgerinitiativen immer häufiger auf. Und die «Betroffenenberichterstattung» im Stile der Reportage *Vor Ort* machte in einer abgeschwächten Form doch noch Schule. So wie aus illegalen Piratensendern der lizenzierte Bürgerfunk wurde, so blieb in Radio und Fernsehen der O-Ton nicht länger Politikern, Experten und Journalisten vorbehalten; nun kamen dort auch aktive Bürger zu Wort.

Mit Sven Reichardt lässt sich aber ebenso festhalten, dass der Durchbruch der neuen sozialen Bewegungen in der Öffentlichkeit (wie schon zuvor derjenige der 68er-Bewegung) ohne die Verbindung von «‹medialer Ereignisöffentlichkeit› der Demonstrationen und Protestkundgebungen» mit «der ‹massenmedialen Dramatisierung› durch Presseberichte, Rundfunkbeiträge und TV-Bilder» schlechterdings unmöglich gewesen wäre.[50] Dies zu akzeptieren, fiel manchen Zeitgenossen schwer. Wie in einem Brennglas zeigte sich dies im Streit um das Nukleare Entsorgungszentrum bei Gorleben, der mit allen zur Verfügung stehenden medialen Mitteln geführt wurde.

Seit 1977 war es immer wieder zu Protestaktionen gegen die an der Grenze zur DDR geplante Errichtung eines Nuklearkomplexes aus Wiederaufbereitungsanlage, Brennelementefabrik und Atommüll-Endlager gekommen. Die Anti-AKW-Bewegung hatte es inzwischen verstanden, Bilder des Protests zu liefern, die nicht zu übersehen waren. Nach einer über einwöchigen Anreise aus dem Wendland traf am 31. März 1979 ein langer Treck aus Traktoren in der niedersächsischen Landeshauptstadt ein, der von über hunderttausend Atomkraftgegnern begeistert begrüßt wurde. Am Abend stand dieses Ereignis auf Platz eins der *Tagesschau*. Deren Sprecher empfing die Zuschauer mit der Meldung: «Guten Abend, meine Damen und Herren. Die bisher größte Demonstration gegen Kernenergie in der Bundesrepublik fand heute in Hannover statt. Atomkraftgegner aus dem In- und Ausland protestierten gegen den geplanten Bau des atomaren Entsorgungszentrums in Gorleben.»[51]

Unter dem Eindruck der Massenproteste ruderte Ministerpräsident Albrecht (CDU) zunächst zurück und erklärte am 16. Mai vor dem Deutschen Bundestag den Verzicht auf die Wiederaufbereitungsanlage, doch der Widerstand gegen das weiterhin geplante Endlager hielt an. Im Frühjahr 1980 besetzten Aktivisten die Bohrlochstelle zur Erkundung des Salzstocks und errichteten das Protestdorf *Republik Freies Wendland*, von dem aus das Radio Freies Wendland den Sendebetrieb aufnahm. Nach vier Wochen räumten Polizei und Bundesgrenzschutz das Hüttendorf, und der Sendebetrieb musste eingestellt werden. Der Protest verstummte allerdings nicht, und für die Teilniederlage im Streit um das Nuklearzentrum machte die Landesregierung die Berichterstattung des NDR mitverantwortlich.

Der lange Abschied vom Monopol: Der kommerzielle Rundfunk begehrt Einlass

In den Siebzigerjahren geriet die Medienordnung ins Wanken. Darauf deutete zu Beginn der Dekade allerdings kaum etwas hin. Der öffentlich-rechtliche Rundfunk war umkämpft, aber der medienpolitische Rahmen schien stabil. Selbst in Bayern blies der politische Wind kraftvoll für die öffentlich-rechtliche Idee. Das bekam die CSU zu spüren, die sich nach ihrem Erdrutschsieg im November 1970 unverzüglich darangemacht hatte, den Bayerischen Rundfunk zu unterwerfen und den gesetzlichen Boden für die Zulassung privater Rundfunkveranstalter zu bereiten. Vorboten dieser Zangenbewegung waren die Erweiterung des Rundfunkrats, um der CSU eine verlässliche Mehrheit zu sichern, sowie die Wahl des CSU-Staatssekretärs und Rundfunkratsvorsitzenden Reinhold Vöth zum Intendanten gewesen. Er löste Christian Wallenreiter ab, der zehn Jahre zuvor gegen den Willen der Partei mit den Stimmen des roten Freundeskreises und der parteilich nicht gebundenen «Grauen» zum Chef des Münchener Senders gewählt worden war.

Da die CSU aufgrund ihrer absoluten Mehrheit im Maximilianeum auf keinen Koalitionspartner mehr angewiesen war, der ihre Rundfunkpläne hätte blockieren können, konnten allein die Bürger sie noch stoppen, indem sie auf ein besonderes Element in der Landesverfassung zurückgriffen, nämlich das Recht, Volksbegehren zu initiieren und einen Volksentscheid herbeizuführen. Im Frühjahr 1972 wurde mit Unterstützung von SPD, FDP und DGB ein «Landesbürgerkomitee Rundfunkfreiheit» gegründet, an dessen Spitze der frühere FAZ-Redakteur und Professor für Politikwissenschaften Paul Noack trat. Das Volksbegehren enthielt zwei Kernforderungen: Der Rundfunk in Bayern sollte ausschließlich in öffentlich-rechtlicher Hand liegen, und der Anteil der Vertreter der Staatsregierung, des Senats und des Landtags im Rundfunkrat des BR sollte, um ein Mindestmaß an Staatsferne zu gewährleisten, ein Drittel nicht mehr übersteigen.

Zur allgemeinen Überraschung trugen sich im Sommer 1972 innerhalb von zehn Tagen über eine Million Bürger und damit fast 14 Prozent der Wahlberechtigten in die amtlich ausgelegten Listen für das Volksbegehren ein. Der Widerstand gegen die rabiate Rundfunkpolitik der CSU griff offensichtlich weit über das sozialliberale Spektrum hinaus. Nicht wenige konservative Wähler fürchteten einen Niveauverlust durch die Zulassung kommerzieller Sender, eine Befürchtung, der die Bayerische Katholische Bischofskonferenz sogar öffentlich Ausdruck verlieh. Dennoch lehnte der Landtag mit seiner CSU-Mehrheit das Volksbegehren ab. Da beide Seiten das Verfassungsgericht anriefen, drohte neben einem Volksentscheid nun noch ein Rechtsstreit, dessen Ausgang ebenfalls nicht vorherzusehen war.

In dieser Situation zog der CSU-Vorsitzende Franz Josef Strauß die Notbremse, bahnte Gespräche mit dem Bürgerkomitee an, und nach wenigen Verhandlungsrunden erklärte sich die CSU damit einverstanden, die Forderungen des Volksbegehrens in die bayerische Verfassung als neuen Artikel 111a (Rundfunkfreiheit) aufzunehmen und das Rundfunkgesetz entsprechend anzupassen. Am 1. Juli 1973 konnte der öffentlich-rechtliche Rundfunk in Deutschland einen seiner größten Erfolge feiern: Der Volksentscheid fand fast eine 90-Prozent-Mehrheit, und das Rundfunkgesetz wurde einen Monat später novelliert.[52] Während der Streit um den Rundfunk im Süden befriedet schien (im Juni 1977 bestätigte der bayerische Verfassungsgerichtshof die Verfassungsänderung), brach er im Norden erst aus.

Dort war der schleswig-holsteinischen Landesregierung unter Ministerpräsident Gerhard Stoltenberg (CDU) die journalistische Ausrichtung der Drei-Länder-Anstalt NDR seit jeher ein Dorn im Auge gewesen. Doch politisch stand Stoltenberg lange allein. Erst mit dem plötzlichen Regierungswechsel in Niedersachsen 1976/77 kehrten sich die Mehrheitsverhältnisse um. Nur Hamburg war nun noch SPD-geführt, und da die Hansestadt das kleinste Bundesland unter den Muttergemeinwesen des Senders war, würde es nicht lange dauern, bis die Sozialdemokraten ihre Vormachtstellung in den Aufsichtsgremien des NDR abgeben müssten. Doch was zunächst wie eine konzertierte Aktion von zwei konservativen Landesregierungen aussah, entpuppte sich bald als ein Wettbewerb um die radikalste Lösung zur Umgestaltung der Rundfunklandschaft in Norddeutschland.

Ursprünglich war es Stoltenberg darum gegangen, den Sender durch Änderungen im Staatsvertrag an die Kandare zu nehmen. Eine Vertragsnovelle sollte das inzwischen entstandene politische Patt im Verwaltungsrat auflösen, die Verpflichtung zur politischen Ausgewogenheit im Programm präzise fixieren und über Eingriffsrechte der Aufsichtsgremien absichern sowie die staatliche Finanzaufsicht verstärken. Folge man den Kieler Vorschlägen, dann müsse nicht nur das Gesamtprogramm, sondern jede einzelne Sendung – so kritisierte Intendant Martin Neuffer – einen «aktiven

Beitrag zur Aufrechterhaltung der vom Grundgesetz geschützten sittlichen Wertordnung» sowie zur «Festigung des Zusammengehörigkeitsgefühls» liefern und «der Heimatverbundenheit der Bevölkerung in den Ländern», aber auch der «Verbundenheit im gesamten norddeutschen Raum» dienen.[53] Damit wären von Staats wegen Programmgrundsätze vorgegeben worden, deren Auslegung und Einhaltung zur Sache der neu zusammengesetzten Aufsichtsorgane gemacht werden sollten – vertragliche Festlegungen, die die Programmverantwortung des Intendanten untergraben und die Rundfunkfreiheit ins Wanken gebracht hätten. Kein Wunder also, dass solche Pläne auf lauten Widerspruch inner- und außerhalb des Senders stießen.

Um seinen Forderungen Nachdruck zu verleihen, hatte der Kieler Ministerpräsident vor dem Regierungswechsel in Hannover den Staatsvertrag zum 31. Dezember 1980 gekündigt. Damit blieb genug Zeit, um sich mit den beiden anderen Regierungschefs über eine Staatsvertragsnovelle zu verständigen. Stoltenberg stieß jedoch nicht nur auf den anhaltenden Widerstand des Hamburger Bürgermeisters Hans-Ulrich Klose, sondern bekam es nun auch mit einem sehr ehrgeizigen Kollegen in Hannover zu tun, der in einer Rede am 31. Mai 1979 in Westerstede laut verkündete, er werde «über den NDR das ganze Rundfunkwesen in Deutschland neu gestalten».[54] Fortan ging es nicht mehr nur um eine Reform des NDR-Staatsvertrages. Hannover forderte ein eigenes Länderprogramm, brachte eine niedersächsische Nachfolgeanstalt im Fall einer Auflösung des NDR ins Gespräch und verlangte obendrein die Zulassung privater Rundfunkveranstalter. Es lag auf der Hand, dass Ernst Albrecht seine politische Macht über eine landeseigene Rundfunkanstalt und zusätzlich über ihm zugewandte private Sender dauerhaft absichern wollte. Er kündigte deswegen den Staatsvertrag ebenfalls.

Den beiden konservativen Ministerpräsidenten wurde jedoch bald klar, dass das Filetieren der zweitgrößten deutschen Rundfunkanstalt, die rund ein Fünftel der Programmbeiträge für das erste Fernsehprogramm und 17,5 Prozent des internen Finanzausgleichs erbrachte, die ARD schwer schädigen würde – eine Gefahr, die zornige Reaktionen ihrer Kollegen in den anderen Ländern unabhängig von deren Parteizugehörigkeit hervorrief. Der ARD-Vorsitzende, WDR-Intendant Sell, kündigte für den Fall der Zerschlagung des NDR an, die *Tagesschau* und die *Tagesthemen* von Hamburg nach Köln zu holen.[55] Ebenfalls zeichnete es sich rasch ab, dass die Nachfolgeanstalten millionenschwere Pensionslasten würden stemmen müssen, ohne aus dem Gebührenaufkommen ihrer jeweiligen Sendegebiete ihren laufenden Betrieb finanzieren zu können. Um aus dieser Sackgasse herauszukommen, ersannen Stoltenberg und Albrecht den Plan, nach der Auflösung des NDR eine Zwei-Länder-Anstalt aus der Taufe zu heben und die Hansestadt Hamburg sich selbst zu überlassen.

Nachdem etliche Verhandlungsrunden zwischen den drei Ländern ergebnislos verlaufen waren, rief Hamburg das Bundesverwaltungsgericht an, das am 28. Mai 1980 ein unmissverständliches Urteil erließ. Es entschied, dass die Kündigung des Staatsvertrags durch den Kieler Ministerpräsidenten auch ohne Zustimmung des Landtags rechtmäßig sei, diese aber allein den Austritt Schleswig-Holsteins aus dem NDR zur Folge habe. Die Auflösung der Rundfunkanstalt sei vorerst ausgeschlossen, da die Anschlusskündigung des Staatsvertrags durch Niedersachsen nicht fristgerecht erfolgt und deswegen unwirksam sei. Sollte es bei der Kündigung Kiels bleiben, dann wäre der NDR als Zwei-Länder-Anstalt von Hamburg und Niedersachsen mindestens bis 1985 zu erhalten, was nun gar nicht im Sinne der Landesregierungen von Kiel und Hannover war. Um ihr mit großspurigen Ankündigungen gewürztes dilettantisches Vorgehen vergessen zu machen, sorgten die beiden CDU-Ministerpräsidenten rasch für eine Aufhebung des Patts im Verwaltungsrat und einigten sich mit den Sozialdemokraten über die zügige Wahl eines neuen Führungsduos an der Senderspitze.

Der Verwaltungsrat bestellte daraufhin einmütig Fernsehdirektor Friedrich Wilhelm Räuker (CDU) zum neuen Intendanten und Justiziar Jobst Plog (SPD) zu dessen Stellvertreter, eine Entscheidung, die vom Rundfunkrat umgehend bestätigt wurde. Am 17. Juli 1980, keine zwei Monate nach dem Urteilsspruch, paraphierten die drei Regierungschefs einen Staatsvertragsentwurf, den sie einen Monat später ihren Parlamenten zuleiteten, die diesen umgehend beschlossen.

Die guten Nachrichten für den NDR waren: Der Programmauftrag wurde nicht im Sinne des Kieler Entwurfs präzisiert, sondern kurz und offen formuliert; es gab keine eigenen Landesprogramme, stattdessen sollten die Landesfunkhäuser die Regionalisierung der Programme organisieren, und der NDR behielt sämtliche Radiowellen und Sendefrequenzen. Das Redaktionsstatut wurde bestätigt, bedurfte allerdings ab Juni 1982 einer Bestätigung durch den Verwaltungsrat, und die Vertreter der gesellschaftlichen Gruppen im Rundfunkrat mussten nicht länger von den Landesparlamenten bestätigt werden, sondern wurden direkt von ihren Organisationen entsandt. Unter dem Strich stand somit die Stärkung des NDR und seiner Unabhängigkeit. Bausch führt dafür vor allem den Einflussverlust der Politik auf den Sender an und sprach von einer Stabilisierung der rundfunkpolitischen Lage im Sommer 1980.[56] Beide Einschätzungen trafen jedoch nicht zu.

Das durch die politische Polarisierung entstandene Mikado-Spiel in den Gremien, durch das die Wahl eines Intendanten blockiert worden war, wurde ja nicht durch einen Rückzug der Parteien aufgelöst, sondern durch deren Rückkehr zur bewährten Proporzpolitik, die den Zwang zum Kompromiss in sich barg. Viel wichtiger war jedoch etwas, was die rundfunkpolitische Lage substanziell verändern sollte: Der novellierte Staatsvertrag stabilisierte den öffentlich-rechtlichen Rundfunk nur scheinbar. Er bot dem NDR eine Bestands- und Entwicklungsgarantie, befristete aber zugleich dessen Sendemonopol bis 1983. Damit war das Tor für kommerzielle Veranstalter aufgestoßen. Und für den Rundfunk zeichnete sich das Ende einer Epoche ab.

Als verfassungsrechtlicher Türöffner für den Privatfunk erwies sich zudem ein saarländisches Stück, das sich weitgehend abseits der bundesdeutschen Öffentlichkeit abgespielt hatte. Dort hatte sich die Politik über Jahre schon mit einer landesgesetzlichen Option zur Konzessionierung privater Rundfunkveranstalter beschäftigt. Im Hintergrund standen dabei jedoch finanzielle und nicht ordnungspolitische Gründe. So gab Ministerpräsident Franz-Josef Röder im Saarbrücker Landtag 1976 unumwunden zu, die gesetzliche Klausel für die Zulassung privaten Rundfunks als Druckmittel bei den Verhandlungen über die Gebührenerhöhungen für eine auskömmliche Subventionierung des Saarländischen Rundfunks genutzt zu haben. Allerdings hatten sowohl die politischen Parteien als auch die Verleger in der Klausel eine Chance gesehen, selbst als Fernseh- oder Hörfunkveranstalter auftreten zu können. Die Emissäre der Parteien, die eine entsprechende Veranstaltergemeinschaft planten, waren alsbald zurückgepfiffen worden, schon weil eine kommerzielle Betätigung von Parteien im Rundfunk höchst umstritten war, doch die Verleger, die sich in einer Veranstaltergemeinschaft, der Freien Rundfunk Aktiengesellschaft in Gründung (FRAG), zusammengeschlossen hatten, ließen nicht locker und bestanden auf einer Zulassung, die ihnen von der Landesregierung immer wieder verwehrt wurde. Am Ende des Gezerres stand das dritte Rundfunkurteil des Bundesverfassungsgerichts. Im sogenannten «FRAG-Urteil» von 1981 erklärten die Richter das saarländische Rundfunkgesetz zwar für verfassungswidrig, weil es den Ausgestaltungsansprüchen zur Sicherung der Meinungsvielfalt nicht entsprach, sie beschrieben aber zum ersten Mal eingehender, wie ein Nebeneinander von gemeinnützigem und kommerziellem Rundfunk in einer dualen Rundfunkordnung aussehen könnte. Die Intendanten hatten das Geplänkel um das saarländische Rundfunkgesetz zwischenzeitlich mit Sorge gesehen, weil ihnen klar war, dass das öffentlich-rechtliche System nur so stark war wie sein schwächstes Glied, sie hatten aber nicht damit gerechnet, dass Karlsruhe die Bedingungen für ein verfassungskonformes Privatfernsehen dergestalt konkretisieren könne, dass es zu dessen politischem Durchbruch beitrug. Das Urteil von 1981 stand zwar in einer Linie mit dem ersten Fernseh-Urteil von 1961, das den Privatfunk ja keineswegs generell ausgeschlossen hatte, doch zwanzig Jahre später waren die technischen Möglichkeiten gewachsen, weil der Rundfunk nun auch über Kabel oder Satelliten verbreitet werden konnte, und vor allem hatte sich der politische Wind gedreht.[57]

In den Siebzigerjahren, in der Phase der sozial-liberalen Koalitionen, stand die FDP zum öffentlich-rechtlichen Rundfunkmonopol. Das erste konkrete Anzeichen des Abrückens vom öffentlich-rechtlichen Rundfunk bestand in der Unterstützung der niedersächsischen Liberalen für die Zerschlagung des NDR. Das zweite Anzeichen fand sich in einer Kabinettsvorlage von Bundesinnenminister Gerhart Baum (FDP) aus dem Sommer 1979, in der es völlig überraschend hieß, «die private Trägerschaft eines Mediums (genieße) grundsätzlich den Vorrang vor der öffentlich-rechtlichen Trägerschaft», weil diese lediglich einen Engpass in den Übertragungswegen reguliert habe.[58] Dieser werde aber durch die Satelliten- und Verkabelungstechnik überwunden. Dem Bundeskanzler gelang es zwar, die FDP-Seite noch einmal in einen Kabinettsbeschluss einzubinden, der alle Minister beauftragte, den schädlichen Auswirkungen privater Medien entgegenzutreten. Doch im Übergang zu den Achtzigerjahren gab der wirtschaftsliberale Flügel unter Graf Lambsdorff immer stärker den Ton an, und die Partei kündigte die Zusammenarbeit mit der SPD schrittweise auf, bis sie 1982 zusammen mit der CDU/CSU wieder eine Regierungskoalition einging, die die Medienwende einleitete.

Der größte Erfolg in der Geschichte sozialdemokratischer Medienpolitik sollte die Einrichtung des öffentlich-rechtlichen Rundfunks sein. Die SPD hatte im Kaiserreich und in der Weimarer

Republik zwar ein beachtliches Druckerei- und Verlagswesen aufgebaut, doch nach dem Krieg konnte sie nur Teile des ihr von den Nationalsozialisten entzogenen Vermögens zurückerhalten. In der SBZ übernahm die SED die sozialdemokratischen Verlage, Zeitungen, Druckereien und Parteihäuser, im Westen verzichtete die SPD auf den Wiederaufbau eines politischen Vorfeldes und verabschiedete sich sukzessive von dem Gedanken, eine publizistische Gegenmacht gegen die bürgerliche Presse aufbauen zu können.[59] Zusammen mit der FDP verteidigte die SPD das Monopol des öffentlich-rechtlichen Rundfunks bis Ende der Siebzigerjahre erfolgreich. Bemerkenswerterweise taten sich dabei Sozialdemokraten hervor, die keineswegs auf dem linken Flügel standen. Bundeskanzler Helmut Schmidt, der schon dem öffentlich-rechtlichen Fernsehen skeptisch gegenüberstand und den Familien in einem längeren Plädoyer in der *ZEIT* am 26. Mai 1978 vorschlug, einen fernsehfreien Tag in der Woche einzulegen, warnte bis zuletzt vor den schädlichen Folgen des Privatfernsehens, weil es zu gefährlicher Meinungsmache neige und zu einer starken Reizüberflutung führe. Schmidt sah durch die Einführung des privaten Rundfunks nicht nur die Meinungsäußerungsfreiheit nach Artikel 5 des Grundgesetzes bedroht, sondern auch das familiäre Zusammenleben und die Kindererziehung nach Artikel 6 gefährdet.

Ähnlich argumentierte der einflussreiche Medienpolitiker und stellvertretende Parteivorsitzende Heinz Kühn. Dessen Credo lautete: «Private Medien dienen privaten Interessen.»[60] Der Kölner Kühn, der 1933 ins Exil gegangen war, sich in Belgien vor den NS-Besatzern verstecken konnte und nach dem Krieg eine sozialdemokratische Bilderbuchkarriere hinlegte, war selbst freier Mitarbeiter im Funkhaus in der Dagobertstraße des NWDR gewesen, hatte nebenher aber noch für belgische und Schweizer Zeitungen geschrieben. Zwischen 1953 und 1961 war er stellvertretender Vorsitzender des für Medienfragen zuständigen Ausschusses des Deutschen Bundestages und gehörte während seiner Düsseldorfer

Zeit dem Verwaltungsrat des WDR an.[61] Was den Rheinländer wiederum mit seinem langjährigen politischen Herausforderer Josef Hermann Dufhues verband, war der Umstand, dass beide das WDR-Gesetz erarbeitet und viele Jahre zusammen im Verwaltungsrat des Senders zusammengesessen hatten. Der westfälische Christdemokrat hatte sich gegen die Fernsehpläne Adenauers aufgelehnt und war anders als andere in seiner Partei zeitlebens ein entschiedener Befürworter des öffentlich-rechtlichen Rundfunks geblieben. Die Bedenken Dufhues' gegenüber der Privatisierung des Rundfunks teilten viele Wertkonservative und nicht zuletzt die Kirchen: Sie fürchteten einen durch Konsum- und Kommerzinteressen vorangetriebenen Niveauverlust des gesamten Programms. Die sozialdemokratischen Kritiker fürchteten durch die Aufhebung der «publizistischen Gewaltenteilung» (Hans Bausch) dagegen eher einen wachsenden Einfluss konservativer Medienkonzerne auf die öffentliche Meinungsbildung.[62]

In dieser Konstellation musste sich die Zukunft des öffentlich-rechtlichen Rundfunks innerhalb der Union entscheiden. Mit der krachenden Niederlage Adenauers in Karlsruhe wurden alle Pläne aufgegeben, ein irgendwie geartetes Regierungsfernsehen zu installieren. Anders verhielt es sich mit der Zulassung privater Rundfunkveranstalter. Das Angebot Springers, die Schulden des ZDF zu übernehmen und dieses in eine private Sendeanstalt umzuwandeln, war in der CDU deshalb nicht gut aufgenommen worden, weil diese zuversichtlich war, das Zweite Programm zu einer Alternative zum unbeliebten ARD-Fernsehen aufzubauen. In den Mainzer Gremien gaben christdemokratische Bundes- und Landespolitiker den Ton an, das Haus wurde von einem konservativen Katholiken geführt, und mit dem Programm war man schon deshalb nicht unzufrieden, weil sich der Sender betont staatstragend gab und mit dem von Gerhard Löwenthal moderierten *ZDF-Magazin* eine Antwort von rechts auf *Panorama* und Co. in der ARD gefunden hatte.

Der anhaltende Druck des Verlegerverbandes und der Springer-Presse sowie Beispiele im europäischen Ausland sorgten immerhin dafür, dass in der CDU und CSU privatrechtliche Lösungen in der Rundfunkfrage nicht gänzlich aufgegeben wurden, jedoch ging dort niemand so weit, den öffentlich-rechtlichen Rundfunk wieder abschaffen zu wollen. Erst seit die CDU die Medien für ihre Wahlniederlagen verantwortlich machte, sammelten sich in den Reihen der Partei diejenigen, die dem öffentlich-rechtlichen System ein privates Konkurrenzsystem an die Seite stellen wollten. Dafür mussten allerdings zuerst die Widerstände in den eigenen Reihen überwunden, die Befürchtungen der traditionellen Verbündeten wie der katholischen Kirche zerstreut, die FDP an die eigene Seite geholt und die technischen Möglichkeiten durch den Bund bereitgestellt werden.

Überblickt man die langen Siebziger des bundesdeutschen Rundfunks, dann fallen drei Entwicklungsrichtungen besonders auf: Zum einen leistete der öffentlich-rechtliche Rundfunk einen wesentlichen Beitrag zur Demokratisierung und Modernisierung der westdeutschen Gesellschaft, indem er das gewachsene Interesse an Politik in seinen Programmen aufgriff und beförderte. Der Rundfunk war stets beides: Medium und Politikum. Da er (fast) alle Bürger erreichte und vor allem das Fernsehen soziale Barrieren überwand, ist der häufig beanstandete Prozess der Politisierung des Rundfunks durchaus auch als ein Prozess der sozialen Demokratisierung zu verstehen. Die Fundamentalpolitisierung der westdeutschen Gesellschaft wäre ohne ihn schwerlich möglich gewesen.[63]

Zum anderen begann die Verrechtlichung der Rundfunkordnung. Während die Parlamente den gesetzlichen Auftrag der Rundfunkanstalten weiter ausformulierten, die politischen Parteien die Gremien der Anstalten beherrschten und die Intendanten die Expansion ihrer Anstalten vorantrieben, stellten die Gerichte gleichsam nebenher die rundfunkpolitischen Weichen. In seinem zweiten Rundfunkurteil von 1971 erklärte das Bundesverfassungsgericht die Rundfunkanstalten zu Grundrechtsträgern, womit die Intendanten nun selbst Verfassungsbeschwerden einlegen konnten. Dieser Eintritt des Verfassungsgerichts in die medienpolitische Arena ist kaum zu überschätzen, weil es nun begann, die öffentliche Diskussion sowie den wissenschaftlichen Diskurs in den Kommunikations-, Rechts- und Sozialwissenschaften zu prägen. Der Wiener Publizistikwissenschaftler Wolfgang R. Langenbucher hat deswegen von Karlsruhe als einer «rundfunktheoretischen Denkfabrik» mit besonderer begrifflicher und intellektueller Strahlkraft gesprochen.[64] Die Pointe der durchgreifenden Politisierung des Rundfunks lag somit in dessen Juridifizierung, die die Politisierung rückgängig machen sollte.

Und drittens: Selbst als der öffentlich-rechtliche Rundfunk in seinem Zenit stand, war der Stern des Privatfunks nicht gesunken. Er funkelte die gesamten Siebzigerjahre über weiter. 1979 sah sich der sozialdemokratische Kanzler, besorgt um die bestehende Rundfunklandschaft, zu einer Warnung bemüßigt. «Wir halten es für ebenso bedauerlich wie bedenklich», so Helmut Schmidt im Parlament, «wenn einige Politiker aus politisch durchsichtigen, wenn andere aus privaten Interessen dieses vergleichsweise vernünftige und erfolgreiche System aufs Spiel setzen wollen. Die privaten Rundfunkpläne können die Substanz unseres demokratischen Lebens angreifen, und deshalb müssen sie mit unserem Widerstand rechnen.»[65] Das war allerdings, wie sich zeigte, kein Versprechen für die Ewigkeit.

4. Umbruch und Entmachtung in den Achtzigerjahren

Es wird privat: Der Vorstandsvorsitzende Georg Kofler spricht am 7. Juli 1998 in München auf der Hauptversammlung des Fernsehkonzerns ProSieben. Das Ganze wird fernsehgerecht und mit Kamera im Bild aufgezeichnet.

«Die Vielfalt der Meinungen verlangt Vielfalt der Organisationsformen. Die politische Blockade des Ausbaus moderner Kommunikationstechnologien wird beendet. Die Bundesregierung wird im Zusammenwirken mit den Bundesländern die Medienordnung erneuern.»
Helmut Kohl in seiner Regierungserklärung am 13. Oktober 1982

Die medienpolitische Wende

Die deutsche Medienlandschaft wurde dreimal grundlegend neu geordnet: das erste Mal nach dem Zweiten Weltkrieg durch die Alliierten, die einen öffentlich-rechtlichen Rundfunk implementierten und damit einen tiefen Bruch mit Vorkriegstraditionen vollzogen, was eine Grundvoraussetzung für die Durchsetzung der liberalen Demokratie in der Bundesrepublik bildete.

Das zweite Mal ordneten die Westdeutschen ihre Medienwelt selbst. 1982 leitete die schwarz-gelbe Koalition eine medienpolitische Wende ein, die das fast vierzigjährige öffentlich-rechtliche Rundfunkmonopol zerschlug und die publizistische Gewaltenteilung mit den privat-wirtschaftlichen Printmedien aufhob. Die dritte Neuordnung der deutschen Medienlandschaft erfolgte nach der demokratischen Revolution 1989.

1982 wurde der Bund zum entscheidenden Treiber der Neuordnung, weil nur er über die notwendigen finanziellen und technologischen Ressourcen sowie über die notwendigen Kompetenzen verfügte. Zu Hilfe kamen ihm allerdings glückliche Umstände: Zum einen verfügte die schwarz-gelbe Koalition auch im Bundesrat über eine Mehrheit, wo die sich zierende sozialdemokratische Opposition nur noch vier Ministerpräsidenten stellte, zum anderen setzte sich die Ansicht durch, dass der große deutsche Fernsehmarkt nicht «als ökologische Insel Felsenburg, umtobt vom riesigen Ozean des Medienkapitalismus» (Peter Glotz) organisiert werden konnte.[1]

Vor dem «internationalen Medienkapitalismus» warnten nicht nur die Anhänger des öffentlich-rechtlichen Rundfunks; auch die Anhänger der Privaten taten dies, nur zogen sie daraus eine andere Konsequenz. Sie wollten nationale «Champions» aufbauen, die dem grenzüberschreitenden Wettbewerb besser standzuhalten versprachen.

In Europa kannte lange Zeit allein Großbritannien ein duales System aus privatem und gemeinnützigem Rundfunk. In Italien wurde der Privatfunk 1976 in lokalem und regionalem Maßstab ermöglicht; bei nationalen Programmen beließ es der Verfassungsgerichtshof, der Corte costituzionale, vorerst beim Monopol der RAI. In Frankreich wurde der große, öffentlich-rechtliche TF 1 erst 1987, aber dann recht rabiat privatisiert.[2] Im westeuropäischen Vergleich war die Bundesrepublik weder ein Vorreiter noch ein Schlusslicht bei der Zulassung privater Rundfunkveranstalter. Wesentlicher war, dass die Allianz für die Einführung des Privatfunks in der Bundesrepublik mächtiger geworden war. Sie umschloss die Werbe- und Gerätewirtschaft, die Verleger und Produzenten und viele, die sich von der Wachstumsbranche Funk und Fernsehen eigene Vorteile oder wenigstens mittelbar neue wirtschaftliche Impulse versprachen – und das waren in einem Land, das sich in einem schwierigen postindustriellen Strukturwandel mit stetig steigender Massenarbeitslosigkeit befand, nicht wenige.[3] Gegen diese Entwicklung stemmten sich – mit nachlassenden Kräften – Teile der SPD, die Grünen, die Gewerkschaften und die Kirchen.

Anders als ihre Vorgängerin setzte die Regierung Kohl/Genscher voll auf die Verkabelung, bot sie doch wegen der terrestrischen Frequenzknappheit endlich eine technische Option, das öffentlich-rechtliche Rundfunkmonopol zu brechen. Die Union und Freien Demokraten machten den Bundesbürgern die Zulassung von privaten Rundfunkveranstaltern schmackhaft, indem sie ihnen dadurch eine breitere Angebotsauswahl, mehr Vielfalt und die Stärkung der Meinungsfreiheit versprachen. Es ging aber auch um den Bruch der «Schweigespirale». Zeitungsverleger und der Bundeskanzler Kohl eng verbundene Münchener Medienmogul Leo Kirch sollten die neuen Privatsender auf einen konservativen Kurs steuern und so den Einfluss der öffentlich-rechtlichen Sender mindern.

Der konservative Vordenker des dualen Rundfunksystems war der Politikwissenschaftler und Publizist Wolfgang Bergsdorf, der Helmut Kohl seit 1973 als Büroleiter begleitete. Bergsdorf versprach sich vom Ende des Duopols aus ARD und ZDF und der Vermehrung des Angebots eine generelle «Entautorisierung» des Leitmediums Fernsehens.[4] Entautorisierung bedeute, so Bergsdorf, dass die Relevanz des Fernsehens als prägender Faktor der Meinungsbildung schrumpfe und seine Thematisierungsfunktion an Kraft verliere, wenn sich die Zahl der Programme durch private Anbieter vervielfachen lasse. Als der von Leo Kirch gegründete Sender SAT.1 1988 sowohl das erste als auch das zweite Programm bei den Einschaltquoten überholte, frohlockte der Leiter der Bayerischen Staatskanzlei, Edmund Stoiber (CSU), «dass die Unions-Medienpolitik einer Entautorisierung des Rundfunks und der Schaffung von Konkurrenz aufzugehen scheint».[5] 2004 meldete Bergsdorf zufrieden: «Es gibt kein einziges Fernsehprogramm mehr, das die Tagesordnung des Gespräches am Arbeitsplatz oder im Freundeskreis bestimmt.»[6]

Der politische Durchbruch des Privatfunks in Deutschland lässt sich präzise auf das Jahr 1984 datieren.[7] Im Mai dieses Jahres stellte die SPD auf ihrem Essener Parteitag den Widerstand gegen den

Privatfunk ein. Dafür verknüpfte sie ihre Zustimmung zur Zulassung privater Rundfunkveranstalter mit der Bedingung einer politischen Bestandsgarantie für den gemeinnützigen Rundfunk und folgte insofern dem Karlsruher Rundfunkurteil von 1981, mit dem das rechtliche Fundament für ein duales Rundfunksystem gegossen worden war und die Politik beauftragt wurde, die grundgesetzliche Rundfunkfreiheit adäquat auszugestalten. Schon zuvor hatten die sozialdemokratischen Ministerpräsidenten vier Kabelpilotprojekten zugestimmt, von denen eines in Nordrhein-Westfalen, das seit 1980 mit einer absoluten SPD-Mehrheit regiert wurde, starten sollte. Den Auftakt machte allerdings am 1. Januar 1984 das Projekt Ludwigshafen. Der rheinland-pfälzische Ministerpräsident Bernhard Vogel (CDU) versprach sich von ihm nichts weniger als einen «medienpolitischen Urknall», weil das Projekt zwar unter der Obhut der öffentlich-rechtlichen Anstalt für Kabelkommunikation stand, aber auf einer Public-private-Partnership beruhte, und mit ihm zum ersten Mal in Deutschland ein privater Fernsehveranstalter auf Sendung ging. Mit Radio Weinstraße und Radio TV Kolibri wurden zudem die ersten kommerziellen Privatradios zugelassen. Das Kabelpilotprojekt Dortmund lag dagegen in öffentlich-rechtlichen Händen. Privatwirtschaftliche Angebote waren zunächst nicht vorgesehen, weil es vor allem um die Erprobung des WDR-Lokalfernsehens und eines lokalen WDR-Radiosenders (Radio Dortmund) sowie eines von Bürgern gestalteten Programms ging. Insoweit diente es auch als Baustein in der Dezentralisierungsstrategie des Landessenders, mit der er der privaten Konkurrenz begegnen wollte: nämlich mit regionalen Angeboten, die dem Lebensumfeld der Bürger entsprachen, die aber für die Privaten nicht lukrativ erschienen, weil sie entweder auf Werbeeinnahmen für den lokalen Hörfunk oder für nationale Fernsehprogramme setzten.[8]

Trotz der immensen medien- und kommunikationspolitischen Bandbreite, in der sich die Pilotprojekte bewegten, war es eine ausgemachte Sache, dass sie als Testlauf für private Anbieter und Trostpflaster für deren Kritiker herhielten. Ab dem 2. Januar 1984 strahlte der von Bertelsmann und der Compagnie Luxembourgeoise de Télédiffusion (CLT) gegründete Sender RTL plus ein deutschsprachiges Fernsehprogramm in den Westen der Bundesrepublik aus. Nur einen Monat danach vereinbarten die Regierungschefs der Länder ein Satellitennutzungskonzept, das private Veranstalter vorsah. Drei Monate später verabschiedete der niedersächsische Landtag ein Rundfunkgesetz, das den privatwirtschaftlichen Rundfunk zuließ, und es war nur eine Frage der Zeit, wann die übrigen Landesparlamente folgen würden. Damit waren innerhalb von fünf Monaten Fakten geschaffen worden, bevor die vier Kabelpilotprojekte überhaupt richtig gestartet waren. Dietrich Schwarzkopf sprach deshalb zu Recht von der «nachträglichen Erprobung vollendeter Tatsachen».[9] Das niedersächsische Rundfunkgesetz wurde vor dem Verfassungsgericht beklagt, und es bot den Richtern 1986 eine willkommene Gelegenheit, in den im hohem Tempo verlaufenden Privatisierungsprozess einzugreifen. An die Veranstaltung von privatem Rundfunk – so die Richter – könnten so lange niedrigere Anforderungen gestellt werden, wie die Gesetzgeber dem öffentlich-rechtlichen Rundfunk die notwendigen Mittel zur Verfügung stellten, um die gesamte Bevölkerung mit Rundfunkprogrammen zu versorgen, die Information, Bildung *und* Unterhaltung in voller Breite enthielten, um so die Meinungsvielfalt zu gewährleisten. Dies verstand Karlsruhe als «Grundversorgung». Damit stellte das höchste Gericht heraus, dass es privaten Rundfunk nur zusammen mit einem starken gemeinnützigen Rundfunk geben könne. Denn die in Artikel 5 des Grundgesetzes angesprochene Rundfunkfreiheit sei als eine der freien Meinungsbildung «dienende Freiheit» zu verstehen. Die «Grundversorgung» war somit als Vollversorgung und nicht als öffentlich-rechtliche Resterampe für Programmangebote gedacht, die die Privaten ausließen, weil sie kein Geld versprachen. Dies bekräftigten die

Richter ein Jahr später im fünften Rundfunkurteil («Baden-Württemberg-Beschluss»), in dem sie herausstrichen, mit Grundversorgung sei explizit nicht Minimalversorgung gemeint. Außerdem sagten sie dem öffentlich-rechtlichen Rundfunk neben einer Bestandsgarantie nun auch eine Entwicklungsgarantie zu und präzisierten diese 1994 im achten Rundfunkurteil («Gebührenurteil») dahingehend, dass die Öffentlich-Rechtlichen Programme anbieten können müssen, die dem Wettbewerb mit den Privaten standhalten.[10] Das Urteil fiel nicht zufällig zu einem Zeitpunkt, als die öffentlich-rechtlichen Sender gegenüber den privaten ins Hintertreffen zu geraten drohten, weil ihre Werbeeinnahmen einbrachen und RTL sowie SAT.1 gehörig ins Programm investierten. Die Botschaft des Gerichts an die Politik war unmissverständlich: Ihr seid verpflichtet, den gemeinnützigen Rundfunk so zu finanzieren, dass er im Wettbewerb nicht untergeht, weil sonst die «Grundversorgung» oder Meinungsvielfalt gefährdet ist!

Die Länder befolgten die Judikatur des Bundesverfassungsgerichts nur widerwillig. Das lag daran, dass Medienpolitik zur Standortpolitik geworden war. Den härtesten Wettbewerb lieferten sich dabei die beiden bevölkerungsreichsten Bundesländer, Bayern und Nordrhein-Westfalen, angeführt von Edmund Stoiber und Wolfgang Clement, hinter denen die Kirch-Gruppe in Unterföhring bei München mit dem Springer Verlag auf der einen Seite, das Haus Bertelsmann in Gütersloh und CLT mit den um sie herum angesiedelten Produktionsfirmen und Studiobetreibern auf der anderen Seite standen.[11] Es dauerte allerdings nicht lange, bis man in Düsseldorf und München erkannte, auch ein gemeinsames Interesse zu verfolgen, nämlich die staatliche Förderung der privaten Fernsehindustrie.

Medienpolitik als Standortpolitik zu betreiben, folgte einem größeren Trend, den allen voran der baden-württembergische Ministerpräsident Lothar Späth (CDU) vorantrieb: Der kooperative Föderalismus sollte durch einen kompetitiven Föderalismus ersetzt werden! Anstelle des Ziels, gleichwertige Lebensverhältnisse im gesamten Bundesgebiet zu schaffen, trat nun das Ziel, das eigene Bundesland zum attraktivsten Wirtschaftsstandort vor allen anderen zu machen. Dynamik rangierte vor Ausgleich. Als Beispiel diente die Rundfunkwirtschaft, eine zwar kleine, aber feine Branche mit einer Wertschöpfung von immerhin 5,7 Milliarden DM (bei einem deutschen Bruttoinlandsprodukt von rund 3,5 Billionen DM), die innerhalb weniger Jahre stark gewachsen war und mit einer Wertschöpfung von 146 000 DM je Beschäftigtem um fast 50 000 DM höher lag als der gesamtwirtschaftliche Durchschnitt. Auch der öffentlich-rechtliche Rundfunk reagierte frühzeitig auf diesen Diskurs, indem er sich verstärkt als Wirtschaftsfaktor präsentierte.[12]

Die beiden den privaten Fernsehmarkt dominierenden Unternehmen, Bertelsmann und die Kirch-Gruppe, waren zu crossmedialen Akteuren aufgestiegen, die noch in anderen Medienbereichen auftraten: im Rechtehandel und in der Filmproduktion, auf dem Zeitungs- und Zeitschriftenmarkt. Daneben arbeiteten sie über den Sender Premiere im digitalen Pay-TV-Sektor eng zusammen. Die von den Ländern 1997 zur Konzentrationskontrolle eingerichtete Kommission zur Ermittlung der Konzentration im Medienbereich (KEK) sollte die oligopolistischen Entwicklungen eigentlich eindämmen, doch stattdessen beglaubigte sie sie und leistete sich noch einen ausgiebigen Kompetenzstreit mit der Direktorenkonferenz der Medienanstalten, die ebenfalls den privaten Rundfunk überwachen sollten. Immerhin erwiesen sich das Bundeskartellamt und die EU-Kommission als kritischere Beobachter der Konzentrationsprozesse. Im Mai 1998 statuierte Brüssel ein Exempel und untersagte den gemeinsamen Pay-TV-Kanal von Bertelsmann, Kirch und Telekom.[13]

Ein besonderes Problem bildete die vom Gesetzgeber gewünschte Konstruktion der Anbietergemeinschaft, die die privaten TV-Programme veranstaltete. Ursprünglich sollte sie für eine gewisse innere Vielfalt des Programmveranstalters sorgen, tatsächlich diente sie aber den Mehrheitsgesellschaftern dazu, von den machtlosen Minderheitsgesellschaftern liquide Mittel zu akquirieren, und brachte zudem noch komplizierte Verschachtelungen und Querverbindungen unter den Verlagen hervor. Nicht minder problematisch erwies sich das Eindringen der großen Verlagshäuser in den Lokalfunkmarkt, wodurch weitere crossmediale Konzentrationen und Monopole entstanden. Immer häufiger konnten die Bürger nur noch auf eine Lokalzeitung zurückgreifen, deren Eigentümer die örtlichen Anzeigenblätter, den Lokalfunk und lokale Online-Portale gleich mitbeherrschten.

Im Nachhinein mag die Errichtung einer dualen Rundfunkordnung in der Bundesrepublik geradezu drehbuchartig verlaufen sein, ein Eindruck, den politische Protagonisten des Privatfunks wie Stoiber und Vogel, Bergsdorf und Schwarz-Schilling immer wieder bestätigten. Zweifelsohne waren dabei dynamische technologische, ökonomische und politische Kräfte am Werk, nur ließen sich diese keineswegs planmäßig lenken, geschweige denn synchronisieren; bestenfalls ließen sie sich bändigen. Bundespostminister Schwarz-Schilling schob mit erheblich aufgestockten Haushaltsmitteln die Verkabelung an: auf Druck der Wirtschaft jedoch nicht mit modernen Glasfaserkabeln, sondern mit wenig leistungsfähigen Kupferkoaxialkabeln. Rasch wurde erkennbar, dass sich die massive Investition gar nicht auszahlte, weil die Haushalte schon bald auf preiswerte Empfangsgeräte – Receiver und sogenannte Satellitenschüsseln – zurückgreifen konnten. Für die Medienpolitik war dieser technologische Sprung insoweit bedeutend, weil er eine rasche Deterritorialisierung des Rundfunks nach sich zog. Anders als beim terrestrischen Empfang oder in regional aufgeteilten Kabelnetzen sprengten die Sendebereiche nun die Ländergrenzen. Weil sich über kurz oder lang alle Programme per Satellit zu Hause direkt empfangen ließen, waren die Länder gezwungen, die neue duale Rundfunkordnung über *gemeinsame*

Entscheidungen auszugestalten. Schon für die Zuteilung von Satellitenkanälen bedurfte es einer Verständigung über Bundesländergrenzen hinweg. Das geeignete Mittel der Wahl hierfür waren Staatsverträge, denen wiederum *alle* Länder zustimmen mussten. Die Deterritorialisierung der Rundfunkverbreitung erzwang somit die Kooperation der Länder, obwohl sie sich ansonsten einen munteren Standortwettbewerb lieferten.

Anders als erwartet, erwies sich der Privatfunk für die Zeitungsverleger nicht als Goldgrube. Die Sender kämpften mit Kapitalmangel, geringen technischen Reichweiten und überdies nicht nur gegen ARD und ZDF, sondern auch gegeneinander. In der Gründungsgesellschaft von SAT.1, Aktuell Presse-Fernsehen (APF), in der sich die Zeitungsverleger anfangs versammelt hatten, passte so gut wie nichts zusammen. Dem Springer-Konzern, an dem Kirch zu 40 Prozent beteiligt war, gehörten 35 Prozent, was den Einfluss der übrigen Anteilseigner auf den Sender gegen null tendieren ließ. Außerdem verloren sie so viel Geld, dass sie wiederum froh waren, als Springer ihnen ihre Anteile abkaufte. Erfolgsträchtiger verlief dagegen der Einstieg der Essener WAZ-Gruppe bei RTL, wo sie sich an die Seite von Bertelsmann stellte. Die Bertelsmann AG war der große Gewinner in der privaten Fernsehindustrie. Sie brachte es vom Bücher-Leserring zum internationalen Multimediakonzern. Mit der RTL Group wurde der Gütersloher Konzern zum größten europäischen Medienunternehmen. Die Kirch-Gruppe konnte anfangs das Tempo noch mithalten, doch musste sie wegen Überschuldung infolge gravierender Managementfehler 2002 Insolvenz anmelden und wurde in mehrere Nachfolgeunternehmen aufgespalten.[14]

Das Privatfernsehen verdankte seinen Durchbruch dann drei externen Faktoren: dem ASTRA-Satelliten, der auf einmal die Erde umkreiste, der deutschen Einheit, die niemand vorausgesehen hatte, und der von England ausgehenden Kommerzialisierung des Fußballsports. Gleichzeitig geriet der öffentlich-rechtliche

Rundfunk zum ersten Mal in seiner Geschichte in eine ernst zu nehmende Krise.

Systemwettbewerb: Tatort gegen Polizeiruf

Der Systemwettbewerb zwischen Ost und West wurde mit, im und über den Rundfunk ausgetragen. Für die Bundesrepublik und die DDR galt dies in besonderer Weise. Denn die elektromagnetischen Wellen machten nicht vor Besatzungs-, Staats- und Blockgrenzen halt. Der Rundfunk der DDR war in Westdeutschland zu empfangen und der öffentlich-rechtliche Rundfunk der BRD in Ostdeutschland. In der ARD-Sendereihe *Die rote Optik* wurde seit 1958 die kommunistische Propaganda im DDR-Fernsehen seziert, 1960 antwortete dieses mit einem ähnlichen Format. Während die Reihe des NDR-Journalisten Thilo Koch schon 1962 eingestellt wurde, blieb *Der schwarze Kanal* Schnitzlers bis zum Ende der SED-Herrschaft auf Sendung. Und obwohl es Verbrechen im real existierenden Sozialismus per Dogma eigentlich gar nicht geben konnte, zollte der Erste Sekretär des ZK der SED der televisionären Systemkonkurrenz Tribut und veranlasste die Produktion von etwas, was es in Westdeutschland längst gab: Gegenwartskrimis. «Unser Fernsehen, das auf gute Leistungen zurückblicken kann, sollte verstärkt bemüht sein, eine gewisse Langeweile zu überwinden!», hatte Erich Honecker auf dem VIII. Parteitag der SED im Juni 1971 ausgerufen. Noch im selben Monat flimmerte der erste *Polizeiruf 110,* das Gegenstück zum bundesdeutschen *Tatort,* über die ostdeutschen Bildschirme.

Abgesehen von halbherzigen Versuchen der SED-Führung, Störsender einzusetzen oder den Empfang des Westfernsehens technologisch zu erschweren, war es den Bürgern in beiden deutschen Staaten jederzeit möglich, die jeweils andere Sicht auf die Welt kennenzulernen. Beide Seiten mussten im Lauf dieser Auseinandersetzung feststellen, dass sich über Funk und Fernsehen weder ein Sturz des Bonner «Separatisten-Regimes» noch eine Überwindung des «Pankower Regimes» bewerkstelligen ließ. Wirkungslos blieb der Rundfunk im Ost-West-Konflikt allerdings nicht.

In der Sowjetischen Besatzungszone gelangte der Rundfunk von der Roten Armee sogleich in die Hände der aus Moskau eingeflogenen «Gruppe Ulbricht» und wurde bis 1989 von der SED kontrolliert.[15] Gleichwohl lassen sich unterschiedliche Entwicklungsphasen ausmachen. In einer ersten Phase knüpften die kommunistischen Kader äußerlich an Weimarer Traditionsbestände an: Die Post trieb wie gehabt (und wie im Westen) die Radiogebühr von zwei Mark ein und betrieb (anders als im Westen) die gesamte Sendetechnik; der Rundfunk war zentralisiert, besaß allerdings regionale Ableger, die ein wenig eigenes Programm produzierten. Formal unterstand er der Deutschen Zentralverwaltung für Volksbildung, nach der Gründung der DDR dem Regierungsamt für Information. Faktisch wurde der gesamte Rundfunk vom ZK-Sekretär für Agitation im Benehmen mit dem Ersten Sekretär der SED gesteuert.

Die «Verordnung über die Bildung des Staatlichen Rundfunkkomitees» vom 14. August 1952 läutete dann den Umbau des DDR-Hörfunks nach sowjetischem Vorbild ein. Die schematische Vereinheitlichung und strikte Zentralisierung erwies sich auf ganzer Linie als Misserfolg und blieb ein kurzes Zwischenspiel, weil sie nach dem Volksaufstand vom Juni 1953 wieder zurückgenommen wurde. Das Einheitsprogramm wurde zugunsten einer Profilbildung der Wellen und Regionalsender aufgegeben. Auch für das gerade aufkommende Fernsehen war der 17. Juni 1953 eine Zäsur. Hatte die Partei- und Staatsführung anfangs gehofft, den Fernsehempfang zu einem sozialistischen Gemeinschaftserlebnis gestalten zu können, schaltete sie jetzt um und machte ihn zum privaten Erlebnis in den eigenen vier Wänden, indem sie den Preis des TV-Apparats *Leningrad* so stark senkte, dass er für Normalhaushalte erschwinglich wurde. Ab da verlief der Siegeszug des Fernsehens in Ostdeutschland genau so stürmisch wie in Westdeutschland. Die letzte Phase des ostdeutschen Rundfunks begann nach dem Prager Frühling 1968: Fernsehen und Radio wurden organisatorisch getrennt und sollten so noch effektiver über die Staatlichen Komitees für Fernsehen und Rundfunk gelenkt werden, die beide dem Presseamt beim Ministerrat der DDR unterstanden. Auf die bundesdeutsche Entspannungspolitik reagierte das SED-Regime sodann mit strikter Abgrenzung und dem endgültigen «Verzicht auf gesamtdeutschen Wirkungsanspruch» im «volkseigenen» Rundfunk.[16] Aus dem *Deutschlandsender* wurde die *Stimme der DDR* und aus dem *Deutschen Fernsehfunk* das *Fernsehen der DDR*.

Im Systemwettbewerb mit der BRD konnte die DDR einzig und allein im Umfang des Hörfunk- und Fernsehkonsums mithalten. An allem anderen fehlte es dem DDR-Rundfunk: an technischem Know-how, an modernen Studiokapazitäten und Produktionsressourcen, an internationaler Zusammenarbeit und regionaler Vielfalt, an landesweiten Kontrastprogrammen, an attraktiven Formaten und vor allem an Glaubwürdigkeit. Die sterile Kombination aus Hofberichterstattung und antiimperialistischer Polemik sorgten nicht für die Mobilisierung der Werktätigen, sondern für politische Ermüdungserscheinungen. Die abendliche Abstimmung über die Fernsehprogramme dementierte den Aufbau einer sozialistischen Fernsehnation; den Rest an künstlerischem Anspruch zerstörten spießbürgerliche Zensurmaßnahmen.

Selbst die Partei- und Staatsführung resignierte angesichts der bedrückenden rundfunkpolitischen Unterlegenheit und suchte das Heil von Funk und Fernsehen in einer unpolitischen Stimmungsmache für den real-existierenden Sozialismus mit Sendungen wie *Da liegt Musike drin* oder *Ein Kessel Buntes*. Ende der Siebziger wurde offensichtlich, dass die SED über keine ernst zu nehmende rundfunkpolitische Strategie in der DDR verfügte und im Rundfunkwettbewerb stillschweigend kapituliert hatte.[17]

Es zählt zu den Paradoxien der Entspannungspolitik, dass der Rundfunk der DDR einerseits mit seinem Programm zur Abgrenzung zur Bundesrepublik und zum Aufbau einer eigenständigen «sozialistischen Nation» beitragen sollte, es aber andererseits zu einer verstärkten deutsch-deutschen Rundfunkkooperation kam. Seit Beginn der Siebzigerjahre kauften die ARD-Tochter Degeto und das ZDF via Moskau Rechte an DDR-Produktionen ein; seit 1974 erwarb das DDR-Fernsehen im Gegenzug Ausstrahlungsrechte an Westproduktionen. Deswegen konnte die DEFA-Verfilmung des Arnold-Zweig-Romans *Der Streit um den Sergeanten Grischa* 1970 im ARD-Programm ausgestrahlt und die auf einem Roman von Siegfried Lenz beruhende Fernsehserie *So zärtlich war Suleyken,* die Radio Bremen produziert hatte, auch im DDR-Fernsehen gezeigt werden. Die Zusammenarbeit verstärkte sich noch einmal mit dem Inkrafttreten des deutsch-deutschen Kulturabkommens 1986: Die DDR kaufte vor allem Sportaufzeichnungen und Ausstrahlungsrechte für ältere Kinofilme und vereinzelt moderne Aufnahmesysteme, für mehr reichte das schmale Devisenbudget nicht; um es aufzubessern, bot sie technische Dienstleistungen und Produktionen über das Leben in der DDR an. Aber der Rundfunk in der DDR blieb chronisch unterfinanziert. Die künstlich stabil gehaltenen Gebühreneinnahmen, von denen rund 30 Prozent an die Post flossen, deckten die Ausgaben nicht; sie mussten durch staatliche Zuwendungen ergänzt werden. Dabei stand die DDR spätestens seit Beginn der Achtzigerjahre vor der Zahlungsunfähigkeit.

Wenige Monate vor dem «Staatsbesuch» Honeckers in der Bundesrepublik im September 1987 unterzeichneten die ARD und das ZDF mit dem «Staatlichen Komitee für Fernsehen beim Ministerrat der DDR» Kooperationsverträge, die den direkten Erwerb von Programmrechten, die Herstellung von Koproduktionen und die Kooperation bei Dienstleistungen im Programmbereich regelten. Daraufhin durfte das ZDF während des Honecker-Besuchs live aus

Ostberlin berichten, und das DDR-Fernsehen übernahm die ZDF-Reportage *Honecker war da.*[18]

Die DDR verlor den Systemwettbewerb nicht nur in programmlicher, sondern auch in technologischer Hinsicht. Die Sowjetunion schoss zwar 1976 den ersten TV-Satelliten ins All, um abgelegene Haushalte in Sibirien mit Fernsehen zu versorgen, doch die DDR blieb ein Satellitenstaat ohne Fernsehsatellit, obwohl ihr die Funkverwaltungskonferenz 1977 eine Orbit-Position und Frequenzbereiche zugewiesen hatte. Dagegen übertrug der westeuropäische Eutelsat I-F1 seit dem 1. Dezember 1984 das Programm von 3sat. Der erste Fernsehsatellit der Deutschen Bundespost musste jedoch 1988 aufgegeben werden. Immerhin klappte es mit TV-Sat 2, der seit 1989 vier Programme (Eins Plus, 3sat, RTL plus, SAT.1) mit einer derart starken Leistung abstrahlte, dass sie mit kleineren Parabolantennen selbst hinter Fensterscheiben empfangen werden konnten. Die Entwicklung der Satellitenempfangstechnik blieb der DDR natürlich nicht verborgen. Im August 1988 beriet das Politbüro über mögliche Konsequenzen einer wachsenden Zahl von improvisiert angebrachten Satellitenempfängern und privat betriebener Kabelnetze, gelangte jedoch zu keinerlei greifbaren Ergebnissen. Den Durchbruch für das Satellitenfernsehen brachte ASTRA 1A, ein luxemburgischer Satellit mit 16 Kanälen, der seit Februar 1989 die Erde umkreiste und zum Jahresende auch die Programme von RTL plus, SAT.1 und ProSieben unverschlüsselt übertrug.[19]

Es war somit absehbar, dass es nur eine Frage der Zeit war, bis private und öffentlich-rechtliche Fernsehkanäle über verkaufsübliche, handliche Parabolspiegel ihren Weg in die DDR-Haushalte finden würden, zumal gegen die Satellitenübertragung keine Störsender halfen. Die SED-Führung hatte den Einstieg in das Satellitenfernsehen verpasst. Es gab für sie keinen TV-Sputnik, und die Anmietung von Kanälen auf westlichen Satelliten verbat sich aus politischen wie aus fiskalischen Gründen. Statt Programmvielfalt regierte in der DDR weiterhin Eintönigkeit, statt wirklichkeitstreuer Berichterstattung Realitätsverleugnung. Die Flucht in den Westen hatte begonnen. 1989 fielen die Einschaltquoten des DDR-Fernsehens ins Bodenlose.

Die Verkündung der Ergebnisse der Kommunalwahl vom 7. Mai 1989 durch den «Wahlleiter» Egon Krenz in der *Aktuellen Kamera* sorgte für erhebliches Aufsehen, schon weil sie für jeden erkennbar grob gefälscht waren. Honeckers Kronprinz verkündete den «lieben Freunden und Genossen» strahlend, dass 98,85 Prozent der Stimmen auf die Kandidaten der Nationalen Front der DDR entfallen seien. Da das Fernsehen zur «Widerspiegelung der sozialistischen Demokratie vor Ort»[20] angehalten war, musste die Rede von einem «eindrucksvollen Votum» in den Ohren der Zuschauer wie Hohn klingen. Die Reaktion des Fernsehpublikums blieb nicht aus. Die Einschaltquote der Nachrichtensendung fiel nun sogar unter vier Prozent.[21] Auch das Unterhaltungsprogramm kam nicht mehr auf die Beine. Kein noch so imposanter *Kessel Buntes* konnte die den Programmmachern verordnete «Massenwirksamkeit» in der Fernsehunterhaltung erzeugen. Die Massen hatten längst umgeschaltet.

Während der öffentlich-rechtliche Rundfunk sich bemühte, gemeinsame Gesprächsthemen zu setzen, war der Rundfunk der DDR in seinen letzten Jahren geradezu erpicht, diese zu vermeiden. Die Liste derjenigen Themen, die den DDR-Bürgern offensichtlich unter den Nägel brannten, die aber, weil man sie für politisch zu brisant hielt, nicht angeschnitten werden durften, wurde lang und länger; sie reichte von der Atomkraft bis zu Ungarn, als die nach dort geflüchteten DDR-Bürger in den Westen ausreisen konnten. Unter das Sendeverbot fielen aber auch banale Dinge des Alltags, vor allem, wenn sie Mangelware wurden. So verschwand die Bratwurst vom Bildschirm, als zu wenig Fleisch in den Geschäften landete.[22]

In der Berichterstattung über die in der DDR aufflammenden

Proteste nahmen sich die ARD und das ZDF zur Enttäuschung vieler Dissidenten merklich zurück, weil sie fürchteten, unbedacht Öl ins Feuer der sich steigernden Unruhe zu gießen oder als Stichwortgeber für gewaltsame Unterdrückungsmaßnahmen herzuhalten.[23] Nicht überall im Westen wurde dieselbe Zurückhaltung geübt. So sendete das Westberliner Radio 100 seit 1987 einmal im Monat unter dem Titel *Radio Glasnost* Informationen von Dissidenten und DDR-Oppositionsgruppen, die heimlich über die Grenze geschmuggelt worden waren, gab Veranstaltungstipps und Ratschläge, wie man sich bei Wahlen anders als mit «Zettelfalten» verhalten könne. In der DDR nahm man die «konterrevolutionäre Propaganda» des links-alternativen Piratensenders so ernst, dass die Stasi operative Maßnahmen einleitete, zu denen die Störung des Senders im Vorfeld der Kommunalwahl gehörte.[24]

Doch auch im öffentlich-rechtlichen Rundfunk schob sich das, was sich im Osten abspielte, immer mehr in das Zentrum der Berichterstattung: das Verbot der sowjetischen Zeitschrift *Sputnik* in der DDR und die zunehmende Verärgerung über die Zensur, die Proteste lokaler Umweltgruppen, die Friedensandachten während der Leipziger Frühjahrsmesse 1988, die Montagsdemonstrationen, die Massenflucht nach Ungarn, die Flüchtlinge in der Ständigen Vertretung in Ostberlin, die Ausreise von über sechstausend Flüchtlingen aus der bundesdeutschen Botschaft in Prag, die freien Parlamentswahlen in Polen, die Öffnung der Grenze zwischen Ungarn und Österreich und vor allem die Reformpolitik in der Sowjetunion. Die DDR-Bürger konnten jeden Abend im West-Fernsehen erfahren, dass in ihrem Land Realität und Propaganda immer weiter auseinanderfielen.

Entgegen manch nachträglicher Verklärung des Rundfunkprogramms führt nichts an der Erkenntnis vorbei, dass das DDR-Fernsehen vor dem Oktober 1989 weder als Leitmedium funktionierte noch zum Identitätsstifter taugte. Wer in der DDR erfahren wollte, was im eigenen Land vor sich ging oder was sich in den sozialistischen Bruderländern abspielte, musste zu den Öffentlich-Rechtlichen umschalten. Der Generalsekretär der KPdSU, Michail Gorbatschow, kam dort häufiger vor als im Rundfunk der DDR, der die Schlagworte Glasnost und Perestroika peinlich mied. Schließlich konnten die DDR-Bürger die Bilder vergleichen, etwa zwischen dem Gorbatschow-Besuch in der Bundesrepublik im Juni 1989, wo ihn Hunderttausende mit «Gorbi, Gorbi»-Rufen feierten, und dem Gorbatschow-Besuch in der DDR im Oktober 1989, anlässlich ihres 40. Jahrestages, wo andere flehten: «Gorbi, hilf uns!» Bezeichnenderweise sagte er in der *Tagesschau* am 6. Oktober 1989 einen Satz in die Kamera, den die *Aktuelle Kamera* erwartungsgemäß nicht brachte, weil sie wie eine Ermahnung der SED-Führung klang: «Gefahren warten nur auf jene, die auf das Leben nicht reagieren.» Honecker ging auf diese öffentliche Ermahnung in seiner Rede auf dem Festakt im Palast der Republik direkt ein, in der er den KPdSU-Generalsekretär bezichtigte, Stichwortgeber der westdeutschen Medien zu sein, und es ablehnte, die Positionen eines der «Revolverblätter der BRD» (gemeint war offensichtlich die *BILD*-Zeitung) oder «des dortigen Rundfunks und Fernsehens» zu übernehmen.[25]

Wenige Wochen später war die ostdeutsche Rundfunkordnung zusammengebrochen.[26] Alle Bestrebungen, den reformierten DDR-Rundfunk als dritte Säule in die westdeutsche Rundfunkordnung zu integrieren, scheiterten rasch, und es bedurfte nur einiger Monate, um ihn nahezu restlos abzuwickeln. Sämtliche Mitarbeiter erhielten nach und nach ihre Kündigung.[27] Die letzten Programm-Überbleibsel des DDR-Rundfunks gingen mit der Zeit unter. Das Redaktionsteam des seit September 1989 erfolgreich ausgestrahlten Jugendmagazins *Elf 99* wurde bei einer GmbH der UFA und CLT angestellt und die Sendung in das Programm von RTL plus überführt, weil weder der MDR noch der ORB sie übernehmen wollten. Dort wurde sie redaktionell kaum betreut, auf schlechten Sendeplätzen hin- und hergeschoben, dann unter dem

Namen *Saturday* an VOX weitergereicht, wo sie nach nur einer Sendung 1994 endgültig verschwand. Der legendäre Jugendsender DT64 konnte sein Programm vorübergehend unter dem Dach des RIAS fortsetzen, wurde aber trotz zahlreicher Unterstützungsaktionen durch protestierende Hörer nach einer Odyssee über verschiedene Sender, Programme und Frequenzen vom MDR entkernt und in *Sputnik* umbenannt. Die Wort- und Bildmarke wurde 2016 an einen Privatsender verscherbelt, der sie vier Jahre später aufgab.

Der aus dem Deutschlandsender (früher: Stimme der DDR) und Radio DDR II hervorgegangene DS Kultur kam vorübergehend bei ARD und ZDF unter und ging 1993 mit dem RIAS und dem Deutschlandfunk im öffentlich-rechtlichen Deutschlandradio auf. Während die Mitarbeiter von Deutschlandfunk und RIAS automatisch übernommen wurden, war dies bei den zwischenzeitlich beim ZDF angesiedelten Mitarbeitern von DS Kultur nicht der Fall. Sie mussten sich neu bewerben.[28]

Natürlich musste ein solches Vorgehen Wunden hinterlassen. Die erheblichen Reformanstrengungen, die in kürzester Zeit zur Erneuerung des DDR-Rundfunks geführt hatten, liefen sämtlich ins Leere. Die Rundfunkkommission der Länder hatte sich bereits einige Tage vor der Volkskammerwahl im März 1990 darauf verständigt, die Einspeisung von DDR-Programmen in die westlichen Netze und den Aufbau einer dritten Säule abzulehnen, weil sie fürchtete, diese könnte letztlich beim Bund verbleiben und dadurch die gewachsene föderale Medienordnung zerstören.[29] Die ARD-Intendanten lehnten Anfang Mai 1990 jeglichen Fortbestand des DDR-Fernsehens unmissverständlich ab, weil in Deutschland kein Platz für ein drittes öffentlich-rechtliches System sei. Hätte es das ZDF nicht gegeben, wäre dies vielleicht eine plausiblere Option gewesen. Doch der Aufbau einer dritten Anstalt, mit eigenem bundesweiten Verwaltungskörper, mit eigener Intendanz und eigenen Gremien, mit ein oder zwei weiteren nationalen Fernsehprogrammen und eigenen Regionalsendungen und Radios sowie einem eigenen Anspruch auf Gebührenfinanzierung lag außerhalb jeglicher Vorstellungskraft. Für das ZDF argumentierte Chefredakteur Klaus Bresser, wenn wir die Teilung überwinden wollen, «brauchen wir kein gesamtdeutsches Programm aus der DDR».[30] Im Hintergrund solcher Festlegungen standen jedoch auch finanzielle Erwägungen. Die Eroberung des Ostens versprach beträchtliche Werbe- und Gebühreneinnahmen, die man sich nicht nehmen lassen wollte. Eine Diskussion über die gleichzeitige Verringerung der ARD-Anstalten von neun auf sechs, wie sie der ARD-Vorsitzende Hartwig Kelm im August 1990 vorschlug, wurde innerhalb kürzester Zeit erstickt.[31] Der «Staatsvertrag über den Rundfunk im vereinten Deutschland», den die sechzehn Bundesländer am 31. August 1991 schlossen, bestätigte die überkommene duale Rundfunkordnung und besiegelte die Auslöschung des ostdeutschen Reformfunks.

Für die Osterweiterung des öffentlich-rechtlichen Rundfunks deuteten sich zwei Optionen an, die beide rasch verworfen wurden.[32] Zum einen hätte jedes Land eine eigene Anstalt aufbauen können, von denen sich jedoch aus eigener finanzieller Kraft kaum eine hätte dauerhaft behaupten können. Die ARD leistete bereits 1991 1,5 Milliarden DM an Aufbauhilfe, doch die Ausdehnung des internen Finanzausgleichs hätte die Arbeitsgemeinschaft gesprengt. Zum anderen hätten die neuen Bundesländer bei schon bestehenden Anstalten unterschlüpfen können, doch dies wäre einer weiteren ostdeutschen Selbstaufgabe gleichgekommen. Deswegen kamen Lösungen zustande, die sich am Gebührenaufkommen, der parteipolitischen Farbenlehre und an regionalen Zusammenhängen orientierten. Anfangs schien eine Zweiteilung möglich, bei der Mecklenburg-Vorpommern, Berlin sowie Brandenburg eine nordostdeutsche und Sachsen, Sachsen-Anhalt sowie Thüringen eine mitteldeutsche Rundfunkanstalt bildeten. Nachdem die SPD in Hessen die Landtagswahl gewonnen hatte, wurden die Pläne in

Thüringen aufgegeben, mit dem Nachbarland zusammenzugehen, und es kam die vom sächsischen Ministerpräsidenten Kurt Biedenkopf (CDU) lancierte mitteldeutsche Lösung zustande, die offensichtlich auch Kanzler Kohl und der Rundfunkbeauftragte für die DDR, Rudolf Mühlfenzl, präferierten. Für die Gründung eines Mitteldeutschen Rundfunks (MDR) sprachen eine ausreichende Gebührenbasis, nachbarschaftliche Nähe und die politische Vorherrschaft der CDU in den drei Ländern, die durch einen entsprechend regierungsnah zusammengesetzten Rundfunkrat, die Wahl des von Mühlfenzl empfohlenen Hörfunkdirektors des Bayerischen Rundfunks Udo Reiter zum Intendanten sowie die Besetzung der Direktoren-Position auf der Grundlage eines CDU/FDP-Personaltickets abgesichert wurden.

Dagegen kam die Bildung der Nordostdeutschen Rundfunkanstalt (NORA) nicht zustande, obwohl sich die Regierungschefs der Länder – der Regierende Bürgermeister von Berlin, Eberhard Diepgen (CDU), der Schweriner Ministerpräsident Alfred Gomolka (CDU) und sein brandenburgischer Amtskollege Manfred Stolpe (SPD) – dafür stark eingesetzt hatten. Die nordostdeutsche Variante ließ sich jedoch nicht durchsetzen, weil sich die Mecklenburger und Vorpommern eher in einer norddeutschen Anstalt aufgehoben sahen und die Berliner Hauptstadt auch in Brandenburg nicht sonderlich beliebt war. Im Schweriner Landtag blieb die CDU isoliert, weil neben der SPD und der PDS auch der Koalitionspartner FDP den Beitritt zum NDR als beste Lösung betrachtete. In Potsdam setzte die Fraktion des Ministerpräsidenten die Gründung einer eigenen Anstalt, des Ostdeutschen Rundfunks Brandenburg (ORB), durch. Deren Gründungsintendant Friedrich-Wilhelm von Sell achtete auf parteipolitischen Abstand und brachte mit dem WDR-Hauptabteilungsleiter Kultur und Wissenschaft, Hansjürgen Rosenbauer, seinen Kandidaten durch, so dass der Wunschkandidat der SPD-Fraktion ebenso das Nachsehen hatte wie der Wunschkandidat des SPD-Ministerpräsidenten.[33]

Dass Rosenbauer auf Identitätsbildung und nicht Übernahme des Senders setzte, belegte sein ausgewogenes Personalpaket, das er gegen erhebliche Widerstände aus den Gremien durchsetzte. Der frühere DFF-Intendant Michael Albrecht wurde Fernsehdirektor, Christoph Singelnstein Chefredakteur von Radio Brandenburg. Vom WDR brachte Rosenbauer noch Lutz Marmor mit, der die Verwaltungsdirektion übernahm.

Im NDR mussten mit dem Beitritt eines vierten Landes die regionalen Gewichte neu austariert werden. Niedersachsen stellte nur noch die Hälfte der Mitglieder des Verwaltungsrats und konnte diesen nicht länger dominieren. Mecklenburg-Vorpommern erhielt in Schwerin ein eigenes Landesfunkhaus und bekam eine eigene Landeswelle, deren Programmstruktur von einem eigenen Landesrundfunkrat überwacht wurde. Wie beim ORB wurde im NDR der Anteil der parteipolitischen Mitglieder des Rundfunkrates auf ein Fünftel heruntergesetzt.

Anders als im NDR und im ORB verstummte der Unmut über die Übernahme des MDR durch den Westen lange Zeit nicht. Umgekehrt beschwerte sich die westdeutsche Leiterin des Funkhauses Sachsen darüber, dass kaum einer der vom DDR-Rundfunk übernommenen Mitarbeiter politisch unbelastet sei und die Belegschaft der DDR nachtrauern würde.[34]

Die rabiate Abwicklung des ostdeutschen Rundfunks musste Akzeptanzprobleme aufwerfen, die sich nicht einfach wegkehren ließen. Kein Geringerer als Bundespräsident Richard von Weizsäcker kritisierte «manches Machtdenken» beim Neuaufbau des Rundfunks in Ostdeutschland und ließ durchblicken, er hätte sich dabei mehr «Takt und Verständnis» gewünscht. Die Schelte Weizsäckers, der den Parteien Machtversessenheit bei der Eroberung politischer Positionen, aber Machtvergessenheit «bei der Wahrnehmung der inhaltlichen und konzeptionellen Führungsaufgabe» vorwarf, ging nicht zuletzt auf entsprechende Vorkommnisse in den Rundfunkanstalten im Osten zurück.[35]

Aber auch der Rundfunk in Westdeutschland musste sich seiner Vergangenheit stellen. Eine von der ARD in Auftrag gegebene Forschungsstudie spürte nicht nur dem Wirken des Ministeriums für Staatssicherheit im DDR-Fernsehen nach, sie untersuchte auch das Vorgehen der Stasi gegen die ständigen Korrespondenten in Ostberlin sowie Infiltrationsversuche gegenüber einzelnen Landesrundfunkanstalten. Dabei stellte sich heraus, dass die Staatssicherheit interne Prozesse in den Sendern permanent beobachtet hatte, wobei sie sich auf vermeintliche Einflussversuche von CDU-nahen Journalisten auf das Programm konzentriert hatte, die der DDR schaden könnten, eine erfolgreiche Einwirkung des Geheimdienstes auf irgendwelche Entscheidungen innerhalb der ARD aber nirgendwo festzustellen war.[36]

Die Osterweiterung des westdeutschen Rundfunksystems hatte allerdings noch eine Nachwirkung, die die Öffentlich-Rechtlichen schmerzlich zu spüren bekommen sollten: Die fernsehbegeisterten ehemaligen Bürger der DDR liefen nämlich in Scharen zu den Privaten über und wirkten so an deren Durchbruch in Deutschland mit.

Die Versportlichung des Rundfunks

Die Affinität von Rundfunk und Sport, insbesondere des Fernsehens und des Fußballs, beruhte auf den drei großen Versprechen, Zugehörigkeit, Identität und Emotionen zu schaffen.[37] Die besondere Qualität des Rundfunks, der ihn von anderen Massenmedien seiner Zeit unterschied, lag darin, Ereignisse in Echtzeit übertragen zu können. Man musste nicht mehr anwesend sein, um dabei sein zu können. Zu den live übertragenen Ereignissen, die sich in die private Erfahrung ebenso einbrannten wie in das öffentliche Gedächtnis, zählte zum Beispiel der legendäre Boxkampf von Max Schmeling am 12. Juni 1930 gegen den US-Amerikaner Jack Sharkey. Die von Propagandaminister Joseph Goebbels spektakulär in Szene gesetzten Olympischen Spiele in Berlin 1936 erzeugten ihre Wirkung nicht so sehr wegen der erst 1938 erschienenen Dokumentation von Leni Riefenstahl, die zudem ein zwiespältiges Echo hervorrief und in den USA gar nicht gezeigt wurde, sondern wegen der Direktübertragung in vierzig Länder. Außerdem wurden die Spiele zum ersten Mal im Fernsehen gezeigt, jedenfalls so weit das Kabel reichte: In über fünfundzwanzig Fernsehsälen der Reichshauptstadt konnten Interessierte die Liveübertragungen mitverfolgen.[38] Unbemerkt geblieben war dagegen die erste Live-Sportübertragung im Fernsehen. Schon am 17. Februar 1931 wurde vom Campus der Waseda-Universität in Tokio ein Baseballspiel per Kabel direkt in das elektrotechnische Labor der Hochschule übertragen und war dort auf einem 90 × 90 Zentimeter großen Bildschirm zu sehen.[39]

Nach dem Krieg ging es dann Schlag auf Schlag: Im August 1952 übertrug der NWDR für tausend stolze Besitzer von Fernsehgeräten das erste Fußballspiel im deutschen Fernsehen in voller Länge; in der Oberliga Nord schlug der HSV die Altona 93. 1954 sorgten die «erregenden Weltmeisterschafts-Übertragungen» (*Der Spiegel* vom 7. Juli 1954) für einen Ausverkauf an Fernsehgeräten in west- und ostdeutschen Geschäften. Es folgten Rad- und Autorennen, Handball, Tennis. 1961 ging im ersten Programm die *Sportschau* auf Sendung, und das ZDF machte der ARD bald mit der Ausdehnung der Sportberichterstattung und der Übertragung von Sportereignissen kräftig Konkurrenz. Doch bei sportlichen Großereignissen galt das Kontrastprinzip: Beide Fernsehsender wechselten sich bei der Übertragung täglich ab.

Die Olympischen Spiele 1972 und die Fußball-Weltmeisterschaft 1974 sorgten wiederum für Rekordverkäufe bei Fernsehgeräten und den Durchbruch des Farbfernsehens. Ein Jahr später standen viele Deutschen nachts auf, um die Boxkämpfe zwischen Muhammad Ali und Joe Frazier 1975 mitzuverfolgen. Die privaten

Fernsehveranstalter machten es dann wie das ZDF zwanzig Jahre zuvor: Sie setzten auf den Sport, um ein größeres Publikum zu gewinnen und ihre Werbeeinnahmen zu erhöhen. Zwei Sportarten dominierten das Zuschauerverhalten in den Achtzigern: Fußball und Tennis. Letzteres hing mit den Erfolgen zweier junger Deutscher zusammen – Boris Becker und Steffi Graf. Im Jahr 1985 zeigte das ZDF zum ersten Mal mehr Tennis als Fußball.

Zwei Jahreszahlen markieren die neue Ära des Fernsehsports: 1987 und 1992. 1987 hob das Bundeskartellamt den Globalvertrag zwischen ARD, ZDF und dem Deutschen Sportbund in wesentlichen Teilen auf. Dadurch verlor das öffentlich-rechtliche Fernsehen die Erstübertragungsrechte in achtunddreißig Sportarten, und es entstand ein Sportrechtemarkt, auf dem einzelne Disziplinen um die höchstdatierten Fernsehverträge buhlten und Sender um Lizenzrechte kämpften. Die Sportart, die allen anderen davonpreschte, war der Profi-Männer-Fußball. 1988 verkaufte der Deutsche Fußballbund (DFB) dem RTL-Teilhaber UFA für 135 Millionen DM die Übertragungsrechte an Bundesligaspielen für drei Spielzeiten. In den Jahren zuvor hatten ARD und ZDF durchschnittlich rund 20 Millionen DM pro Saison bezahlt, 1984 sogar nur 10 Millionen. Doch damit nicht genug: Der Privatsender griff mit der dreistündigen Fußballshow *Anpfiff* die ARD-*Sportschau* an, die ihre Exklusivrechte an zusammenfassenden Berichten verloren hatte, kaufte 1989 die Übertragungsrechte für das Tennisturnier in Wimbledon und danach die Rechte für die Formel 1, in der Michael Schumacher gerade von Sieg zu Sieg fuhr. Das Gespür für die trendige Sportart war den Öffentlich-Rechtlichen abhandengekommen. Der nächste Schlag ereilte sie, als die Rechteagentur von Kirch und Springer 1992 die Bundesligarechte über fünf Spielzeiten für eine Rekordsumme von 700 Millionen DM erwarb. Das Format *ran* übernahm die aktuelle Fußballberichterstattung zur Sendezeit der *Sportschau,* die zum ersten Mal leer ausgegangen war. Die Privaten nahmen den Öffentlich-Rechtlichen aber nicht nur die Übertragungsrechte äußerst beliebter Sportarten, sie warben ihnen auch Sportreporter ab.

Auf das Jahr 1992 datiert der Fußballjournalist Christoph Biermann den Beginn der «wahren Geschichte des modernen Fußballs». Erstens, weil die Gründung der Premier League Großbritannien zum Mutterland der globalen Fußballindustrie machte und dadurch einen Sog erzeugte, dem sich keine Fußballnation entziehen konnte. Zweitens, weil mit den Privaten «Opas Fernsehfußball tot war». Dafür sorgten «Krankameras hinter dem Tor, die Superzeitlupe und die Interviews mit verschwitzten Spielern direkt nach Spielschluss» sowie Trainer, deren Bekleidung mit Sponsorenlogos übersät war. Den jugendlichen Moderator Reinhold Beckmann in absichtsvoll frecher roter Jeansjacke hatte man vom WDR abgeworben. Drittens, weil mit dem SAT.1-Vertrag die Fernsehgelder ab der Saison 1996/97 nicht mehr gleichmäßig unter den Vereinen der Bundesliga aufgeteilt wurden. Der Abstand zwischen oben und unten in der Tabelle vergrößerte sich immer mehr, damit wenige Spitzenvereine im immer lukrativer werdenden internationalen Fußballgeschäft mithalten konnten. Und viertens, weil der Weltfußballverband FIFA 1992 die Rückpassregel einführte (der Torwart durfte Rückpässe nicht mehr mit der Hand aufnehmen), womit das Spiel für das Fernsehpublikum schneller und spannender gemacht wurde.[40] Die Sportverbände unternahmen schon bald so ziemlich alles, um ihre Waren zu Höchstpreisen an die Sender verkaufen zu können. Es wurden nicht nur Fußballregeln verändert. Nun achtete man auf eine TV-gängige Auswahl von Sportarten bei den Olympischen Spielen, strukturierte Turnierabläufe um, dehnte die Zahl der Teilnehmer aus, vermehrte die Spieltage und schnürte Rechtepakete.

Auf der anderen Seite veränderte sich die Berichterstattung: Jedes Spiel war nun ein besonderes Spiel, kaum ein Match verlief noch schlecht, jedes Turnier war ein unvergessliches Ereignis; es kam zu Duellen zwischen einzelnen Spielern, Trainern, den Vereinen und ihren Fans. Die Telegenisierung des Sports ging Hand in Hand mit der Versportlichung des Rundfunks. Die Sender warben Sponsorengelder ein und dehnten die Sendezeiten durch eine umfangreiche Vor- und Nachberichterstattung aus, um die hohen Rechtekosten besser auf die Sendeminuten umlegen zu können.

1990 schrieb RTL plus das erste Mal schwarze Zahlen, 1993 überholte es (jetzt ohne «plus») die beiden öffentlich-rechtlichen Fernsehsender in der Publikumsgunst, und 1995 konnte RTL einen Gewinn ausweisen. Der Erfolg der Privaten lag nicht nur an der neuartigen Sportberichterstattung, denn er hatte sich bereits zuvor unter den ostdeutschen Zuschauern abgezeichnet. Innerhalb des Jahres 1993 stieg der Zuschaueranteil von RTL und SAT.1 hier von 11 auf 30 Prozent, während er für die ARD von 26 auf 19 und den DFF sogar von 29 auf 10 Prozent fiel. Zusammen mit dem ZDF lag der Marktanteil des öffentlich-rechtlichen Rundfunks in den neuen Bundesländern 1995 bei nur mehr etwas über einem Drittel.[41]

Für das zwischen West und Ost auseinanderfallende Nutzungsverhalten sind von der Zuschauerforschung verschiedene Erklärungsansätze vorgebracht worden, die sich nicht widersprechen, aber im Einzelnen empirisch nur schwer nachzuweisen sind. Anscheinend goutierten die neuen Bundesbürger die privaten Sender, weil diese mit überkommenen Sehroutinen brachen, keine große Staatsnähe aufwiesen, bessere Unterhaltung in schlechten Zeiten boten und weil man im Osten wegen der terrestrischen Begrenzungen und fehlender Verkabelung zur Satellitenschüssel griff, die auf Anhieb mehr private Programm bot als das Kabel und die Antenne.

Auf die Herausforderung durch die Privatsender im Sportgeschäft reagierten ARD und ZDF 1995 mit der Bildung einer gemeinsamen Sportrechte-Agentur, der *SportA*.[42] Das Joint Venture stellte nicht zuletzt eine Reaktion auf die horrend gestiegenen Preise für Übertragungsrechte dar, die in der Öffentlichkeit und den Gremien immer stärkere Kritik auf sich zogen. Außerdem setzten die Öffentlich-Rechtlichen in einer Ergänzung des Rundfunkstaatsvertrags von 1999 ein Recht auf unentgeltliche Kurzberichterstattung über öffentlich zugängliche Ereignisse durch, die die Allgemeinheit interessieren. Schließlich behaupteten sie die Übertragungsrechte für internationale Großereignisse, solange die Privaten den immensen einmaligen Aufwand scheuten, und sie pflegten die Sportarten, für die sie noch exklusive Rechte besaßen. Doch auch hier kam es zu Rückschlägen. So musste die Radsportberichterstattung, die seit 1999 durch einen geheimen Exklusivvertrag zwischen ARD und Jan Ullrich abgesichert worden war, durch die Dopingskandale auf der Tour de France seit 2009 erheblich reduziert werden.[43]

Vom VPRT, dem Verband Privater Rundfunk und Telemedien, wurde die Kritik an der Finanzierung von Sportrechten durch Gebührengelder immer wieder angefacht, um sich die unliebsame öffentlich-rechtliche Konkurrenz vom Hals zu schaffen. Die Telegenisierung des Sports, namentlich des Fußballs, hatte ihn für jüngere und weibliche Zuschauer in einem bislang ungeahnten Maße attraktiv gemacht. Für den öffentlich-rechtlichen Rundfunk bildeten Investitionen in Sportrechte schon deshalb eine Investition in die Zukunft, weil man mit Sportsendungen Zuschauer unter vierzig Jahren zurückgewinnen konnte und die soziale Bandbreite des Publikums besonders groß war.

Derjenige, der mit Sportrechten wie kein anderer jonglierte, war der Medienzar Leo Kirch. Kirch hatte sein Imperium über den Handel mit Filmrechten aufgebaut, die er vor allem an das ZDF weiterverkauft hatte. Seit den Achtzigerjahren schob er mit fragwürdigen Methoden nicht nur einen privaten Free-TV-Komplex zusammen, zu dem SAT.1, ProSieben, Tele 5 und das Deutsche Sportfernsehen (DSF) gehörten, er baute daneben auch Produktionsfirmen auf, kaufte sich mit 40 Prozent bei der Springer AG und mit 21 Prozent bei der Neuen Constantin Film AG ein und setzte als Erster in Deutschland auf das Pay-TV. 1999 schloss er DF1, den ersten Digitalsender Deutschlands, mit Premiere zusammen, der ab 2000 sämtliche Spiele der Bundesliga live übertrug.[44] Kirch setzte darauf, die mit Krediten finanzierten Film- und Sportrechte über sein Sendernetz vergolden zu können, was sich jedoch als Trugschluss erwies. Die Bundesligarechte, die SAT.1 für jährlich bis zu 80 Millionen Euro gekauft hatte, amortisierten sich über die erhofften Werbeeinnahmen nicht. Weil sie allenfalls zur Hälfte refinanziert werden konnten, musste sich der Sender 2003 aus der Bundesliga-Berichterstattung wieder zurückzuziehen, so dass die erste deutsche Liga wieder von der ARD-*Sportschau* präsentiert werden konnte. Kirch hatte aber 1996 auch noch die Rechte an den Fußballweltmeisterschaften 2002 und 2006 in Höhe von rund 1,9 Milliarden Euro erworben, die sich selbst über den Weiterverkauf von Teillizenzen nicht amortisieren ließen. Vor allem das Pay-TV-Geschäft rentierte sich nicht und sorgte für milliardenschwere Verluste. Mit dem Ende der Kanzlerschaft Helmut Kohls fehlte Kirch zudem ein wichtiger Fürsprecher für die Verlängerung von Kreditlinien, so dass die überschuldete Kirch-Gruppe 2002, als die Deutsche Bank von ihr abrückte, zusammenbrach. ARD und ZDF zogen aus dem Fehlschlag Kirchs mit Premiere, das nach und nach von Rupert Murdochs Sky übernommen wurde, den folgenschweren Fehlschluss, dass das deutsche Publikum für kostenpflichtige Videoinhalte unempfänglich sei.

Abstumpfung und «Volksverdummung»?

Vor steigender Reizüberflutung und den amerikanischen Auswüchsen des Fernsehkonsums war schon in den Siebzigern immer wieder gewarnt worden, doch in den Neunzigern wurde es wirklich ernst. Zehn Jahre nach der Einführung des kommerziellen Rundfunks standen den 15 öffentlich-rechtlichen Rundfunkveranstaltern 185 kommerzielle Hörfunkveranstalter gegenüber, von denen 34 landes- oder bundesweit ausgestrahlte Programme anboten. Im Fernsehen waren es 65 kommerzielle Anbieter, unter ihnen 18, die bundesweites Fernsehen anboten. Weil der Privatfunk auf Werbeeinnahmen angewiesen war, sendete er rund um die Uhr – und die öffentlich-rechtlichen Programme zogen nach.[45]

Gleichzeitig stieg die Mediennutzung: Lag sie 1990 noch bei 390 Minuten täglich, stieg sie 2005 auf 600 Minuten, bezogen auf das Fernsehen kletterte sie von 135 auf 220 Minuten und beim Hörfunk von 170 auf 221 Minuten. Das Lesen verzeichnete nur eine leichte Zunahme von 57 auf 65 Minuten, dafür sprang das Internet aus dem Nichts auf 44 Minuten. Bei steigendem Konsum veränderte sich das Konsumieren: im Fernsehen vom kritischen Beobachten zum «Zappen» und «Glotzen», im Hörfunk vom konzentrierten Zuhören zum Nebenbei-Hören.[46] Die Programmmacher reagierten auf das Sinken der Aufmerksamkeitsspanne mit der Kürzung von Beiträgen und mit Programmänderungen, die das aufmerksame Hören und Sehen erleichtern sollten.

In der Medienforschung wurde ebenso wie in der rundfunkpolitischen Diskussion darüber gestritten, wie stark die privatkommerziellen Angebote den öffentlich-rechtlichen Rundfunk veränderten. Hatten sich die einen schon im vorauseilenden Gehorsam an die neue Herausforderung angepasst, weil sie US-Serien wie *Dallas* und *Denver* eingekauft hatten? Wurde statt Einzigartigem immer mehr Konfektionsware geboten? Hatten sie lediglich vorausschauend ihr Repertoire erweitert oder musste man von einer «Selbstkommerzialisierung» der Öffentlich-Rechtlichen sprechen?[47]

Unbestreitbar ist, dass sich Ton und Bild veränderten, neue Sendeformate entstanden und spezielle Zielgruppen besonders angesprochen wurden. Ebenso unbestreitbar ist, dass es «eine Tendenz zu ähnlichen oder strukturell kompatiblen Angeboten» schon deshalb gibt, weil das Fernsehen, egal ob privat oder gemeinnützig organisiert, denselben oder wenigstens ähnlichen Rahmenbedingungen, Produktionsformen, Verflechtungen und Publikumsreaktionen unterliegt.[48] Dies zeigt sich auch bei einem Vergleich zwischen privatrechtlichem und öffentlich-rechtlichem Journalismus. Die Bilanz nach zehn Jahren: Die einen agieren forscher, weil sie jünger sind, während die anderen zurückhaltender auftreten, weil sie älter sind. Im beruflichen Selbstverständnis fand man keine markanten Unterschiede.[49]

Der immer wieder vorgebrachte Vorwurf, der öffentlich-rechtliche Rundfunk habe seinen ursprünglichen Charakter aufgegeben, ging nicht nur an seiner widersprüchlichen Vergangenheit vorbei, sondern war häufig auch interessengeleitet, so, wenn Redakteure Veränderungen in «ihrem» Programm nicht hinnehmen wollten oder wenn die Gegner des gemeinnützigen Rundfunks mit diesem Vorwurf die Senkung der Rundfunkgebühren oder wenigstens die Verbannung der Unterhaltung aus dessen Programmen herbeizwingen wollten.

In der zeitgenössischen Diskussion standen nach dem Einzug des privatrechtlichen Rundfunks noch andere Themen im Vordergrund. Befürchtet wurde, dass die vermehrte Zurschaustellung von Gewalt zur Verrohung in der Gesellschaft beitrage, dass Kinder zu viel Zeit vor dem Fernseher verbrächten und zu oft allein der Werbung ausgeliefert würden, dass das Familienleben zu kurz komme, politische Inhalte zurückgedrängt würden und das geistige Niveau der Programme allgemein sinke.[50]

Schon 1980 hatte ZDF-Intendant Hase gewarnt, das Fernsehen könne schon bald nicht mehr «integrierend für das Staatsganze» wirken.[51] Tatsächlich wirkte die duale Rundfunkordnung spaltend auf die deutsche Gesellschaft. Eine der ersten empirischen Analysen des «Vielsehens» ergab, dass das Vielsehen von öffentlich-rechtlichen Programmen mit dem Alter und sozialer Isolation korrelierte, während das Vielsehen von privaten Programmen ein Unterschichtenphänomen sei.[52]

Die anfänglichen Startschwierigkeiten der privaten Rundfunkveranstalter verleiteten die speziell zu ihrer Zulassung und Überwachung eingerichteten Landesmedienanstalten zu einer nur schwachen Kontrolle der Programmverpflichtungen und journalistischen Standards, die den Privaten im Staatsvertrag und den einzelnen Landesmediengesetzen auferlegt worden waren.[53] Getrieben von der Erzielung möglichst hoher Werbeeinnahmen durch eine möglichst hohe Zuschauerquote, führte dies nach Ansicht des Historikers Hans-Ulrich Wehler zu einem «abschreckend-anziehenden Unterklassen-Programm»,[54] das die Befürchtungen wertkonservativer Kritiker des «Kommerzfernsehens» noch übertraf. Der bayerische Landfrauenbund mobilisierte gegen den mangelnden Kinder- und Jugendschutz und die häufigen Gewalt- und Sexdarstellungen im privaten Fernsehen, und selbst den Entautorisierungs-Papst Wolfgang Bergsdorf befielen Zweifel angesichts des ständigen Appells an den schlechten Massengeschmack. Dem um einen saloppen Ausspruch niemals verlegenen RTL-Manager Helmut Thoma, der das Programm seines Senders mit dem Satz verteidigt hatte, man könne im seichten Wasser eben nicht ertrinken, hielt er vor, dass man in solchen Gewässern allerdings auch nicht schwimmen lerne.[55]

Die erste präsidentielle «Strafpredigt» setzte es 1984, in dem Jahr, in dem der Privatfunk in der Bundesrepublik zugelassen wurde und Bundespräsident Richard von Weizsäcker seine Antrittsrede hielt, in der er auf die schädlichen Wirkungen des Fernsehens einging. Was früher dessen Stärke gewesen war, kehre sich nun um. Statt Gemeinsinn zu erzeugen, führe es nun zu einem immer stärkeren Gegeneinander. Aber es blieb beim Appell an die Zuschauer, die längerfristigen Folgen des Fernsehens genauer zu bedenken, und der Forderung an die Wissenschaft, eine exaktere Wirkungsforschung zu betreiben.[56]

Das Thema ließ den Bundespräsidenten nicht los, und kurz vor dem Ende seiner zweiten Amtszeit berief er eine Kommission, die den Auftrag erhielt, problematische Entwicklungsrichtungen im Fernsehen zu analysieren, um daraus medienpolitische Empfehlungen abzuleiten. Das Expertengremium unter dem Vorsitz des Medienpsychologen Jo Groebel, der zur Wirkung von Gewaltdarstellungen im Fernsehen auf Kinder geforscht hatte, legte im Februar 1994 einen 139-seitigen «Bericht zur Lage des Fernsehens» vor.[57] In einem analytischen Teil wurden zahlreiche negative Veränderungen angesprochen und auf deren Konsequenzen verwiesen: Durch Zunahme von Gewaltdarstellungen im Fernsehen entstünden Abstumpfungseffekte beim Publikum, und die Verherrlichung von Gewalt begünstige «autoritäre Gesellschaftsvorstellungen» (S. 11). In der Programmentwicklung würden Aufregerthemen und eine Sensationslust regieren, die die Grenzen zwischen Privatheit und Öffentlichkeit verwische, Klischees verbreite und Opfer nicht schütze, sondern vorführe. In der Untersuchung der Auswirkungen des Programms auf die politische Kultur des Landes beklagten die Experten eine Tendenz zur «Mediokratie», bei der sich die Politik der Eigengesetzlichkeit der Medien zunehmend unterwerfe. In deren Eigenlogik gehe es nicht mehr um das Aufzeigen «politischer Leistungen»; vielmehr würden ausgiebig und allein die «darstellerischen Qualitäten» der Politik beurteilt, so dass man es mit einer Rückkehr zur «höfischen Öffentlichkeit» zu tun habe. Die Personalisierung der Politik und die Stilisierung politischer Konflikte sei an die Stelle von Sachdiskussionen getreten. Letztlich zählten Sensationalismus, Negativismus, Skandalisierung und Ritualisierung (S. 12 f., 53 ff.).

Die Kommission präsentierte der Öffentlichkeit ein langes journalistisches Sündenregister, äußerte ihr allgemeines Unbehagen über schädliche Wirkungen zu hohen Fernsehkonsums und riss einige problematische Entwicklungen an, wie die horrenden Lizenzkosten bei den Sportrechten, das «Diktat der Einschaltquote» (S. 18) oder die wachsende Kluft zwischen den Informierten und den «Unwissenden» (S. 10). Dabei unterschied sie nicht stringent zwischen privatem und öffentlich-rechtlichem Fernsehen, aber aus dem Bericht ließ sich unmissverständlich herauslesen, dass die Einführung des Privatfernsehens der politischen Kultur und Bildung, dem Zusammenhalt der Gesellschaft, dem friedlichen Zusammenleben und der demokratischen Meinungsbildung schwer geschadet hätte. Zwischen den beiden Systemen habe es zwar programmliche Angleichungen gegeben, die einen Verlust von Vielfalt im Angebot nach sich gezogen hätten, doch handele es sich (noch) nicht um eine Konvergenz der beiden Systeme (S. 29 f.). Vielmehr könnten und müssten die öffentlich-rechtlichen Programme den schädlichen Tendenzen des Fernsehens entgegenwirken. Dazu empfahl die Kommission, den Öffentlich-Rechtlichen eine bessere Finanzausstattung zu gewähren, wenn diese im Gegenzug auf Werbeeinnahmen verzichteten. Die meisten Empfehlungen richteten sich aber nicht an den gemeinnützigen Rundfunk, sondern bezogen sich auf eine bessere Kontrolle der privaten Programmanbieter (S. 8 ff.). Die Landesmedienkommissionen sollten gesetzlich gestärkt, das oligopolistische Anbietermodell aufgegeben, unabhängige und mit ausreichenden Kompetenzen versehene Programmbeiräte eingesetzt sowie eine senderübergreifende, freiwillige Selbstkontrolle analog zur Freiwilligen Selbstkontrolle der Presse eingeführt werden. Das Kernstück der Empfehlungen der Kommission bestand in der Einrichtung eines nationalen Medienrates, der – analog zur Royal Commission der BBC – vom Bundespräsidenten auf Vorschlag der Bundesländer berufen werden sollte. Nur am Rande wurde die Arbeit der Gremien in den öffentlich-rechtlichen Anstalten angesprochen. Hier beklagten die Experten, dass viele Gremienmitglieder mit anderen Ämtern überhäuft seien und ihnen deswegen die Zeit für eine angemessene Kontrolle fehle. Zudem würden die politischen Freundeskreise eine sachgerechte Aufgabenwahrnehmung eher erschweren als erleichtern (S. 112).

Allein der empfohlene Medienrat und die zusätzlich geforderte

Stiftung Medientest verursachten einige Schlagzeilen. Weil ihnen nur gutachterliche Funktionen zugesprochen wurden, hingen sie mangels ernsthafter Kompetenzen in der Luft und wurden rasch begraben. Die übrigen konkreten Empfehlungen setzte die Rundfunkpolitik in aller Stille bei. Das in dem Bericht gemalte «gesellschafts- und kommunikationspolitische Schreckensgemälde»[58] verblasste, und die eigentliche Kernfrage, «wie Idee und Praxis einer grundsätzlichen Gemeinwohlorientierung des Fernsehens im dualen System zu verwirklichen sind» (S. 16), ließen die rundfunkpolitischen Akteure unbeantwortet. Weizsäcker schied kurz nach der Vorlage des Berichts aus dem Bundespräsidentenamt aus. Sein Nachfolger Roman Herzog polemisierte immer wieder gegen die «flächendeckende Volksverdummung» in den Medien,[59] doch ein «Ruck» unter den Medienverantwortlichen blieb aus. Johannes Rau versuchte es mit milderen Worten, ohne damit durchzudringen, bis Bundespräsident Steinmeier die Stärke der deutschen Medienlandschaft nur noch lobte, weil sie in ihrer «Vielfalt aus öffentlich-rechtlichem Rundfunk, privaten Medien und Verlagen und gemeinnützigem Journalismus» liege. Die Journalisten nahm Steinmeier ausdrücklich in Schutz vor rechtspopulistischen Einschüchterungsversuchen, während er die Menschen zu mehr Mündigkeit im Umgang mit analogen und digitalen Medien ermunterte.[60] Damit fand die Beschäftigung der Staatsoberhäupter der Bundesrepublik mit den Problemen der dualen Rundfunkordnung ein vorläufiges Ende.

Manche Annahmen erwiesen sich als übertrieben. Richtig war, dass sich das Publikum nicht mehr vor dem Fernseher versammelte. Wie vorher beim Radio verstreute es sich in verschiedene Richtungen.[61] Aber die Prognose, die Medien würden sich mit der permanenten Konstruktion unterschiedlicher Wirklichkeiten selbst marginalisieren und durch die Programminflation zerstören, so dass von ihnen nur noch ein Grundrauschen übrig bliebe, erwies sich als reichlich übertrieben.[62]

Die duale Rundfunkordnung hatte die Öffentlich-Rechtlichen in eine ernste Krise geführt. Sie konnten sich nur dann behaupten, wenn ihnen die schmale Gratwanderung zwischen Attraktivität und Anspruch gelang. Doch das war leichter gesagt als getan.

5. Nach der Wiedervereinigung: Krise und Überforderung

Wie frei ist das Internet? Junge Menschen demonstrieren am 2. März 2019 in Berlin vor der Hauptverwaltung der Axel Springer SE gegen die Urheberrechtsreform der Europäischen Union. Urheberrechtlich geschützte Werke sollen nur noch nach Genehmigung durch den Rechteinhaber im Internet hochgeladen werden dürfen. Der Protest tangiert auch die Interessen der Öffentlich-Rechtlichen.

«Unter den Medien kommt dem Rundfunk wegen seiner Breitenwirkung, Aktualität und Suggestivkraft besondere Bedeutung zu.»
Bundesverfassungsgericht, Beschluss vom 20. Juli 2021

Legitimationsprobleme: Mehr Sender, mehr Programme, höhere Gebühren

Das öffentlich-rechtliche System dehnte sich keineswegs nur aus sich heraus aus. Die Politik erweiterte seinen Auftrag, und manchmal schenkte es ihm auch neue Programme und Kanäle. 1984 erhielt das ZDF mit 3sat ein zweites Programm, das es zusammen mit dem österreichischen und Schweizer Rundfunk veranstaltete. Zur selben Zeit arbeiteten einige Ministerpräsidenten an der Errichtung eines europäischen Kulturkanals, der dann durch die Unterstützung von Bundeskanzler Helmut Kohl und Staatspräsident François Mitterrand rasch Formen annahm. Die Unterzeichnung eines entsprechenden Vertrages einen Tag vor der Deutschen Vereinigung am 2. Oktober 1990 sollte als anschaulicher Beweis für die Fortsetzung der besonderen Partnerschaft zwischen Bonn und Paris dienen. Im öffentlich-rechtlichen Rundfunk hielt sich die Begeisterung über den Aufbau eines bilateralen Kultursenders jedoch in Grenzen, weil man lange Zeit auf eine breitere Trägerschaft mit mehreren Ländern gesetzt hatte und zusätzliche Kosten fürchtete. Im WDR-Rundfunkrat wurde das Projekt mit großer Skepsis aufgenommen und von einer Sitzung auf die nächste Sitzung geschoben. Am 21. Juni 1990 nahm das Gremium die Beteiligung des WDR an der Kooperation, die nun unter dem programmatischen Namen «Europäischer Kulturkanal» firmierte, leidenschaftslos zur Kenntnis. Ein knappes Jahr später ging ARTE auf Sendung.[1] Beide Gemeinschaftssender gab es natürlich nicht umsonst; sie mussten aus den Rundfunkgebühren mitfinanziert werden.

In der Zwischenzeit hatten die Privaten ihre Programme erheblich vermehrt. Zwischen 1992 und 1996 fanden die Zuschauer Kabel 1, RTL 2, Super-RTL, Nickelodeon, TM3, Der Wetterkanal, n-tv, VIVA und noch einige andere Spartensender in ihrer Programmleiste, wenn sie über einen Kabelanschluss oder eine Satellitenschüssel verfügten. Die ARD antwortete 1997 mit dem Ratgeberprogramm EINS PLUS (bis 2016), mit einem zeitversetzt ausgestrahlten Hauptprogramm namens EinsMuXx (bis 2005), mit dem Hintergrund- und Nachrichtenprogramm EinsExtra, aus dem später Tagesschau24 wurde, und mit dem für die Ausstrahlung anspruchsvoller Produktionen vorgesehenen EinsFestival (später One). Das ZDF startete 1997 mit ZDFinfobox (später ZDFinfo), wo es Dokus und Reportagen abspielte, 2000 kam der Bildungssender ZDFdokukanal hinzu, der 2009 durch ZDFneo ersetzt wurde. Neben diesen digitalen Satellitenprogrammen beauftragten die Länder ARD und ZDF mit der gemeinsamen Veranstaltung des Kinderkanals KIKA und des Politikkanals Phoenix.[2]

Noch kostenintensiver als die zusätzlichen Kanäle waren die Umwandlung der dritten Programme in Vollprogramme mit regionaler Berichterstattung und die immense Ausdehnung der Sendezeiten, die ARD und ZDF zu strategischen Kooperationen zwang. So strahlten sie das *Mittagsmagazin* seit 1989 im Wechsel aus, und auf das private Frühstücksfernsehen antworteten sie drei Jahre später mit dem ebenfalls im Wechsel ausgestrahlten *Morgenmagazin*. Die Sender reagierten auf die steigenden Kosten mit der Ausdehnung der Werbung bis zu den gesetzlich zulässigen Grenzen. Die Gremien des WDR, die sich lange Zeit gegen die Ausstrahlung von jeglicher Werbung auf den Hörfunkwellen gewehrt hatten, stimmten nun der Einrichtung neuer Werbestrecken zu.[3] Doch schon die Verluste wegen des Verfalls der Werbepreise waren damit nicht wettzumachen, weshalb ARD und ZDF die Aufhebung der ihnen auferlegten Werbeschranken nach 20 Uhr forderten, was die Gesetzgeber ihnen jedoch mit Rücksicht auf die privat-kommerziellen Veranstalter versagten.

Die Öffentlich-Rechtlichen saßen damit vollends in der Gebührenfalle. Einerseits waren sie von der Gebührenfinanzierung so abhängig wie nie zuvor. Andererseits hatten sie bis zur Hälfte ihres früheren Fernsehpublikums an das kostenfrei zugängliche Privat-TV verloren. Schon 1992 waren die Gebühren innerhalb von nur zwei Jahren von 19 DM auf 23,80 DM spürbar gestiegen, um den Ausbau des Rundfunks in den neuen Ländern stemmen zu können. Nicht zufällig flammte noch eine Debatte über die Privatisierung des ZDF auf. In dieser Situation legten die Sender zum ersten Mal in ihrer Geschichte Spar- und Rationalisierungsprogramme vor. Das ZDF nahm Kredite zur Finanzierung von Programmkosten auf und schnürte darüber hinaus ein Sparpaket für 1993 bis 1996 in Höhe von rund 570 Millionen DM, beschloss den Abbau von 308 Stellen und kündigte ein weiteres Rationalisierungsprogramm für die Jahre bis 2000 an.[4]

Doch einmal mehr erschien das Bundesverfassungsgericht als weißer Ritter. In seinem fünften Rundfunkurteil knüpfte es 1991 die Bestands- und Entwicklungsgarantie an einen dynamischen Rundfunkbegriff, der die Nutzung (und Finanzierung) neuer Übertragungswege via Satellit und Kabel explizit miteinschloss. Ein Jahr später bestätigte das Gericht in seiner «Hessen 3-Entscheidung» das vom Gesetzgeber verhängte Werbeverbot für das dritte Programm, verwies aber zugleich auf das unbedingte Erfordernis einer funktionsgerechten Finanzierung durch Gebühren. Außerdem strich das Gericht in seinem Urteil heraus, «dass die gesetzgeberische Entscheidung über die Gebührenhöhe nicht zum versteckten Instrument allgemeiner medienpolitischer Entscheidungen» werden dürfe.[5] 1994 warnte Karlsruhe die Länder noch einmal ausdrücklich davor, die Rundfunkgebühr für medienpolitische oder programmliche Zwecke zu missbrauchen, und bestand auf dem Trennungsgebot zwischen medienpolitischen Entscheidungen und Finanzierungsentscheidungen. Die Richter legten ein dreistufiges Verfahren zur Ermittlung der Gebührenhöhe fest, mit dem sowohl ein Mindestmaß an Staatsferne als auch die Programmautonomie der Anstalten garantiert werden sollte. Danach erfolgte zuerst die Bedarfsanmeldung der Anstalten (ohne Genehmigung durch die Überwachungsgremien), dann überprüfte die unabhängige KEF, ob es sich bei der Anmeldung um einen dem gesetzlichen Programmauftrag entsprechenden und zutreffend ermittelten Finanzbedarf handelte, der den Geboten der Wirtschaftlichkeit und Sparsamkeit genügte, und gab über die Höhe des Gebührenbedarfs eine Empfehlung ab, die rechtsverbindlich in einem Staatsvertrag zwischen den Ländern mündete. Der Gesetzgeber durfte von der KEF-Empfehlung nur abweichen, wenn er dafür nachprüfbare Gründe vorbrachte. Ein solcherart abgestuftes Verfahren bot gewisse Spielräume für alle Beteiligten, sofern sie kooperationsfähig und einigungsbereit waren. Daneben sollte das Prozedere zu einem nachvollziehbaren Ausgleich zwischen den Kosten des Rundfunks und den Wünschen des Gebührenzahlers beitragen. Fortan strich die KEF den angemeldeten Finanzbedarf immer wieder zusammen, knüpfte Gebührenanteile an Zweckbindungen, rechnete Rationalisierungseffekte oder den Abbau von Personal mit ein und tarierte die Gebührenaufteilung zwischen ARD und ZDF aus.

In der Politik wurde das Karlsruher Urteil nicht überall verstanden. Im Januar 1995 legten die Ministerpräsidenten von Bayern und Sachsen, Edmund Stoiber und Kurt Biedenkopf, sechzehn «Thesen zur Strukturreform des öffentlich-rechtlichen Rundfunks» vor, die es in sich hatten: Um «der uferlosen Erhöhung der Gebühren und Ausweitung der Werbezeiten» zu begegnen, sollte das erste Fernsehprogramm ganz verschwinden, das Not leidende zweite und die regionalen dritten Programme dagegen gestärkt werden. Die auf den Finanzausgleich angewiesenen Anstalten sollten von solventen Nachbaranstalten aufgenommen werden. Um den «Thesen» gleich Wirkung zu verschaffen, drohte Stoiber mit dem Austritt Bayerns aus der ARD und der bundesweiten Ausstrahlung des Bayerischen Fernsehens über Kabel und Satellit.[6]

Das Vorgehen der beiden Ministerpräsidenten war in Bonn mit den anderen Unions-Ministerpräsidenten und dem Bundeskanzler abgestimmt worden. Kohl, dessen politischer Stern im Sinken begriffen war, hatte sich öffentlichkeitswirksam darauf festgelegt, dass es mit ihm keine Gebührenerhöhung geben werde. Zwar hatte der Bund in dieser Frage keinerlei Kompetenz, aber das symbolische Machtwort sollte Stärke markieren und das Wahlvolk ein Jahr vor der Bundestagswahl für die CDU und ihren Kanzler einnehmen. Wie selbstverständlich wurden dabei medienpolitische Forderungen mit der Gebührenfrage vermengt. Kohl hatte sich zudem über eine Satire des WDR, in der er schlecht wegkam, dermaßen geärgert, dass er der ARD und dem Kölner Sender unverhohlen mit Konsequenzen gedroht hatte. In der Union betrachtete man die ARD als Konzern, der von Köln aus so gesteuert werde, dass dabei ein linkslastiges TV-Programm herauskam, welches die Wahlchancen der Union systematisch mindere.[7] Der Vorstoß der Union erwies sich aber auch deshalb als gut platziert, weil er die zentrifugalen Kräfte innerhalb der ARD stärkte. Denn unter den Landesrundfunkanstalten wurde angesichts der angespannten Haushalte heftig über den Finanzausgleich gestritten und die Bereitschaft, Programmbeiträge aus den eigenen dritten Programmen an das Erste abzugeben, sank spürbar.[8]

Auch wenn sich die beiden Ministerpräsidenten nicht durchsetzen konnten und die Gebührenerhöhung zum 1. Januar 1997 kam, entfalteten die Drohungen eine disziplinierende Wirkung auf die ARD, die nun eine «Strukturreform» ankündigte. Auf der Hamburger Hauptversammlung bekannten sich die Intendanten mit Zustimmung der Gremienvorsitzenden zur Einheitsgebühr und beschlossen zwar, an Radio Bremen und dem Saarländischen Rundfunk festzuhalten, empfahlen aber die Fusion von SFB und ORB und verpflichteten sich zur Intensivierung von kostensparenden Kooperationen.[9] Nicht ohne Wirkung blieb dabei die nachgeschobene Drohung Bayerns und jetzt auch Baden-Württembergs, den Staatsvertrag über den Finanzausgleich zu kündigen, zumal die CDU-Fraktion in Baden-Württemberg mit ihrer absoluten Mehrheit 1988 den von allen anderen Parlamenten bereits verabschiedeten Rundfunkfinanzierungs-Staatsvertrag im Stuttgarter Landtag schon einmal abgelehnt und ihre Zustimmung erst erteilt hatte, nachdem die Gebührenerhöhung um ein Jahr verschoben und dadurch faktisch abgesenkt worden war.[10]

Die Geschichte der «Strukturreform» zeigte unterdessen, wie schwer sich die ARD mit Reformen tat, denn sie war eben kein Konzern, sondern ein freiwilliger Zusammenschluss, eine Arbeitsgemeinschaft, die nach dem Einstimmigkeitsprinzip entschied. Ihre Schwerfälligkeit beruhte dabei auf ihrem föderalen Charakter. Der Vorschlag des ARD-Vorsitzenden Udo Reiter, nur mehr die großen Anstalten (WDR, NDR, BR und MDR) sollten über das erste Programm entscheiden, wurde sogleich zerpflückt, weil damit Anstalten erster und zweiter Klasse entstanden wären.[11] Dass dennoch nicht alles blieb, wie es war, belegte die Fusion von SDR und SWF zum SWR 1998 und des SFB und ORB zum RBB 2003.

Nach der abgeblockten bayerisch-sächsischen Initiative frohlockte Jobst Plog, «die Parteipolitik ist entautorisiert»,[12] aber die Freude des NDR-Intendanten über den nachlassenden Druck der Politik auf den öffentlich-rechtlichen Rundfunk währte nicht lange.

Der nächste Reformvorstoß kam aus München und Düsseldorf.[13] Dieses Mal handelte es sich um ein Zusammengehen der beiden bevölkerungsreichsten Bundesländer, die von der CSU beziehungsweise der SPD und den Grünen regiert wurden. Dabei spielten gleichgelagerte Standortinteressen eine Rolle. In Bayern saß nicht nur der Bayerische Rundfunk, sondern dort waren auch die Nachfolgeunternehmen der Kirch-Gruppe, deren Zukunft nicht gesichert war. Nordrhein-Westfalen beherbergte wiederum nicht nur den WDR, sondern auch die einflussreiche Bertelsmann-Stiftung, die die rot-grüne Bundesregierung in ihrem Agenda-Prozess beriet und die der größte Anteilseigner des Bertelsmann-Konzerns mit der RTL-Gruppe war. Beide Landesregierungen waren bestrebt, die medienpolitischen Rahmenbedingungen zugunsten der privaten Veranstalter zu verbessern. Wegen der Rezession auf dem Werbemarkt konnten sich die Privaten die teuren Sportlizenzen und Filmrechte immer weniger leisten, während der öffentlich-rechtliche Rundfunk wieder Tritt gefasst hatte.[14]

Außerdem hatte der Wettbewerb inzwischen den Online-Markt erreicht, was wiederum neue Investitionen erforderte. Die kommerziellen Nutzungsmöglichkeiten des Internets kamen den schwächelnden privaten Fernsehveranstaltern, den Verlegern, Wettanbietern, Portal-Betreibern und anderen E-Commerce-Getriebenen wie gerufen, und sie wollten dieses Potenzial mitnichten mit den öffentlich-rechtlichen Anstalten oder deren Werbetöchtern teilen. Das Deutschlandradio zeigte schon seit September 1994 im Internet Präsenz. Die ARD richtete dort im April 1996 eigene Startseiten ein; im Jahr darauf zog das ZDF nach und setzte in Kooperation mit Microsoft Network eine zwölfköpfige Online-Redaktion ein, für die der US-Konzern sogar einen Teil der zusätzlichen Personalkosten übernahm.[15] Der WDR gab darüber hinaus zu verstehen, er betrachte das Internet nach dem Fernsehen und dem Hörfunk als dritte Säule der Erfüllung seines Programmauftrags.

Die Länder erschwerten den Öffentlich-Rechtlichen deshalb den Einstieg in das neue Medienzeitalter sukzessive. 2000 verboten sie ihnen (anders als im Hörfunk und Fernsehen) jegliche Werbung im Internet. Die KEF regte in ihrem Zwischenbericht 2001 ein Online-Moratorium an, um Zeit für eine Einschätzung zu gewinnen, wohin die Rundfunkreise ins Netz gehen sollte. Die

Länder legten dann 2004 in einem Staatsvertrag fest, dass Online-Einträge der Öffentlich-Rechtlichen nur erfolgen dürften, wenn sie «programmbegleitend» seien; zuvor hatte dafür ein loser Programmbezug gereicht.

Erneut wurden medienpolitische Reformen mit Finanzierungsfragen vermengt. Bereits kurz nach der Gebührenanpassung 2002 setzte der Streit um die nächste Gebührenerhöhung im Jahr 2005 ein. In Bayern wurde 2003, in Sachsen 2004 und in Nordrhein-Westfalen 2005 gewählt. Es war deswegen alles andere als ein Zufall, dass der CSU-Ministerpräsident kurz nach seiner Niederlage als Kanzlerkandidat bei der Bundestagswahl, aber noch gerade rechtzeitig vor der bayerischen Landtagswahl verkündete, keiner Gebührenerhöhung mehr zustimmen zu wollen, und sogar verlangte, die Gebühren über die übliche Gebührenperiode hinweg einzufrieren. Der sächsische Ministerpräsident, der vor seiner ersten Wahl stand, schloss sich ihm an. Angesichts des frostigen politischen Klimas hatten die öffentlich-rechtlichen Anstalten ihre Bedarfsanmeldung für die nächste Gebührenperiode äußerst zurückhaltend berechnet. Der 14. KEF-Bericht 2003 reduzierte die Anmeldungen von ARD, ZDF und Deutschlandradio dann noch einmal um fast die Hälfte von 2,01 Euro auf 1,09 Euro Mehrbedarf.[16] Dennoch sah es für den öffentlich-rechtlichen Rundfunk nicht gut aus.

Wegen der durch die Hartz-Gesetze geplanten Einschnitte in das soziale Netz gingen einige sozialdemokratischen Länder, allen voran NRW, in das Lager der Gebührenerhöhungsgegner über. Außerdem kamen aus den Anstalten wieder Vorwürfe, die Sender würden aus Quotengründen zu stark auf «eine Verflachung und Banalisierung» des Programms setzen und so die Unterschiede zu den privaten Programmen verwischen.[17] Und schließlich trug die Kampagne des VPRT Früchte. 2003 gelang es dem Lobbyverband, ein Vertragsverletzungsverfahren gegen Deutschland wegen mangelnder Umsetzung der EU-Transparenzrichtlinie bei der EU-Kommission durchzusetzen. Der Vorwurf lautete, mit Gebührengeldern würden kommerzielle Aktivitäten des gemeinnützigen Rundfunks quersubventioniert und das europäische Wettbewerbsrecht verletzt. Dann setzten den Sendern auch noch die gerade aufgedeckte Schleichwerbung in den Programmen, gekaufte Drehbuchdialoge in Serien des ZDF und ein zu sorgloser Internet-Abkauf von Bratpfannen aus Alfred Bioleks Kochsendung zu.[18] Die verantwortlichen Intendanten zogen zwar Konsequenzen, doch die näheren Umstände sprachen nicht gerade für einen reibungslosen Gebührenfestsetzungsprozess.

Kurz nach der bayerischen Landtagswahl lagen die Messer auf dem Tisch. In die Öffentlichkeit wurde ein Papier des Münchener Staatskanzleichefs Erwin Huber und der Düsseldorfer Medienstaatssekretärin Miriam Meckel lanciert, dem zufolge ARTE und 3sat zusammengelegt, Phoenix und KIKA zwischen ARD und ZDF aufgeteilt, statt 61 nur noch 45 Radioprogramme ausgestrahlt und in den Anstalten in den kommenden vier Jahren 5 Prozent aller Planstellen abgebaut werden sollten. Für 2005 war eine Nullrunde bei den Gebühren geplant.[19]

Dass diese Streichliste nicht durchgehen würde, belegte schon die erste Wortmeldung im selben Zeitungsbericht: «Wenn ein Papier zuerst in den Zeitungen steht, bevor es die anderen Länder bekommen, ist das der erste Schritt, eine gute Sache zu beerdigen», kommentierte kühl der Sprecher des Berliner Senats, Michael Donnermeyer, und der SWR-Intendant Peter Voß ließ sich mit den Worten zitieren, das Papier sei der «Ausdruck einer verfassungswidrigen und zugleich antiföderalistischen Reglementierungswut». Gleichwohl machten sich die Ministerpräsidenten von Bayern, Nordrhein-Westfalen und Sachsen die Vorarbeit ihrer Medienpolitiker zu eigen, und die Rede war fortan vom SMS-Papier, benannt nach den Initialen der Nachnamen der drei Ministerpräsidenten Stoiber, Milbradt und Steinbrück. Der Forderung nach einer Anpassung des Gehaltsniveaus und der Versorgung in den

Sendern an den öffentlichen Dienst mochte niemand widersprechen, das Prinzip, neue Angebote nur dann zuzulassen, wenn alte Angebote aufgegeben werden, hörte sich gut an, solange diese nicht konkret benannt wurden. Doch beim Abschalten der digitalen TV-Kanäle wollten manche Ministerpräsidenten schon nicht mehr mitgehen, und ob Bayern mit BR-alpha auf sein zweites drittes Programm wirklich verzichten wollte, erschien nach aller Erfahrung eher unwahrscheinlich. Auf Ablehnung stieß die Reduzierung der Hörfunkprogramme, die Zusammenlegung von ARTE und 3sat, die Beschränkung der KIKA-Sendezeit, die Trennung der Zuständigkeiten für den Kinderkanal und Phoenix. Ebenso bestand kein Konsens darüber, wie mit zukünftigen Kreditaufnahmen der Anstalten zu verfahren sei. Einig war man sich lediglich darin, den zukünftigen RBB aus dem staatsvertraglich geregelten Finanzausgleich herauszunehmen. Kurzum: Eine geschlossene Länderfront kam nicht zustande.

Die drei Tenöre in der deutschen Medienpolitik verlangten von der KEF, die Rundfunkgebühr entlang der Einsparvorschläge vor der Übergabe ihres 14. Berichts neu zu berechnen, ein Unterfangen, das die Kommission ablehnte, weil dies in der Kürze der Zeit und angesichts unpräziser Vorgaben sowie von Sparmaßnahmen, die sich erst mittelfristig auswirken würden, nicht zu machen sei. Außerdem verwies die Kommission auf die verfassungsrechtlich bedenkliche Verknüpfung der Gebührenfrage mit medienpolitischen Fragestellungen.

Die Ministerpräsidenten verständigten sich daraufhin, die Rundfunkkommission mit der Erarbeitung von Strukturreformen zu beauftragen, die von allen Ländern mitgetragen werden konnten. Spätestens damit war der SMS-Vorstoß stecken geblieben. In dem nun folgenden komplizierten Verhandlungsprozess zwischen den Ländern und den Rundfunkanstalten, in dem es vor allem um Selbstverpflichtungen, Zusagen und Ankündigungen ging, zog die ARD die Reißleine, weil sie sich über einen solchen Verhandlungsbasar nicht «aus dem Schutz des verfassungsrechtlichen Gebührenfestsetzungsverfahrens»[20] begeben wollte. Letzten Endes bestanden die Länder nur noch auf dem Einfrieren der Zahl der digitalen Programme, der Abschaltung der teuren terrestrischen Fernsehübertragung in Regionen, in denen eine Versorgung auf anderen Wegen möglich war, der Begrenzung der Kreditaufnahme auf Betriebsanlagen und der Sublizenzierung erworbener Sportrechte. Alles andere blieb – auch BR-alpha. Mit Rücksicht auf die Landtagswahl in Sachsen wurde der Beginn der neuen Gebührenperiode um drei Monate auf den 1. April 2005 verschoben und die Gebühr um 88 Cent statt der von der KEF empfohlenen 109 Cent angehoben. Die SMS-Berechnungen waren noch von einer Absenkung um etwas mehr als 27 Cent ausgegangen. Unter dem Strich kam es zu einer reduzierten Erhöhung des Rundfunkbeitrags. Nicht zur Beruhigung der Lage trug bei, dass die ARD die mit sechs Cent Minderung eingepreiste Sublizenzierung der Sportrechte aus beihilferechtlichen Gründen nun doch ablehnte und die Länder planten, ab 2007 rundfunktaugliche PCs in die Gebührenzahlung miteinzubeziehen. Hier kündigte sich die Umstellung der Rundfunkgebühr auf einen Rundfunkbeitrag an, weil in nahezu jedem Haushalt und Büro ein Gerät stand, mit dem sich auch Rundfunkprogramme empfangen ließen.

Weil es keine klare Trennung von Gebührenfestsetzung und politisch induzierten Strukturreformen gegeben habe und weil die Abweichung der Länder von der KEF-Empfehlung unbegründet sei, gingen ARD, ZDF und das Deutschlandradio nach Karlsruhe. Das Bundesverfassungsgericht erklärte in seinem zweiten Gebührenurteil 2007 die Entscheidung der Länder für verfassungswidrig und die Gründe, auf die sie sich für ihre abweichende Gebührenentscheidung beriefen, für unvereinbar mit der grundgesetzlich verbrieften Rundfunkfreiheit. Für die Zukunft engte das Gericht den Ermessensspielraum der Länder erheblich ein. Nur noch bei offensichtlichen Berechnungsfehlern oder bei einer unangemessenen Belastung der Gebührenzahler durften sie von der Empfehlung der KEF abweichen. Eindringlich warnten die Richter die Länder noch einmal davor, die Gebührenhöhe politisch statt fachlich festzulegen.

Was das Urteil aus Karlsruhe allerdings nicht antizipierte, war, dass sich die Gestaltung der Rundfunkfreiheit als Organisations-, Finanzierungs- *und* Steuerungsproblem darstellte und zwischen den drei Problemkreisen ein Zusammenhang bestand. Henk Erik Meier, ein Mitarbeiter eines Mitglieds der KEF, brachte dies so auf den Punkt: Den Ländern müsse es einfach schwerfallen, sich der Judikatur des höchsten deutschen Gerichts zu unterwerfen, weil sie sich «mit einer umfassenden finanziellen Gewährleistungspflicht für die Rundfunkanstalten konfrontiert (sehen), ohne dass sie deren Aufgaben determinieren könnten oder dass diese in einer operablen Form festgeschrieben wären».[21] Weil das Steuerungsproblem ungelöst war, schlingerte der Rundfunk, und der nächste Zusammenstoß war nur eine Frage der Zeit.

Wer steuert die Öffentlich-Rechtlichen?

2025 trafen sich die Intendanten und Ministerpräsidenten wieder vor den Richtern in Karlsruhe. Über zwanzig Jahre hatten sich die drei Hauptakteure der deutschen Rundfunkpolitik bemüht, den öffentlich-rechtlichen Rundfunk in eine gute Zukunft zu steuern.

Die Bemühungen der Länder lassen sich an einer Vielzahl von Rundfunkänderungsstaatsverträgen ablesen. Jürgen Betz zählt allein zwischen 1994 und 2019 zweiundzwanzig Änderungen; der 2020 abgeschlossene Staatsvertrag zur Modernisierung der Medienordnung, der die unterschiedlichen Verträge bündelte, wurde in den folgenden vier Jahren wiederum fünf Mal geändert.[22] Wie am Fließband wurden verfassungs- und europarechtliche Vorgaben verarbeitet und an vielen Stellschrauben gedreht. Von den

Intendanten weiß man nicht so genau, wie oft sie in ihrer Amtszeit Weichen für die Zukunft ihrer Anstalt stellten, sie dürften mit ihren Stäben jedenfalls täglich daran gearbeitet haben. Auch Karlsruhe fertigte fleißig Urteile. Zwischen 1994 und 2021 befasste sich das höchste deutsche Gericht allein neun Mal grundsätzlich mit der Materie. Manche Beobachter beschlich das ungute Gefühl, die Medienpolitik könnte in einer Zeitschleife festhängen, ohne in das Moment der Läuterung einzutreten, um sich wie der Wetteransager Phil Connors in *Und täglich grüßt das Murmeltier* aus der ständigen Wiederholung desselben Zeitablaufs befreien zu können.

Denn wie zwanzig Jahre zuvor meldeten die Anstalten aus Rücksicht auf die ungünstigen politischen Begleitumstände auch 2023 Mehrbedarfe für die neue Beitragsperiode an, die unterhalb der Inflationsrate lagen, daraufhin von der KEF noch einmal zusammengestrichen und mit einigen Auflagen versehen wurden. Wie zwanzig Jahre zuvor erklärten einige Politiker, schon bevor die KEF ihre verbindliche Empfehlung abgegeben hatte, keiner wie auch immer gearteten Beitragserhöhung zustimmen zu wollen. Nochmals banden einige von ihnen sodann ihre Zustimmung an harte Einschnitte, bei denen es wiederum um die Reduzierung von Hörfunkwellen und Fernsehprogrammen sowie um die Deckelung der Kosten von Sportübertragungen ging, noch einmal sollte die KEF die Einsparvorschläge der Regierungschefs so nachrechnen, dass sich eine Beitragserhöhung erübrigte – und wieder kam die KEF zu dem Ergebnis, das sich keine kurzfristigen Einsparungen erzielen ließen. Erneut kam es zu informellen Einigungsversuchen, die abermals scheiterten, weil die Ministerpräsidenten wieder von den Anstalten verlangten, sich aus dem verfassungsrechtlichen Schutz heraus zu begeben, was diese abermalig ablehnten. Immerhin gelang es den Regierungschefs anders als 2005, sich auf eine (geringfügige) Reduktion der Hörfunkwellen und Spartenprogramme zu verständigen, eine finanzielle Obergrenze für den Erwerb von Sportrechten zu definieren und den Rundfunkanstalten ein Mehrfaches an Kooperationen zu verordnen. Die von einigen Ministerpräsidenten vollmundig angekündigte große Reform blieb jedoch auch dieses Mal aus.

Der Kernvorschlag des von den Ländern eingesetzten «Rates für die zukünftige Entwicklung des öffentlich-rechtlichen Rundfunks», neben das ZDF eine unitarisch aufgebaute ARD zu stellen und diese von den regionalen Rundfunkanstalten abzukoppeln, erwies sich als politische Totgeburt, weil er dem Konzept des kooperativen Föderalismus widersprach, dessen Gralshüter nun einmal die Ministerpräsidenten sind. Nach einigem Zögern fiel ihnen auf, dass es unklug sein könnte, die Axt an eine föderale Arbeitsgemeinschaft zu legen. Schließlich könnte jemand auf die Idee kommen, kleine Bundesländer mit größeren zusammenzulegen, die Landespolizeien einheitlich einzukleiden und die Bauordnungen zu vereinheitlichen. Zum Vorverständnis jeder Reform der ARD gehört, dass sie auf denselben föderativen Grundprinzipien beruht wie der bundesstaatliche Föderalismus. Es ist deshalb höchst unwahrscheinlich, dass ausgerechnet die Länder zu unitarischen Lösungen selbst bei gravierenden Steuerungsdefiziten greifen.

Die vom ARD-Vorsitzenden Tom Buhrow in seiner Hamburger Rede 2022 aufgeworfene Frage, ob sich Deutschland weiter zwei bundesweite lineare Fernsehsender öffentlich-rechtlicher Natur leisten wolle, beantworteten die Experten des Zukunftsrats mit einem klaren «Ja», ohne allerdings geprüft zu haben, ob der deutsche Sonderweg mit zwei Fernsehanstalten nicht beendet werden könnte. Der Hinweis, ein Land mit achtzig Millionen Einwohnern könne sich zwei solcher Fernsehanstalten leisten, überzeugt nicht, weil auch die BBC oder das RAI imstande sind, mehrere kontrastierende Programme landesweit auszustrahlen.[23]

Insgesamt machte der Zukunftsrat kaum etwas von dem, was sich die Rundfunkkommission der Länder erhofft hatte, vor allem kamen keine handfesten Vorschläge, um die Beitragsanhebung doch noch vermeiden zu können. Stattdessen schlugen die Experten eine Reihe von Maßnahmen vor, die die Arbeit des öffentlich-rechtlichen Rundfunks zwar effektiver gestalten sollten, von denen einige aber wiederum bereits im Dritten Medienänderungsstaatsvertrag angelegt waren und wieder andere sich nicht kurzfristig monetarisieren ließen. Schließlich nahmen die Ministerpräsidenten den vor einigen Jahren schon einmal stecken gebliebenen Versuch wieder auf, ein neues Modell für die Gebührenanpassung zu entwickeln, das jedoch wenig überzeugte, weil es den vom Verfassungsgericht vorgegebenen dreistufigen Prozess noch verkomplizierte statt vereinfachte.

Dabei hatte Karlsruhe eine einfachere Lösung aufgezeigt, nämlich die Beiträge auf dem Verordnungsweg durch die KEF festzusetzen, analog zur Festlegung der Portogebühren durch die Bundesnetzagentur. Eine solche neutrale Lösung wollten die Länder jedoch nicht, weil es ihre Entmachtung in der Beitragsfrage durch das Verfassungsgericht noch einmal vor aller Augen geführt hätte. Weil sich dieses Mal alle Ministerpräsidenten weigerten, die von der KEF empfohlene Gebührenerhöhung in Höhe von 0,8 Prozent oder 58 Cent im Monat ab 2025 in ihre Landesparlamente einzubringen, erhoben ARD und ZDF, ermuntert von den Aufsichtsgremien, Verfassungsbeschwerde mit der Begründung, die ausbleibende Beitragsanpassung verletze ihren grundrechtlich verbrieften Anspruch auf eine funktionsgerechte Finanzierung und gefährde somit die Erfüllung ihres derzeitigen gesetzlichen Auftrags. Bereits im Sachsen-Anhalt-Urteil hatte Karlsruhe die Länder auf ihre gemeinschaftliche Handlungspflicht zur funktionsgerechten Finanzierung im Dienst der grundgesetzlichen Rundfunkfreiheit explizit hingewiesen. Anders formuliert: Wenn die Gebührenempfehlung der KEF einmal ausgesprochen ist und die Fristen laufen, dürfen die Länder die Gebührenanpassung nicht nach Belieben aussitzen, sondern müssen gemeinsam dafür Sorge tragen, sie fristgerecht umzusetzen.[24]

Im Zuge der zwischen 2021 und 2025 geführten Zukunftsdebatte bündelten sich wie unter einem Brennglas noch einmal die zentralen Kontroversen über den öffentlich-rechtlichen Rundfunk der letzten zwanzig Jahre: über Finanzierung, Unterhaltung als Programmauftrag und unabhängigen Journalismus. Der Unterschied war nur, dass sich das gesellschaftliche Umfeld durch die digitale Transformation, das mediale Nutzungsverhalten und den Durchbruch rechtspopulistischer Bewegungen massiv verändert hatte. In der Sache selbst ging es um Peanuts, nämlich um die Anhebung der Beitragsgebühr um sieben Euro im Jahr. 2009 war es zur letzten spürbaren Gebührenerhöhung gekommen, wegen der Umstellung von der Gerätegebühr auf den Haushaltsbeitrag war es 2013 sogar zu einer Absenkung des Monatsbeitrags gekommen, der bis 2020 auf demselben Niveau verharrte. Seit 2009 war der Beitrag somit um zwei Prozent gestiegen, und damit unter Berücksichtigung der Inflationsrate real gesunken. Weil alle Beteiligten wussten, dass der Beitragssprung umso höher ausfallen musste, je länger es gelang, ihn stabil zu halten, und ein hoher Sprung die Widerstände verdoppeln würde, sprachen die Länder über ein Indexmodell, mit dem die Landtage aus dem Prozess der Gebührenfestlegung herausgenommen worden wären. Ein solches Modell war aber 2019 nicht mehrheitsfähig. Wie der Funken im Pulverfass wirkte dann eine Kalamität im Landtag von Sachsen-Anhalt. Dort war Ministerpräsident Reiner Haseloff (CDU) zusehends unter den Druck seiner Fraktion geraten, in der es wegen der Wahlerfolge der rechtsextremen AfD immer stärker brodelte. Ausgetragen wurde der Zwist zwischen Fraktion und Regierungschef über die Haltung zum Rundfunkbeitrag. Der Autoritätsverlust des Regierungschefs in dem Bundesland mit rund zwei Millionen Einwohnern war so weit vorangeschritten, dass er seine Vorlage über die Beitragserhöhung im Dezember 2020 zurücknehmen musste, weil er fürchtete, dass Teile der eigenen Fraktion zusammen mit der AfD gegen sie stimmen könnten und er dann gezwungen worden wäre, die Vertrauensfrage zu stellen, und damit rechnen musste, diese nicht unbeschädigt zu überstehen oder sogar zu verlieren. Deswegen kam die Beitragserhöhung nicht zustande. Auch das Angebot der ARD, eine digitale Kulturplattform für alle Anstalten in Magdeburg aufzubauen, um so die Klagen über eine Benachteiligung des Ostens bei der Standortvergabe von Gemeinschaftseinrichtungen abzumildern, konnte die CDU nicht mehr umstimmen.[25] ARD, ZDF und Deutschlandradio kündigten daraufhin harte Einschnitte in ihren Programmen an und zogen nach Karlsruhe, wo im Juli 2021 der Erste Senat des Bundesverfassungsgerichts eine Vollstreckungsanordnung erließ, nach der der Rundfunkbeitrag mit Wirkung zum 20. Juli 2021 bis zum Inkrafttreten einer staatsvertraglichen Neuregelung von monatlich 17,50 Euro auf 18,36 Euro stieg.[26]

Mit der Weigerung Magdeburgs, der Erhöhung zuzustimmen, war der Geist aus der Flasche. Unter dem Eindruck der scharfen Attacken der AfD auf den öffentlich-rechtlichen Rundfunk und deren zu befürchtenden Wahlerfolgen bei den bevorstehenden ostdeutschen Landtagswahlen 2024 erklärten weitere Ministerpräsidenten, eine Beitragserhöhung abzulehnen oder über sie erst zu entscheiden, wenn ein Reformstaatsvertrag nach den Wahlen unterschriftsreif sei. Zwar gelang nach mehreren Anläufen die Verständigung auf einen weiteren Reformstaatsvertrag, aber die KEF-Empfehlung wurde von den Regierungschefs weiterhin ignoriert und auf eine mögliche Beitragsneuregelung in 2027 verwiesen. Aber es ging nicht ums Geld allein.

In den Mittelpunkt der öffentlichen Kritik geriet immer wieder der hohe Anteil von Unterhaltungssendungen, insbesondere von Krimis in der Hauptsendezeit und die Verdrängung anspruchsvoller Sendungen in die Spartensender. Statt mehr vom Seichten forderten wohlmeinende Kritiker interessante Fernsehfilme, eine breitere, stärker international angelegte Berichterstattung sowie aktuelle Reportagen und hintergründige Dokumentationen zur besten Sendezeit zwischen 19.00 und 22.30 Uhr in den Hauptprogrammen.[27]

Die Intendanten konterten die Vorwürfe mit Vergleichen zu den privaten Programmen, in denen schlechtere Unterhaltungssendungen geboten würden, die oftmals darauf hinausliefen, deren Teilnehmer zu kompromittieren. Eingeräumt wurde aber auch, dass das ein oder andere Format in ein öffentlich-rechtliches Programm passen würde. Umgekehrt lehnte sich der private Marktführer RTL nach der Abspaltung mehrerer Spartensender immer stärker an das erste und zweite Programm an. Der ZDF-Produktionsmanager Florian Kumb verwies in diesem Zusammenhang auf die größere Bandbreite von Unterhaltungssendungen bei den Öffentlich-Rechtlichen (von *Bares für Rares* über *Die Carolin Kebekus Show* bis zu *Dinner for One*) und die fließenden Übergänge zwischen Information, Bildung und Kultur.[28] Auch das Bundesverfassungsgericht vertrat die Meinung, der öffentlich-rechtliche Rundfunk wirke mit all seinen unterschiedlichen Programmsparten an der Meinungsbildung mit, und dazu zähle eben auch die Unterhaltung.[29] In der Tat geht es in der erfolgreichsten Krimiserie der ARD, dem *Tatort,* nie nur um Mord und Totschlag, sondern immer auch um gesellschaftliche Themen.[30] Es bedarf keiner groß angelegten empirischen Studien, um festzustellen, dass Weltbilder und Einstellungsmuster weniger durch Nachrichtensendungen als durch Ratgeber- und fiktionale Unterhaltungssendungen geprägt werden. Unter dem Druck der Programmkritik erarbeiteten ARD und ZDF seit 2004 Programmrichtlinien und legten regelmäßig Rechenschaft über ihre qualitative wie quantitative Programmgestaltung ab. Diese Selbstverpflichtungen liefen aber ins Leere, weil sie keinem formalen gesellschaftlichen und politischen Prozess der Evaluierung und Bestimmung von Aufgaben unterworfen waren.

Ähnlich verhielt es sich mit dem 2021 von der ARD gestarteten Zukunftsdialog, für den eine Publikumsbefragung durchgeführt wurde, deren Ergebnisse aufhorchen ließen, weil sie ergaben, dass sowohl mehr Hintergründiges, Informatives, Erklärendes im Programm gewünscht wurde als auch hochwertige Serien, die relevante Stoffe in historischen und gesellschaftlichen Kontexten enthalten. Auf Krimis und Gewaltdarstellungen sollte das Programm stattdessen verzichten. An der Umsetzung der Ergebnisse des Dialogs hapert es aber bis heute.[31] Der Streit zwischen denen, die weniger Unterhaltung im Hauptprogramm sehen möchten, und denen, die die Verlagerung von anspruchsvolleren Sendungen in Randsendezeiten oder auf Spartenkanäle mit vermeintlich genrespezifischen und darum idealen Sendeplätzen verteidigen, dürften sich mit der Zeit jedoch entschärfen, weil sich anspruchsvollere Inhalte jederzeit über die Mediatheken abrufen lassen. Entlastend wirkte, dass sich die kulturkritischen Klagen weg vom Fernsehprogramm auf TikTok und Co. hin zu verlagern begannen.

Ein weiterer Kritikpunkt, der die Debatte über die Zukunft des öffentlich-rechtlichen Rundfunks bestimmte, betraf das dort abgebildete Meinungsspektrum und den journalistischen Stil. Die im Zuge der Corona-Pandemie laut werdende libertär-autoritäre Bewegung diffamierte die Qualitätsmedien als «Lügenpresse» oder beschrieb sie als Handlanger einer von Kanzlerin Merkel ausgeübten «Meinungsdiktatur».[32] Derartige Unterstellungen vermischten sich mit rechtspopulistischen Drohungen, den öffentlich-rechtlichen Rundfunk entweder abzuschaffen oder ihn nach einer Übernahme der Regierungsmacht der «Volksmeinung» zu unterwerfen. Nach dem Ende der Kanzlerschaft Merkels verschärfte sich von konservativer Seite die Kritik an einem grün-liberalen Haltungsjournalismus, der sich im öffentlich-rechtlichen System festgesetzt habe, das Publikum belehre, andere Meinungen ausgrenze und konträre Perspektiven tabuisiere. Der Chefredakteur des WDR, Stefan Brandenburg, räumte daraufhin ein, man sei sich in den Redaktionen zu ähnlich geworden und müsse wieder mehr Vielfalt wagen.[33]

Zweifelsohne können die gemeinsame Herkunft aus einem Mittelschichtmilieu, die Erfahrung einer ähnlichen akademischen Bildung und das Absolvieren eines professionellen Volontariats eine uniformierende Wirkung auf das Berufsverständnis haben, aber deswegen müssen sie nicht schon dieselben Meinungen erzeugen. Tatsächlich bildete der öffentlich-rechtliche Journalismus das Meinungsspektrum der Gesellschaft ab. Die ganz überwiegende Mehrheit der Bundesbürger war gegen den Brexit, gegen Trump und gegen die Verharmlosung des Coronavirus. Deswegen kamen die Gegner der EU, die Freunde Trumps und die Kritiker von Coronaauflagen nur dosiert im Radio und Fernsehen vor, übrigens völlig unabhängig davon, ob es sich um öffentlich-rechtliche oder privatrechtliche Medien handelte.

Die viel drängendere Frage ist, wie der öffentlich-rechtliche Rundfunk, der einem gesetzlichen Programmauftrag mit normativen Bezügen unterliegt, mit Meinungen umgehen soll, die diesen Vorgaben widersprechen, ein rein taktisches Verhältnis zum Grundgesetz haben und die liberale Demokratie verachten. Eine historische Studie zeigte unlängst, dass selbst erfahrene Journalisten Hitler (oder andere Diktatoren) per Interview nicht zu entlarven vermochten; stattdessen profitierten diese von der medialen Wirkung ihrer Auftritte.[34] Nicht anders verhielt es sich mit den Auftritten von AfD-Politikern aus dem rechtsextremen Spektrum im öffentlich-rechtlichen Rundfunk. Mied man zunächst Einladungen, so lockerte man das unausgesprochene Auftrittsverbot allmählich mit der Begründung auf, man müsse wenigstens die gemäßigten Repräsentanten einer nicht verbotenen Parlamentsfraktion einladen, eine Praxis, die freilich einer Verharmlosung der extremistischen Ansichten und Vorhaben dieser Partei gleichkam, da die «gemäßigten» Vertreter selbst immer radikaler geworden waren und über deren wahren Charakter hinwegtäuschten. Historisch betrachtet, gibt es keine Erfahrung im dauerhaften Umgang mit extremistischen Politikern in öffentlich-rechtlichen Programmen. Weder Vertreter der DKP noch der NPD tauchten dort in

Sommerinterviews oder regelmäßig in Talkshows auf. Geht man noch einen Schritt weiter in die Geschichte zurück, dann galt dasselbe für den Rundfunk in der Weimarer Republik: Die Feinde der Demokratie kamen nicht vor die Mikrofone. Wie die parlamentarische Demokratie nach 1945, so macht der öffentlich-rechtliche Rundfunk seine hautnahen Erfahrungen mit politischen Extremisten gerade erst und wird lernen müssen, mit ihnen umzugehen.

Ob Kritik an der Beitragshöhe, dem Unterhaltungsprogramm oder dem journalistischen Stil und dem abgebildeten Meinungskorridor – hinter ihr stecken nicht nur die Gegner, sondern auch die Freunde des gemeinnützigen Rundfunks, schon deswegen kann er sie nicht einfach beiseiteschieben.

Das Steuerungsproblem bestand weiterhin, weil die entscheidenden Enden – die Anstalten, das Gericht, die Politik und die Öffentlichkeit – nicht zusammenfanden. Ein wichtiger Grund hierfür liegt in der Rundfunkjudikatur des Bundesverfassungsgerichts, die die Programmautonomie der Anstalten so stark gemacht hat, dass die Programmgestaltung den Gesetzgebern (aus verständlichen Gründen) ebenso entzogen ist wie (aus weniger verständlichen Gründen) den Gremien, einem (aus kaum mehr verständlichen Gründen) unabhängigen Medienrat oder (aus nicht mehr verständlichen Gründen) einem strukturierten Dialogprozess, an dem sie alle mitwirken.[35] Stattdessen prüfen die Anstaltsgremien und die KEF *nachträglich,* ob der gesetzliche Programmauftrag erfüllt wurde, können aber genauso wenig wie die Länder oder die interessierte Öffentlichkeit dem gemeinnützigen Rundfunk einen den zeitgenössischen Herausforderungen angepassten Handlungsauftrag erteilen.[36]

So spricht vieles für die Einführung eines klaren, von Regierungsvorgaben unabhängigen, öffentlichen Überprüfungsverfahrens *(Public Value Test),* mit dem sich nach dem Organisations- und Finanzierungsproblem endlich auch das Steuerungs- und Strategieproblem des gemeinnützigen Rundfunks angehen ließ. In diese Richtung ging bereits die Empfehlung der von Bundespräsident von Weizsäcker berufenen Expertenkommission, einen nationalen Medienrat und eine Stiftung Medientest einzurichten. Zwanzig Jahre später griff die Zukunftskommission der Länder die Idee wieder auf, als sie vorschlug, die KEF wenigstens zu einer nachträglichen Kontrolle des Angebotsauftrags zu ermächtigen.

Stattdessen verlagerten die Länder die Überprüfungsmechanismen in ihrem Dritten Medienänderungsstaatsvertrag in die Anstalten. Dort erarbeiteten die Gremien 2023 Qualitätskriterien zur Überprüfung der Programme, und die Anstalten wurden angehalten, in einen ständigen Dialog mit den Bürgern über ihre Programmleistungen einzutreten, regelmäßig einen Erfüllungsbericht nebst einem Vorhabenkatalog vorzulegen, der auch den Landesparlamenten zu übergeben ist. Es steht aber zu befürchten, dass wieder einmal ein systemimmanentes Abarbeiten gesetzlicher Vorschriften erfolgt, die eine kleine Schar rundfunkpolitischer Feinschmecker aufgehäuft hat. Die Hoffnung, dass der steuerungspolitische Knoten der Programmerfüllung im Sinne einer gesellschaftlichen Regelung durchgehauen wird, ruht deswegen auf dem Verfassungsgericht.

Das Internet als Bedrohung und Chance

Während sich die deutsche Medienpolitik darauf kaprizierte, das Gleichgewicht zwischen Öffentlich-Rechtlichen und Privaten in der dualen Rundfunkordnung auszutarieren, wälzte die digitale Revolution alle medialen Verhältnisse um. Weder am Fließband vorgenommene Staatsvertragsänderungen noch ständige Eingriffe des Verfassungsgerichts und erst recht nicht das von den Intendanten immer wieder vorgebrachte Instrument der Selbstverpflichtung haben zu substanziellen Reformen geführt. ARD, ZDF und

Deutschlandradio verloren an Akzeptanz, nicht weil sie die Meinungsbildung über die Maßen prägten, die politische Agenda festlegten und das Meinungsklima bestimmten. Sie verloren an Akzeptanz, weil sie immer mehr an Relevanz einbüßten.

Der Relevanzverlust ist nicht nur in äußeren Faktoren begründet wie der technologischen Vervielfachung der Ausspielwege, dem rasanten Aufstieg sozialer Medien und der Streamingdienste oder damit einhergehender, dramatischer Veränderungen in der Mediennutzung. Sie hingen auch mit endogenen Fehlsteuerungen und Fehlprognosen oder der ungenügenden Beherrschung komplexer Produktionsformen zusammen. Es gelang nicht, die öffentlich-rechtlichen Programmanbieter in Deutschland rechtzeitig in moderne digitale Inhalteanbieter zu verwandeln.[37]

2005 wurde YouTube gegründet, zwei Jahre später begann Netflix mit dem Online-Streaming und Apple stellte sein erstes Smartphone vor, 2008 startete Spotify und Facebook lancierte seine deutschsprachige Version. Zu diesem Zeitpunkt wusste man bereits, dass mit dem Internet ein Medium entstanden war, bei dem wie nie zuvor «derartig viele Menschen aktiv an der Erstellung öffentlicher Inhalte beteiligt waren und so eigenständig Inhalte auswählen konnten».[38]

Zwei Jahre später war das subjektiv wichtigste Informationsmedium für die über Vierzehnjährigen in Deutschland das Internet, gefolgt vom Fernsehen, abgeschlagen dahinter lagen die Tageszeitungen. Warum sollten die Bürger auch auf die Abendnachrichten warten, wenn es Nachrichten über den ganzen Tag gibt, fragte Elmar Theveßen schon 2007 im *ZDF-Jahrbuch*.[39] In allen Zahlenwerken zeigte sich seitdem ein sich beschleunigender Trend: Das lineare Fernsehen – egal ob öffentlich-rechtlich oder privat – verlor Jahr um Jahr an Reichweite. Die jüngeren Zuschauer verließen die laufenden Programme.[40]

In den Rundfunkanstalten tröstete man sich mit dem Gedanken, das Internet würde nebenbei genutzt, doch es kam genau andersherum: Das Fernsehen wurde wie das Radio zu einem Nebenbei-Medium. Oder man hoffte, über eine verstärkte Präsenz in den Online-Medien ließen sich deren Nutzer auf die linearen Programme wieder umleiten, und beschäftigte sich mit der bangen Frage, ob die öffentlich-rechtliche Herkunft der Angebote auf den Drittplattformen überhaupt noch zu erkennen sei.

Statt die digitale Welt zu verändern, wurde sie immer wieder neu interpretiert. Die ARD erarbeitete eine umfängliche Digitalstrategie, die sie 2007 vorlegte, nur entsprang aus der dort viel zitierten Crossmedialität keine strategische Umorientierung. In der größten ARD-Anstalt bestand noch 2024 ein Honorarrahmenvertrag, der keine crossmediale Leistungsvergütung für freie Mitarbeiter vorsah. So kam es zu einem dilatorischen Vorgehen, aber nicht zu einem stringenten Umbau. Es fehlte an definierten Wirkungszielen und vor allem an Strategiefähigkeit und Führungskraft.[41]

Zu den Umbauabsichten passte auch nicht, dass sich die Anstalten verpflichteten, zwischen 2005 und 2008 nicht mehr als 0,75 Prozent ihres Gesamtbudgets für Online-Aktivitäten zu verwenden.[42] Immerhin wurde den Anstalten mit dem 12. Rundfunkänderungsstaatsvertrag ein Jahr später die Möglichkeit eröffnet, gewisse Angebote im Internet (zum Beispiel Apps) unterzubringen, wenn diese zuvor einen sogenannten Drei-Stufen-Test bei den Gremien erfolgreich durchlaufen hatten. Dieser Kontrollmechanismus war nicht zuletzt das Ergebnis des Beihilfekompromisses, den die Bundesrepublik mit der EU-Kommission zwei Jahre zuvor erzielt hatte. Brüssel hatte eine präzise und eigens begründete telemediale Definition des Auftrags der Rundfunkanstalten verlangt, weil diese aus öffentlichen Mitteln finanziert wurden, die die Kommission mit ihrer neoliberalen Brille als staatliche Beihilfe betrachtete und deswegen als Wettbewerbsnachteil für private Anbieter im Telemedienmarkt sah. Der Test erwies sich von vornherein als teurer, bürokratischer Irrweg.[43] Für die aufwendige Exekution einer weltfremden EU-Wettbewerbspolitik war er ein typisches Beispiel, das verständlich macht, warum die US-Plattform-Konzerne den europäischen Markt leichthändig aufrollen konnten. Dagegen wurde es schon als Erfolg gebucht, wenn man den öffentlich-rechtlichen Mediatheken einen möglichst hohen Anteil von europäischen Produktionen vorschreiben konnte. 2008 richtete die ARD eine entsprechende Mediathek ein. Die ZDF-Mediathek war schon 2001 gestartet, strahlte aber erst 2013 die laufenden Programme online aus. Auch hier hatte der Gesetzgeber gebremst, indem er eine höchstens siebentägige Verweildauer von Inhalten anordnete, die zuvor im linearen Programm gezeigt werden mussten. Die Verweildauerregelung und der Sendebezug wurden wie die Limitierungen für Spielfilm- und Serienproduktionen 2019 aufgeweicht und statt des Drei-Stufen-Tests ein einfacherer Probebetrieb für neue Telemedien gestattet. Presseähnliche Telemedienangebote der Öffentlich-Rechtlichen blieben dagegen weiterhin verboten.

Aber nicht nur der Gesetzgeber sorgte für Verzug. Eine Initiative von ARD und ZDF, über ihre kommerziellen Töchter zusammen mit privaten Fernsehveranstaltern eine große deutsche Mediathek *(Germany's Gold)* einzurichten, um den amerikanischen Streamern rechtzeitig etwas entgegensetzen zu können, wurde 2014 vom Bundeskartellamt aus wettbewerblichen Bedenken gestoppt.[44] ARD und ZDF, die nicht müde wurden, auf die Gefahren von Netflix und Co. zu verweisen, brachten es dagegen wiederum bis heute nicht zu einer gemeinsamen Mediathek. Immerhin verknüpften sie ihre Mediatheken 2023 miteinander.

Im Hörfunk kam die Digitalisierung auch nicht wie gewünscht voran. Erst 2017, als es Spotify schon acht Jahre gab, eröffnete die ARD eine Audiothek, die die vielfältigen Hörfunkangebote der Anstalten versammelte, und die sogleich durch ihre rückständige Bedienung auffiel. Über dreißig Jahre gelang es den Ländern und Anstalten nicht, DAB (seit 2010 DAB+) zu etablieren. Mehrere Hundert Millionen Euro an Gebührengeldern und an staatlichen

Subventionen für die Privatanbieter verschwanden in einem Endlos-Projekt. Bis heute leistet sich der Hörfunk in Deutschland drei kostenträchtige Ausspielwege nebeneinander: das herkömmliche UKW-Netz, DAB+ und das Internet, und das, obwohl die analoge terrestrische Verbreitung ebenso überholt ist, wie die Tage der digitalen terrestrischen Verbreitung gezählt sind. Nicht viel anders verhielt es sich beim digitalen Antennenfernsehen DVB-T (seit 2008 heißt der Nachfolgestandard DVB-T2), das von Anfang an vor sich hin dümpelte und inzwischen in einigen Regionen aus Kostengründen abgeschaltet wurde.

Es ist bezeichnend für die deutsche Rundfunkpolitik, dass das Bundesverfassungsgericht die Weichen für den gemeinnützigen Rundfunk im digitalen Medienzeitalter stellte, weil es sich im Lauf der Jahre immer besorgter über die Manipulationsmöglichkeiten in sozialen Netzwerken und über die mediale Machtkonzentration in der von Tech-Konzernen dominierten Plattformökonomie zeigte. In dieser Situation – so befanden die Richter 2018 – falle dem öffentlich-rechtlichen Rundfunk die unverzichtbare Aufgabe zu, die Meinungsvielfalt zu sichern und Orientierung zu bieten, um eine freie Willensbildung überhaupt erst zu ermöglichen. Nach der Auffassung des Gerichts erschöpft sich die Rundfunkfreiheit nicht in der Freiheit der Programmgestaltung oder der Programmautonomie. Sie erstreckt sich eben auch auf die Wirkung des Rundfunks und verlangt von diesem, Meinungsvielfalt abzubilden und Informationen so zusammenzutragen, dass sich die Bürger überhaupt eine Meinung bilden können.

Die Mahnungen aus Karlsruhe lasen sich über weite Strecken wie ein Appell, sich daran zu erinnern, warum in Deutschland ein unabhängiger Rundfunk gegründet worden war. Diesem hatten die Westalliierten ins Stammbuch geschrieben, einen modernen, professionell betriebenen Journalismus zu pflegen, der wirklichkeitstreu berichtet, jede Nachricht überprüft und getreulich zwischen Fakten und Meinungen unterscheidet.[45] Zu einem solchen

Journalismus sind die Plattformbetreiber und Internetprovider nicht verpflichtet, weil sie die Inhalte von anderen «nur» übernehmen und deswegen für sie nicht wie die Intendanten oder die Verleger verantwortlich gemacht werden.

Die Warnrufe des Gerichts vor den Abgründen des Internets waren mit dem deutlichen Hinweis an die Politik verbunden, die der Demokratie dienende Funktion der Rundfunkfreiheit endlich zu stärken. Denn die politische Aufgabe des Gesetzgebers bestand ja eben darin, die in Artikel 5 des Grundgesetzes verbriefte Rundfunkfreiheit zu schützen, indem er eine Rundfunkordnung garantiert, in der die der Freiheit und Demokratie dienende Funktion des Rundfunks auch wirklich zum Tragen kommen kann. Damit der Rundfunk ein Gegengewicht zur unregulierten Internetkommunikation herausbilden kann, müsse ihm der Gesetzgeber – so das Gericht – mehr Bewegungsmöglichkeiten im Internet verschaffen.

Nach dem Urteil gaben die Länder ihren Attentismus auf und erlaubten den öffentlich-rechtlichen Anstalten, ihre Inhalte und Programme leichter im World Wide Web zu verbreiten. So konnten sie diese endlich auch über Drittplattformen wie YouTube ausstrahlen. Tatsächlich verbesserte sich dadurch die Wahrnehmung von Nachrichten der öffentlich-rechtlichen Sendungen in der jüngeren Generation wieder.[46]

Nachdem endlich zahlreiche Restriktionen gefallen waren, bewiesen die Leitungen der öffentlich-rechtlichen Anstalten alles andere als Umsicht, weil sie es zuließen, dass ihre Redaktionen das Internet mit Podcasts und Beiträgen von unzähligen Accounts auf sozialen Medien und Plattformen fluteten. Inzwischen haben die Häuser eingesehen, dass sich öffentlich-rechtliche Inhalte auf denselben Ausspielwegen nicht selbst im Weg stehen sollten und gezielter aufgebaut und so sichtbar gemacht werden müssen. Aus diesem Eingeständnis lassen sich auch einige generelle historische Einsichten formulieren. Erstens: Der öffentlich-rechtliche Rundfunk wird nicht erfolgreich werden, wenn er dem parkinsonschen Bürokratie-Gesetz folgt, nach dem jede Arbeit sich in genau dem Maß ausdehnt, wie Zeit für ihre Erledigung zur Verfügung steht. Er wird in der Netz- und Plattformökonomie nur dann erfolgreich sein, wenn er schlagkräftiger wird, und er wird nur dann schlagkräftiger, wenn er schlanker und schneller wird.

Zweitens werden das Ende des Fernsehzeitalters und die fortschreitende Ablösung des Rundfunkbegriffs von einem über Jahrzehnte geölten linearen Programmablauf nicht das Ende jedweder Linearität einläuten. Wie das Radio muss sich das Fernsehen auf seine Anfangsjahre besinnen, in denen es noch keine Aufzeichnungstechnik gab, und begreifen, dass es wesentlich von Liveübertragungen lebt. Die großen Fernsehereignisse waren stets Liveübertragungen – angefangen von der Krönung Elizabeths II. über die Mondlandung und die Olympischen Spiele bis zum Mauerfall oder die Freiheitsbekundungen auf dem Euromaidan in Kiew. Das haben längst auch die Streaming-Dienste begriffen, die vermehrt Sportereignisse in Echtzeit übertragen wollen. Die Grenzen zwischen TV und Streaming verschwimmen so zusehends.

Drittens sollte der Rundfunk nicht den Fehler machen, seine Reichweitenorientierung durch das Monitoring der Internetkommunikation und die Erhebung der Abrufzahlen in den Mediatheken noch zu radikalisieren oder gar schon als Kommunikation mit den Nutzern misszuverstehen.[47] Der Erfolg der sozialen Medien beruht vor allem auf ihrer Interaktivität und Responsivität. Aus einer Gesellschaft von Mithörenden und Mitsehenden wurde eine Gesellschaft von Mitschreibenden, Mitsendenden und Mitkommentierenden. Auch die berechtigte Kritik an einem undurchsichtigen Einsatz meinungsverfälschender Algorithmen erledigt nicht das Bedürfnis, den öffentlichen Diskurs in einem frei zugänglichen Kommunikationsraum selbst mitzugestalten. Bei aller Kritik an Filterblasen und Troll-Armeen, Hass und Hetze und dem «Funktionsverlust der politischen Öffentlichkeit»[48] infolge der Relevanzkrise demokratischer Institutionen sollte nicht übersehen werden, dass wir es mit einer digitalen Kommunikationsrevolution zu tun haben, bei der das Internet durchaus zu einer Demokratisierung des öffentlichen Diskurses beitragen kann. Hier gilt es für den gemeinnützigen Rundfunk stärker anzusetzen.

Viertens steht fest: Der öffentlich-rechtliche Rundfunk muss sein Comeback schon selbst bestreiten, aber er bleibt auf den demokratischen Staat angewiesen, der ihm nicht die Mittel für eine neue Zukunft verweigern darf. Die Aufgabe eines gemeinnützigen Rundfunks besteht in einer verwirrten und überreizten Welt weder darin, ein gefälliges Programm zu bieten, noch anspruchslose Inhalte zu produzieren. Sie besteht darin, den Programmauftrag so zu erfüllen, dass er der Freiheit und Demokratie dient, indem er Menschen immer wieder aufs Neue befähigt, am politischen, gesellschaftlichen und kulturellen Leben teilzuhaben.

Ob der öffentlich-rechtliche *Rundfunk* (um bei diesem an sich überholten Begriff zu bleiben) wieder zurück in die Zukunft findet, ist offen. Eine Renaissance ist möglich, wenn es ihm gelingt, seine gesellschaftlichen Bindungen wieder zu stärken. Nicht auszuschließen ist, dass ihm dies misslingt. Dann zerfällt er weiter, was wiederum nicht ohne Wirkung auf die weitere Zersetzung der Meinungsbildung durch kommunikative Echokammern und den Bestand der demokratischen Gesellschaft bleibt, deren Höhen und Tiefen er bis heute teilte.

Anhang

Abkürzungen

AfD	Alternative für Deutschland
AfS	Archiv für Sozialgeschichte
AKW	Atomkraftwerk
APuZ	Aus Politik und Zeitgeschichte
ARD	Arbeitsgemeinschaft der öffentlich-rechtlichen Rundfunkanstalten der Bundesrepublik Deutschland
BBC	British Broadcasting Company/Corporation
BRD	Bundesrepublik Deutschland
CDU	Christlich Demokratische Union Deutschlands
CEH	Central European History
CLT	Compagnie Luxembourgeoise de Télédiffusion
CSU	Christlich-Soziale Union in Bayern
DA	Deutschland Archiv
DDR	Deutsche Demokratische Republik
DFF	Deutscher Fernsehfunk (Fernsehen der DDR)
DGB	Deutscher Gewerkschaftsbund
DKP	Deutsche Kommunistische Partei
EBU	European Broadcasting Union
FAZ	Frankfurter Allgemeine Zeitung
FDP	Freie Demokratische Partei
FRAG	Freie Rundfunk Aktiengesellschaft in Gründung
GEZ	Gebühreneinzugszentrale der öffentlich-rechtlichen Rundfunkanstalten der Bundesrepublik Deutschland
H-Soz-Kult	H-Soz-Kult. Kommunikation und Fachinformation für die Geschichtswissenschaften
HR	Hessischer Rundfunk
ICD	Information Control Division
ISK	Internationaler Sozialistischer Kampfbund
KEF	Kommission zur Ermittlung des Finanzbedarfs der Rundfunkanstalten
KPD	Kommunistische Partei Deutschlands
KPdSU	Kommunistische Partei der Sowjetunion

MDR	Mitteldeutscher Rundfunk
NDR	Norddeutscher Rundfunk
NSDAP	Nationalsozialistische Deutsche Arbeiterpartei
NWDR	Nordwestdeutscher Rundfunk
NZZ	Neue Zürcher Zeitung
ORB	Ostdeutscher Rundfunk Brandenburg
ÖVP	Österreichische Volkspartei
PDS	Partei des Demokratischen Sozialismus
RAI	Radiotelevisione Italiana
RB	Radio Bremen
RBB	Radio Berlin Brandenburg
RFFU	Rundfunk-Fernsehen-Film-Union
RIAS	Rundfunk im amerikanischen Sektor
SA	Sturm-Abteilung
SBZ	Sowjetische Besatzungszone
SDR	Süddeutscher Rundfunk
SED	Sozialistische Einheitspartei Deutschlands
SFB	Sender Freies Berlin
SPD	Sozialdemokratische Partei Deutschlands
SPÖ	Sozialistische/Sozialdemokratische Partei Österreichs
SR	Saarländischer Rundfunk
SRG	Schweizerische Rundspruch-Gesellschaft
SS	Schutzstaffel
SWF	Südwestfunk
SWR	Südwestrundfunk
SZ	Süddeutsche Zeitung
UFA	Universum Film AG
US(A)	Vereinigte Staaten (von Amerika)
UKW	Ultrakurzwelle
VfZ	Vierteljahrshefte für Zeitgeschichte
VPRT	Verband Privater Rundfunk und Telemedien e.V.
WDR	Westdeutscher Rundfunk
ZDF	Zweites Deutsches Fernsehen

Anmerkungen

Einleitung

1 Hans Bausch: Rundfunkpolitik nach 1945, 2. Teil: 1963–1980, München 1980, S. 521.
2 Dietrich Schwarzkopf: Rundfunkpolitik in Deutschland. Wettbewerb und Öffentlichkeit, 2 Bde., München 1999.
3 Konrad Dussel: Deutsche Rundfunkgeschichte, 4. Aufl., Köln 2022, S. 21.
4 Otfried Jarren: «Ein öffentliches Medienhaus». Zu den Risiken der Reform des öffentlich-rechtlichen Rundfunks, in: *epd medien*, 22.1.2024.
5 Dieter Dörr: «Verfassungsrechtlich verpflichtet», in: *epd medien*, 26.4.2024.
6 Interview in der *FAZ*, 19.11.2024.

1. Nach Hitler: Die Anfänge des öffentlich-rechtlichen Rundfunks

1 Alexander Badenoch: Voices in Ruins. West German Radio Across the 1945 Divide, New York 2008; Ian Kershaw: Hitler. 1936–1945, München 2002, S. 1063 ff.; Hans Bausch: Rundfunkpolitik nach 1945, 1. Teil: 1945–1962, München 1980, S. 43 ff.
2 Bausch 1980 (1), S. 16 f.
3 Vgl. die Chronik des Hessischen Rundfunks, hr-chronik 1945 bis 1948: Unter amerikanischer Kontrolle, online https://www.hr.de/unternehmen/chronik/1945-1948/index.html#:~:text=3.
4 Dussel 2022, S. 59 f.
5 Asa Briggs: The Birth of Broadcasting (= The History of Broadcasting in the United Kingdom, 1), Oxford 1961; Jamie Medhurst: The Early Years of Television and the BBC, Edinburgh/Oxford 2022; David Hendy: The BBC. A People's History, London 2022; Charlotte Higgins: This New Noise. The Extraordinary Birth and Troubled Life of the BBC, London 2015.
6 Frank Bösch: Mediengeschichte. Vom asiatischen Buchdruck zum Fernsehen, Frankfurt/New York 2011, S. 180; Markus T. Drack (Hg.): Radio und Fernse-

hen in der Schweiz: Geschichte der Schweizerischen Rundspruchgesellschaft SRG bis 1958, Baden 2000.

7 Christian Brochand: Histoire Générale de la Radio et de la Télévision, Bd. 2 (1944–1974), Paris 1995, S. 9 ff.

8 Abgedruckt in Konrad Dussel/Edgar Lersch (Hg.): Quellen zur Programmgeschichte des deutschen Hörfunks und Fernsehens, Göttingen/Zürich 1999, S. 245–247.

9 Abgedruckt in Bausch 1980 (1), S. 62. Vgl. (auch im Folgenden): Peter von Rüden/Hans-Ulrich Wagner (Hg.): Die Geschichte des Nordwestdeutschen Rundfunks, Bd. 1, Hamburg 2005.

10 Bösch 2011, S. 200.

11 Vgl. das Interview mit Günter Gaus: Zur Person, vom 20. Mai 1965, online https:/www.youtube.com/watch?v=N8HoH_jN7Yc.; Michael Tracey: Das unerreichbare Wunschbild. Ein Versuch über Hugh Greene und die Neugründung des Rundfunks in Westdeutschland nach 1945, Köln u. a. 1982, S. 43 ff.; ders.: Sir Hugh Greene. Mit dem Rundfunk Geschichte gemacht. Eine Biographie, Berlin 1984.

12 Zit. nach Tracey 1982, S. 52.

13 Hugh Carleton Greene: Entscheidung und Verantwortung. Perspektiven des Rundfunks, Hamburg 1970, S. 46 f.; Tracey 1982, S. 51.

14 Vgl. (auch für das Folgende) vor allem Hans-Ulrich Wagner: Das Ringen um einen neuen Rundfunk: Der NWDR unter der Kontrolle der britischen Besatzungsmacht, in: Rüden/Wagner 2005, S. 34 ff.; ders.: Rückkehr in die Fremde? Remigranten und Rundfunk in Deutschland 1945–1955, Berlin 2000. Zu Eggebrecht: Norbert Frei/Johannes Schmitz: Journalismus im Dritten Reich, 5. Aufl., München 2014, S. 122.

15 Max Burghardt: «Ich war nicht nur Schauspieler». Erinnerungen eines Theatermannes, 3. Aufl., Berlin/Weimar 1983; Hans-Ulrich Wagner: Von der Nebenstelle zur eigenständigen Rundfunkanstalt. Das Funkhaus Köln, in: Klaus Katz u. a. (Hg.): Am Puls der Zeit. 50 Jahre WDR, Bd. 1: Die Vorläufer 1924–1955, Köln 2006, S. 177 ff.; Gunter Holzweißig: Agitator und Bourgeois. Karl-Eduard von Schnitzler, Berlin 2018.

16 Tracey 1984, S. 113; ausführlich: Tracy 1982, S. 59 ff.; Wagner 2005, S. 50.

17 Zit. nach ebd. 2005, S. 47.

18 Greene 1970, S. 108.

19 Bausch 1980 (1), S. 61, 57 f., 63.

20 Florian Huber: Aus Nazis Demokraten machen? Re-education im NWDR 1945–1948, in: *Rundfunk und Geschichte* 32 (2006) H. 3–4, S. 33 f.

21 Tracey 1982, S. 108.

22 Hellmut Andics/Viktor Ergert/Robert Kriechbaum: 50 Jahre Rundfunk in Österreich, 2. Bd. 1945–1955, Salzburg 1975.

23 Simon J. Potter: This is the BBC. Entertaining the Nation, Speaking for Britain? 1922–2022, Oxford 2022, S. 126.

24 Greene 1970, S. 153.

25 Christina von Hodenberg: Konsens und Krise. Eine Geschichte der westdeutschen Medienöffentlichkeit 1945–1973, Göttingen 2006, S. 39 ff. Vgl. auch Heinz Glässgen: Katholische Kirche und Rundfunk in der Bundesrepublik Deutschland 1945–1962, Berlin 1983.

26 Vgl. für das Folgende vor allem Bausch 1980 (1), S. 77 ff.; für das SDR-Gesetz und deren Novellen vor allem Konrad Dussel: Organisation und Kontrolle in der Ära Eberhard, in: Konrad Dussel/Edgar Lersch/Jürgen K. Müller: Rundfunk in Stuttgart 1950–1959, Stuttgart 1995, S. 16 ff.

27 Kai Burkhardt: Adolf Grimme. Eine Biographie, Köln/Weimar/Wien 2007.

28 Bausch 1980 (1), S. 136 f.; Ralf Fritze: Der Südwestfunk in der Ära Adenauer. Die Entwicklung der Rundfunkanstalt von 1949 bis 1965 unter politischem Aspekt, Baden-Baden 1992.

29 Zu Eberhard siehe Dussel 1995, S. 19 ff.; Bernd Sösemann: Fritz Eberhard. Rückblicke auf Biographie und Werk, Stuttgart 2001; Hodenberg 2006, S. 206, 208 f.; sowie den Lebenslauf im Archiv des Instituts für Zeitgeschichte, online https://web.archive.org/web/20110720014707/http://www.ifz-muenchen.de/archiv/ed_0117.pdf.

30 Siehe den Eintrag im Frankfurter Personenlexikon, online https://frankfurter-personenlexikon.de/node/1536.

31 Hans Hackmack: Walter Geerdes. Ein streitbarer Republikaner, in: Helmut Donat/Andreas Röpcke (Hg.): «Nieder die Waffen – die Hände gereicht!» Friedensbewegung in Bremen 1898–1958, Bremen 1989, S. 87 f.

32 Hodenberg 2006, S. 131.

33 Wagner 2005, S. 29 f.

34 Wolfgang Jacobmeyer: Politischer Kommentar und Rundfunkpolitik. Zur Geschichte des Nordwestdeutschen Rundfunks, in: *VfZ* 21 (1973), S. 369 f.

35 Larry Hartenian: The Role of Media in Democratizing Germany, in: *CEH* 20 (1987), S. 167; Benno Nietzel: Die Massen lenken. Propaganda, Experten und Kommunikationsforschung im Zeitalter der Extreme, Berlin/Boston 2023, S. 313 ff.

36 Florian Huber: Re-education durch Rundfunk. Die Umerziehungspolitik der britischen Besatzungsmacht in Deutschland am Beispiel des NWDR 1945–1948, Diss. Osnabrück 2006, S. 175 ff.

37 Dietrich Schwarzkopf: Ausbildung und Vertrauensbildung. Die Rundfunkschule des Nordwestdeutschen Rundfunks, in: Peter von Rüden/Hans-Ulrich Wagner (Hg.): Die Geschichte des Nordwestdeutschen Rundfunks, Bd. 2, Hamburg 2008, S. 32–48.

38 Hodenberg 2006, S. 234.

39 Ebd., S. 119.

40 Vgl. ausführlicher Kristina Meyer: Die SPD und die NS-Vergangenheit 1945–1990, Göttingen 2015.

41 Siehe Hodenberg 2006, S. 119, 123; Hans-Ulrich Wagner: Helmuth M. Backhaus (1920–1989), in: *Rundfunk und Geschichte* 21 (1995) H. 2–3, S. 169–171.

42 Weil die Geschichte des NWDR am besten erforscht ist, bietet sie am ehesten Aufschlüsse über den Umgang mit der NS-Vergangenheit in den Nachkriegssendeanstalten. Dies ist vor allen das Verdienst der Forschungsstelle zur Geschichte des Rundfunks in Norddeutschland, einem Kooperationsprojekt von NDR, WDR, Hans-Bredow-Institut für Medienforschung und der Universität Hamburg.

43 Zum «Fall Blank»: Tracey 1982, S. 84 ff.; Wilhelm Grabe: Herbert Blank. Ein biographischer Hinweis, in: *Rundfunk und Geschichte* 19 (1993), H. 4, S. 207–210; Wagner 2005, S. 77; Rüden 2005, S. 98 ff.; Burkhardt 2007, S. 292 ff.

44 So Lutz Hachmeister im Gespräch mit Isabelle Klein im Deutschlandfunk am 30.11.2021, online https://www.deutschlandfunk.de/ns-vergangenheit-von-journalisten-und-das-ueberraschte-erstaunen-der-medien-100.html. Zur Person siehe Hendrik Wagner: Hans Amandus Münster, in: Biographisches Lexikon der Kommunikationswissenschaft, 21. Juni 2013, online http://blexkom.halemverlag.de/hans-amandus-munster.

45 Vgl. *Der Spiegel,* 15.3.1960; Pia Behme: Auslandsgeheimdienst in der Nachkriegszeit: Journalisten spionierten im Auftrag des BND. Deutschlandfunk, 14.4.2022, online https://www.deutschlandfunk.de/bundesnachrichtendienst-hat-deutschen-medien-bespitzelt-100.html.

46 Ein Porträt in: Frei/Schmitz 2014, S. 164 ff.

47 Thore D. Hansen: Ein Deutsches Leben. Was uns die Geschichte von Goebbels' Sekretärin für die Gegenwart lehrt. Mit Brunhilde Pomsel, Berlin 2017; *SZ,* 1.7.2016.

48 Hodenberg 2006, S. 127.

49 Ebd., S. 126, 269 f.; Frei/ Schmitz 2014, S. 108–120 und S. 143–149; Uwe Kammann: Spätschoppen. Der Fall Werner Höfer, in: Lutz Hachmeister/Friedemann Siering (Hg.): Die Herren Journalisten. Die Elite der deutschen Presse nach 1945, München 2022, S. 213–237.

50 Dussel 1995, S. 53 f.

51 Zit. n. ebd. 1995, S. 54.

52 *Der Spiegel,* 23.4.1972; Hans Coppi: Die «Rote Kapelle» im Spannungsfeld von Widerstand und nachrichtendienstlicher Tätigkeit. Der Trepper-Report vom Juni 1943, in: *VfZ* 44 (1996), S. 431–458.

53 So Hodenberg 2006, S. 143, die die Netzwerkbildung als entscheidend ansieht.

54 Dussel 1995, S. 378.

55 Bausch 1980 (1), S. 199.

56 Zit. n. *Der Spiegel*, 14.2.2023. Siehe in diesem Zusammenhang Dieter Stolte/Richard Wisser (Hg.): Integritas. Geistige Wandlung und menschliche Wirklichkeit. Karl Holzamer gewidmet, Tübingen 1966.

57 *Tagesspiegel*, 12.6.2023. Eine vom ZDF beauftragte Dokumentation «Reporter in Hitlers Krieg. Von der Diktatur in die Demokratie» von 2024 sowie die gutachterliche Stellungnahme des Historikers Martin Sabrow von 2023 finden sich unter: https://www.presseportal.de/pm/7840/5764635.

58 Karl Johannes Holzamer/Bruno Kammer: Lebensreise zwischen Philosophie und Fernsehen, Mainz 2003, S. 38. Die Biografie wurde von Intendant Markus Schächter mit Mitteln des ZDF unterstützt.

59 Vgl. instruktiv und abwägend die biografische Skizze von Juliane Pfeiffer (2018) in: Biographisches Lexikon der Kommunikationswissenschaft, online http://blexkom.halemverlag.de/emil-dovifat.

60 Lutz Hachmeister/Sabine Sasse: Elisabeth Noelle-Neumann, in: Lutz Hachmeister (Hg.): Grundlagen der Medienpolitik, München 2008, S. 286–292; Hans-Ulrich Wagner: Seekarten für die Rundfunk-Kapitäne. Die Hörerforschung des NWDR, in: Rüden/Wagner 2008, S. 51 f.; Frei/Schmitz 2014, S. 110.

61 Janina Fuge/Christoph Hilgert: Aktuell und überparteilich, aber nicht unpolitisch. Informationssendungen und politische Programmangebote im Hörfunk des NWDR, in: Rüden/Wagner 2008, S. 129.

62 Vgl. die diesbezüglichen Beiträge in Rüden/Wagner 2008 und Katz 2006 (1) sowie Dussel 2022, S. 236 ff.

63 Edgar Wolfrum: Die Bundesrepublik Deutschland 1949–1990 (= Gebhardt: Handbuch der deutschen Geschichte. Band 23), Stuttgart 2005, S. 224 f.

64 Erik Eggers: Die Stimme von Bern. Das Leben von Herbert Zimmermann, Reporterlegende bei der WM 1954, Augsburg 2004. Vgl. auch Rudolf Oswald: Emotionale ‹Volksgemeinschaften›. Das «Wunder von Bern» 1954 als Rundfunkereignis in Ungarn und Deutschland, in: Frank Bösch/Manuel Borutta (Hg.): Die Massen bewegen. Medien und Emotionen in der Moderne, Frankfurt am Main 2006, S. 369–386.

2. Im Wirtschaftswunderland: Aufbau und Ausbau der Anstalten

1 Zit. n. Uwe Wesel: Der Gang nach Karlsruhe. Das Bundesverfassungsgericht in der Geschichte der Bundesrepublik Deutschland, München 2004, S. 77. Vgl. Oliver Lembcke: Das Bundesverfassungsgericht und die Regierung Adenauer. Vom Streit um den Status zur Anerkennung der Autorität, in: Ro-

bert Christian van Ooyen/Martin Möllers (Hg.): Das Bundesverfassungsgericht im politischen System, Wiesbaden 2006, S. 231–243.

2 Online https://www.konrad-adenauer.de/seite/23-mai-1956.

3 Zit. n. Bausch 1980 (1), S. 330. Für das Folgende vgl. ebd., S. 305 ff., und Rüdiger Steinmetz: Freies Fernsehen. Das erste privat-kommerzielle Fernsehprogramm in Deutschland, Konstanz 1996, S. 129 ff.; Rolf Steininger: Rundfunkpolitik im ersten Kabinett Adenauer, in: *VfZ* 21 (1973), S. 389–434.

4 Vgl. zum Folgenden: Christoph Rosenthal: Zurück in die Zukunft. Ein aktueller Blick in die Gründungsdokumente der ARD, in: *Rundfunk und Geschichte* 49 (2023), H. 1–2, S. 35–50.

5 Vgl. Barthod C. Witte: Auslandsrundfunk: Die Deutsche Welle, in: Dietrich Schwarzkopf (Hg.): Rundfunkpolitik in Deutschland. Wettbewerb und Öffentlichkeit, Bd. 2, München 1999, S. 1102–1139; Bausch 1980 (1), S. 338 ff.

6 Vgl. Bausch 1980 (1), S. 353 ff.; Ansgar Diller: Der nationale Hörfunk, in: Schwarzkopf 1999 (2), S. 995 ff.

7 So Bausch 1980 (1), S. 307.

8 Vgl. ebd., S. 387.

9 Vgl. für das Folgende auch Klaus Wehmeier: Die Geschichte des ZDF. Teil 1: Entstehung und Entwicklung 1961–1966, Mainz 1979, S. 16 ff.

10 Die Erklärung auszugsweise in Bausch 1980 (1), S. 417 ff.

11 Die Dokumente zum Verfahren in: Günter Zehner: Der Fernsehstreit vor dem Bundesverfassungsgericht, 2. Bde., Karlsruhe 1964/65.

12 Dieter Grimm: Die Historiker und die Verfassung. Ein Beitrag zur Wirkungsgeschichte des Grundgesetzes, München 2022, S. 168.

13 Deutscher Bundestag, Verhandlungen. Stenographische Berichte, 3. Wahlperiode, S. 8308 f.

14 Auch für das Folgende: Wehmeier 1979, S. 27 ff.

15 Heinrich Küppers: Adenauer und Altmeier im Fernsehstreit 1958–1961, in: *VfZ* 4 (1987), S. 60.

16 Zit. n. Wehmeier 1979, S. 58.

17 Urteil des Bundesverfassungsgerichts vom 25. März 2014, online https://www.bundesverfassungsgericht.de/SharedDocs/Entscheidungen/DE/2014/03/fs20140325_1bvf000111.html.

18 Bausch 1980 (1), S. 491 ff.; Steinmetz 1996, S. 246 ff.

19 Bausch 1980 (1), S. 484 ff. und ders. 1980 (2), S. 586 f.; ferner Wehmeier 1979, S. 78 ff.; Steinmetz 1996, S. 419 ff.

20 Wehmeier 1979, S. 148 ff.

21 Ebd., S. 196 ff.; Bausch 1980 (2), S. 582 ff.

22 Für das Folgende vgl. Hodenberg 2006, S. 293 ff.; zu den politischen Magazinen: Gerhard Lampe: Panorama, Report und Monitor. Geschichte der politischen Fernsehmagazine 1957–1990, Konstanz 2000.

23 Axel Schildt: Materieller Wohlstand – pragmatische Politik – kulturelle Umbrüche. Die 60er Jahre in der Bundesrepublik, in: ders./Detlef Siegfried/Karl Christian Lammers (Hg.): Dynamische Zeiten. Die 60er Jahre in beiden deutschen Gesellschaften, Hamburg 2000, S. 28.

24 Hans-Ulrich Wehler: Deutsche Gesellschaftsgeschichte. Fünfter Band: Bundesrepublik und DDR 1949–1990, München 2008, S. 387, 390 ff.

25 Dussel 2022, S. 247.

26 Wehler 2008, S. 396 f.; Dussel 2022, S. 244 ff.

27 Siehe Bösch 2011, S. 217, der dies aber nicht nur dem öffentlich-rechtlichen Fernsehen zuschreibt und eine von vornherein konsensuale Ausrichtung annimmt.

28 Bösch 2011, S. 218; Hodenberg 2006, S. 303 f.; Manfred Buchwald: Öffentlich-rechtlicher Rundfunk: Institutionen – Auftrag – Programme, in: Schwarzkopf 1999 (1), S. 331; Robert Seatter: Broadcasting Britain. 100 years of the BBC, London 2022, S. 104, 95.

29 Für einzelne Hinweise bin ich Tristan Scheffer dankbar. Vgl. für das Folgende Bausch 1980 (2), S. 596 f.; Christian Pundt: Medien und Diskurs. Zur Skandalisierung von Privatheit in der Geschichte des Fernsehens, Bielefeld 2008; S. 250 f.; *Der Spiegel*, 13.12.1960 *(Ehestreit gegen Atomtod)* und 17.1.1961 *(Südlich der Gürtellinie)*.

30 *Der Spiegel*, 13.12.1960.

31 In: Hamburgisches Gesetz- und Verordnungsblatt Teil 1, Nr. 28 vom 14. Juni 1955, S. 198 f.

32 *Der Spiegel*, 24.1.1961. Das Zitat aus *Der Spiegel*, 17.1.1961.

33 Fritz Kortner: Letzten Endes, München 1971, S. 138. Vgl. auch Christian Bartz/Jens Ruchatz (Hg.): Mit Telemann durch die Fernsehgeschichte, Bielefeld 2006, S. 82, und Pundt 2008, S. 251 ff.

34 Bausch 1980 (2), S. 597.

35 Hodenberg 2006, S. 337.

36 Vgl. Eckard Michels: Geschichtspolitik im Fernsehen. Die WDR-Dokumentation «Heia Safari» von 1966/67 über Deutschlands Kolonialvergangenheit, in: *VfZ* 56 (2008), S. 467–492, sowie das Zeitzeugengespräch zwischen Margarete Keilacker und dem Leiter der WDR-Intendanz Helmut Drück vom 30. November 2015 in *Rundfunk und Geschichte*, online https://rundfunkundgeschichte.de/assets/Zeitzeugengespräch_Helmut_Drück.pdf.

37 Zit. n. Michels 2008, S. 490.

38 Bausch 1980 (2), S. 659. Zum Folgenden ebd., S. 658 ff.

39 So Hans-Peter Ipsen, zit. n. ebd., S. 667.

40 Ebd., S. 661.

41 Zusammenfassend: ARD. Denkschrift über die Zusammenarbeit der deutschen Rundfunkanstalten, o. O. 1967.

42 Bausch 1980 (2), S. 713.
43 Ebd., S. 727 ff.
44 Ebd., S. 725 ff.; Hickethier 1993, S. 221.

3. Proporz und Politisierung in den goldenen Siebzigern

1 Vgl. Wolfgang R. Langenbucher: Rundfunk und Gesellschaft, in: Schwarzkopf 1999 (1), S. 149 ff.
2 Der Begriff stammt von dem Nationalismustheoretiker Benedict Anderson: Imagined Communities: Reflections on the Origin and Spread of Nationalism, London/New York 1983.
3 Die Rede Bismarcks (in Auszügen) und der Beitrag Stoltes für das ZDF-Jahrbuch 1970 in: Dussel/Lersch 1999, S. 431–435, 436–439; zum Programm vgl. Knut Hickethier: Dispositiv Fernsehen, Programm und Programmstrukturen in der Bundesrepublik Deutschland, in: ders. (Hg.): Institution, Technik und Programm. Rahmenaspekte der Programmgeschichte des Fernsehens (= Geschichte des Fernsehens in der Bundesrepublik Deutschland, Bd. 1) München 1993, S. 204 ff.
4 Dussel 2022, S. 247.
5 Zit. n. Knut Hickethier 1993, S. 217.
6 Joan Kristin Bleicher: Institutionsgeschichte des bundesrepublikanischen Fernsehens, in: Hickethier 1993, S. 110; Peter Glotz: Von Heimat zu Heimat. Erinnerungen eines Grenzgängers, Berlin 2006, S. 139 ff.
7 Die Zahlen nach Langenbucher 1999, S. 205; Dussel 2022, S. 291.
8 Ebd., S. 159.
9 Im Interview mit Giovanni di Lorenzo, *ZEITmagazin*, 25. März 2010.
10 Thomas Meyer: Mediokratie. Die Kolonisierung der Politik durch die Medien, Frankfurt am Main 2001.
11 Steininger 1973, S. 391.
12 Siehe die Reden auf dem 1. Bundesparteitag der CDU 1950 in Goslar, hier S. 61, 37 f. und 43, online https://www.kas.de/documents/252038/253252/1950-10-20-22_Protokoll_01.Bundesparteitag_Goslar.pdf/c5cb8072-08a4-cf37-24b3-959d0160a148.
13 Hodenberg 2006, S. 332 ff. und 370 f.; Heinz Kühn: Aufbau und Bewährung. Die Jahre 1945–1978, Frankfurt am Main/Berlin/Wien 1984, S. 140 f.
14 Lampe 2000, S. 54 ff. Die Zitate nach Hodenberg 2006, S. 335, ferner S. 362 f., 366.
15 Die Zitate aus *Der Spiegel*, 18.6.1963; vgl. auch *Die Zeit*, 17.5.1963 und den *Spiegel*, 23.4., 14.6.1963, sowie Hodenberg 2006, S. 335 f. Zu Schellhaus: Mi-

chael Schwartz: Funktionäre mit Vergangenheit. Das Gründungspräsidium des Bundes der Vertriebenen und das «Dritte Reich», München 2013, S. 577 f.

16 Vgl. Josef Schmid: Intendant Klaus von Bismarck und die Kampagne gegen den «Rotfunk» WDR, in: *AfS* 41 (2001), S. 364 ff., und *Der Spiegel,* 27.4.1975.

17 Christopher Simpson: Elisabeth Noelle-Neumann's «Spiral of Silence» and the Historical Context of Communication Theory, in: *Journal of Communication* 46 (1996) H. 3, S. 149–171.

18 Bausch 1980 (2), S. 781.

19 Vgl. Christian Starck: Rundfunkfreiheit als Organisationsproblem, Tübingen 1973, S. 39 ff.; Wolfgang Hoffmann-Riem: Schutz der Kommunikationsordnung durch Rundfunkaufsicht: Ziele, Erfahrungen, Instrumente, in: *Staatswissenschaften und Staatspraxis* 4 (1991), S. 405–443; Langenbucher 1999, S. 217 ff.

20 Vgl. Jörg Henning: Rundfunkräte auf dem Prüfstand, Bonn 1981.

21 Siehe Werner Höfer: Laßt das Fernsehen drin!, in: *Der Spiegel,* 21.5.1972.

22 So aber Hermann Meyn: Gefahren für die Freiheit von Rundfunk und Fernsehen?, in: *APuZ* B 48/1969, S. 21.

23 Vgl. die Beiträge der Intendanten von Franz Barsig (SFB) bis Reinhold Vöth (BR) in: Heinz-Dietrich Fischer (Hg.): Rundfunk-Intendanten – Kommunikatoren oder Manager? Rechtsstellung, Selbstverständnis und publizistischer Status der Leiter der öffentlich-rechtlichen Rundfunkanstalten in der Bundesrepublik Deutschland, Bochum 1979, sowie Henk Erik Meier: Strategieanpassungsprozesse im öffentlich-rechtlichen Fernsehen, Berlin 2003.

24 Siehe das Zeitzeugengespräch zwischen Margarete Keilacker und dem Leiter der WDR-Intendanz Helmut Drück vom 30. November 2015 in *Rundfunk und Geschichte,* online https://rundfunkundgeschichte.de/assets/Zeitzeugengespräch_Helmut_Drück.pdf, sowie Schmid 2001, S. 349–381.

25 Bausch 1980 (2), S. 816.

26 Friedrich Wilhelm Sell: Mehr Öffentlichkeit! Erinnerungen, Springe 2006, S. 179 ff.

27 Vgl. Schmid 2001, S. 356, Anm. 58; Bausch 1980 (2), S. 837 ff., das Zitat auf S. 992.

28 Vgl. Hodenberg 2006, S. 428 ff.; Bausch 1980 (2), S. 813 ff., Schmid 2001, S. 366 ff.; Jürgen Schröder-Jahn: Von der Freiheit eines Rundfunkmenschen. Die Geschichte des Redakteursstatuts für den Norddeutschen Rundfunk, Hamburg 2006.

29 Mitteilung vom 23.10.2023, online https://www.mdr.de/presse/presseinformation_mdr_staerkt_innere_rundfunkfreiheit-102.html.

30 Zit. n. Fritze 1992, S. 301.

31 Meyn 1969, S. 23; vgl. auch Schmid 2001, S. 364 ff., und Hodenberg 2006, S. 386 ff.

32 Schmid 2001, S. 427.

33 Dietrich Schwarzkopf: Chancen des gegenwärtigen Rundfunksystems in der Bundesrepublik, in: *Rundfunk und Geschichte* 2 (1976), H. 4, S. 20.

34 Amerikanischer Entwurf zu einer Erklärung über Rundfunkfreiheit in Deutschland (Mai 1946), in: Dussel/Lersch 1999, S. 246.

35 Das Interview, ebd., S. 245.

36 Richtlinien für die Sendungen des «Zweiten Deutschen Fernsehens» vom 11. Juli 1963, in: ebd., S. 414.

37 Nina Grimenberg: Die glatte Welt des ZDF, in: *Die Zeit* vom 12.2.1971.

38 Für das Folgende: Dieter Düding: Heinz Kühn: 1912–1992. Eine politische Biographie, Essen 2002, S. 278 ff.; Bausch 1980 (2), S. 794, und den Nachruf auf Hase in der *NZZ*, 15.5.2021.

39 *Die Zeit*, 12.2.1971.

40 Siehe Dieter Stolte: Mein Leben mit dem ZDF. Geschichte und Geschichten, Berlin 2012, S. 30 ff.; Florian Kain: Geschichte des ZDF, Teil 3: 1977–1982, Baden-Baden 2007, S. 21 ff.

41 So Kühn anlässlich seines Festvortrages zum 25. Bestehen des WDR am 15. Mai 1981, in: Holger Börner (Hg.): Heinz Kühn. «Stets auf dem Weg, niemals am Ziel.» Reden und Aufsätze 1932 bis heute, Bonn 1987, S. 270; siehe auch Kühn 1984, S. 148 f.

42 Heribert Schwan/Tilman Jens: Vermächtnis. Die Kohl-Protokolle, München 2014, S. 214.

43 Bausch 1980 (2), S. 767 f.; vgl. auch Reinhard Klimmt: Der lange Abschied. Bemerkungen zur Rundfunkpolitik der SPD zwischen 1971 und 1987, in: Peter Glotz/Reinhold Kopp (Hg.): Das Ringen um den Medienstaatsvertrag der Länder, Berlin 1987, S. 110–136.

44 Kühn 1987, S. 271.

45 Ebd., S. 266.

46 *Der Spiegel*, 13.4.1975 und 13.11.1977; Bleicher 1993, S. 11; Brigitte Knott-Wolf: Der WDR im Spannungsfeld der Parteien, in: Katz 2006 (3), S. 304 f. Zu Loch: Wolf-Ulrich Strittmatter: Pragmatischer Umgang mit der NS-Vergangenheit. Theo M. Loch, in: Wolfgang Proske (Hg.): Täter, Helfer, Trittbrettfahrer. NS-Belastete aus Mittelfranken, Gerstetten 2023, S. 161–179.

47 1988 wurde der Sender als *Radio Dreyeckland* vom Land Baden-Württemberg lizenziert. Vgl. Natalie Pohl: Atomprotest am Oberrhein. Die Auseinandersetzung um den Bau von Atomkraftwerken in Baden und im Elsass, Stuttgart 2019, S. 279 ff.

48 Vgl. Sven Reichardt: Authentizität und Gemeinschaft. Linksalternatives Leben in den siebziger und frühen achtziger Jahren, Berlin 2014, S. 223 ff.; Wolf-Dieter Roth: Piratensender. Geschichte und Praxis, Baden-Baden 2004.

49 Die Zahlen in Reichardt 2014, S. 241.

50 Ebd., S. 226.

51 Siehe die Chronik des NDR unter: https://www.ndr.de/geschichte/chronologie/Gorleben-Protest-in-Hannover-1979-Albrecht-wir-kommen,gorleben240.html; vgl. ferner Dieter Rucht: Von Wyhl nach Gorleben. Bürger gegen Atomprogramm und nukleare Entsorgung, München 1980.

52 Bausch 1980 (2), S. 630 ff.

53 Ebd., S. 945.

54 Ebd., S. 934.

55 Sell 2006, S. 161.

56 Bausch 1980 (2), S. 965.

57 Grimm 2022, S. 171 f.; Bausch 1980 (2), S. 629. Für das Folgende vgl. ebd., S. 630 ff.

58 Zit. n. ebd., S. 988; siehe für das Folgende auch den Überblick über die Medienpolitik der Parteien ebd., S. 767 ff.

59 Vgl. Friedhelm Boll: Die deutsche Sozialdemokratie und ihre Medien. Wirtschaftliche Dynamik und rechtliche Formen, Bonn 2001.

60 Kühn 1984, S. 142.

61 Siehe Düding 2002, S. 120 f.

62 Kühn 1984, S. 136 ff.

63 Zum Begriff «Fundamentalpolitisierung»: Christian Graf von Krockow: Staat, Gesellschaft, Freiheitswahrung, in: *APuZ* B 7/1972.

64 Langenbucher 1999, S. 230.

65 Bundeskanzler Helmut Schmidt vor dem Deutschen Bundestag am 17. Mai 1979 in der Erklärung der Bundesregierung zur Lage der Nation.

4. Umbruch und Entmachtung in den Achtzigerjahren

1 Glotz 2006, S. 298.

2 Bösch 2011, S. 224 f.

3 Vgl. für das Folgende: Marie Luise Kiefer: 20 Jahre privater Rundfunk in Deutschland. Versuch einer Bestandsaufnahme aus medien-ökonomischer Perspektive, in: *Media Perspektiven* 12/2004, S. 558–568; Frank Bösch: Politische Macht und gesellschaftliche Gestaltung. Wege zur Einführung des privaten Rundfunks in den 1970/80er Jahren, in: *AfS* 52 (2012), S. 191–210.

4 Wolfgang Bergsdorf: Über die Macht der Kultur. Kommunikation als Gebot der Politik, Stuttgart 1988; Langenbucher 1999, S. 287.

5 Zit. n. Dietrich Schwarzkopf: Die «Medienwende» 1983, in: Schwarzkopf 1999 (1), S. 48.

6 Wolfgang Bergsdorf: Zwanzig Jahre medienpolitischer Urknall. Zur Ge-

schichte eines politischen Erfolges, in: *Die politische Meinung* 411/2004, S. 5.

7 Martin Eifert/Wolfgang Hoffmann-Riem: Die Entstehung und Ausgestaltung des dualen Rundfunksystems, in: Schwarzkopf 1999 (1), S. 59 f.

8 Bleicher 1999, S. 112 ff.; Klaus Katz/Ulrich Pätzold/Susanne Wankell: Regionalisierung und Dezentralisierung, in: Klaus Katz (Hg.): Am Puls der Zeit. 50 Jahre WDR, Bd. 3: Der Sender im Wettbewerb, Köln 2006, S. 16–24.

9 Schwarzkopf 1999, S. 39.

10 Vgl. Buchwald 1999, S. 321 ff.; Seifert/Riem 1999, S. 58 f.

11 Ausführlicher: Isabelle Bourgeois: Privatrechtliches Fernsehen, in: Schwarzkopf 1999 (1), S. 436–502.

12 Vgl. Buchwald 1999, S. 406.; Karla Fohrbeck/Johannes Wieland: Der WDR als Kultur- und Wirtschaftsfaktor, Köln u. a. 1989.

13 Eifert/Hoffmann-Riem 1998, S. 89 ff.

14 Dussel 2022, S. 313 ff.; Hickethier 1993, S. 228 ff.; Robert Gehring: Aufstieg und Fall der Kirch-Gruppe. Eine institutionenökonomische Erklärung (= Arbeitspapiere des Instituts für Rundfunkökonomie an der Universität zu Köln, Nr. 171), Köln 2003.

15 Vgl. für das Weitere: Peter Hoff: Organisation und Programmentwicklung des DDR-Fernsehens, in: Hickethier 1993, S. 245–288, und Wolfgang Mühl-Benninghaus: Rundfunk in der SBZ/DDR, in: Schwarzkopf 1999 (2), S. 795–873; Rüdiger Steinmetz/Reinhold Viehoff (Hg.): Eine Programmgeschichte des DDR-Fernsehens, Berlin 2008; Claus Arnold/Christoph Claßen (Hg.): Zwischen Pop und Propaganda. Radio in der DDR, Berlin 2004.

16 Hoff 1999, S. 262.

17 Claudia Dittmar: Feindliches Fernsehen. Das DDR-Fernsehen und seine Strategien im Umgang mit dem westdeutschen Fernsehen, Bielefeld 2010, S. 428 ff.

18 Volker Lilienthal: Die Rolle des ZDF: Kontraste – Konkurrenz – Kooperation, in: Schwarzkopf 1999 (1), S. 428.

19 Vgl. Hans-Martin Fischer: Europäische Nachrichten-Satelliten, Von Intelsat bis TV-Sat, Lemwerder 2006; Ulrich Reimers: Rundfunkpolitik und Technik, in: Schwarzkopf 1999 (1), S. 566 ff.

20 Aus einer Sitzungsvorlage für das Fernseh-Staatskomitee: «Hauptrichtungen für den Ausbau der alternativen Programmgestaltung», in: Dussel/Lersch 1999, S. 366.

21 Armin Mitter/Stefan Wolle: Untergang auf Raten. Unbekannte Kapitel der DDR-Geschichte, München 1993, S. 497 f.; Hoff 1993, S. 282.

22 Siehe die Beispiele bei Mühl-Benninghaus 1999, S. 866; zur Programmgeschichte ausführlich: Rüdiger Steinmetz/Reinhold Viehoff (Hg): Deutsches Fernsehen Ost. Eine Programmgeschichte des DDR-Fernsehens, Berlin 2008,

sowie Klaus Behling: Fernsehen aus Adlershof. Das Fernsehen der DDR vom Start bis zum Sendeschluss, Berlin 2016.

23 Knott-Wolf 2006, S. 307 ff.

24 Mitter/Wolle 1993, S. 505; Jacqueline Boysen: «Radio Glasnost – außer Kontrolle». Ein West-Berliner Sender der DDR-Opposition, in: *DA*, 22.12.2010.

25 *Tagesschau*, 6.10.1989, online https://www.tagesschau.de/multimedia/video/video-ts-49070.html.

26 Für das Folgende: Irene Charlotte Streul: Rundfunk und Vereinigung der beiden deutschen Staaten, in: Schwarzkopf 1999 (2), S. 874–926; Knut Hickethier (unter Mitarbeit von Peter Hoff): Geschichte des deutschen Fernsehens, Stuttgart u. a. 1998, S. 494 ff., und vor allem Sylvia Dietl: Transformation und Neustrukturierung des DDR-Rundfunks im Prozess der Wiedervereinigung Deutschlands, München 2022.

27 Ernst Dohlus: In der Grauzone – Wie der Staatsfunk der DDR aufgelöst wurde: Menschen, Material und Programmvermögen, in *DA*, 22.9.2014.

28 Vgl. Thomas Schuhbauer: Umbruch im Fernsehen, Fernsehen im Umbruch. Die Rolle des DDR-Fernsehens in der Revolution und im Prozess der deutschen Vereinigung 1989–1990 am Beispiel des Jugendmagazins Elf99, Berlin 2001; Thomas Gaevert: DT64 – Das Jugendradio aus dem Osten 1964–1991, Erfurt 2018; Inga Hoff: Rundfunk nach dem Wendepunkt. Die Integration Ostdeutschlands nach der Wiedervereinigung durch das Zweite Deutsche Fernsehen, das Deutschlandradio und die Deutsche Welle, Hamburg 2011; Pia Deutsch: Identitäten im Umbruch. Das Deutschlandradio als «Nationaler Rundfunk». 1989–1994, Bielefeld 2020.

29 Dietl 2022, S. 189 f.

30 Ebd., S. 216 f., 297 ff., 309 f.

31 Ebd., S. 301.

32 Vgl. auch Reiner Stein: Vom Fernsehen und Rundfunk der DDR zur ARD. Die Entwicklung und Neuordnung des Rundfunkwesens in den neuen Bundesländern von 1989 bis 1992, Marburg 2000, S. 138 ff., und für das Folgende: Dietl 2022, S. 459 ff.

33 Sell 2006, S. 240 ff.

34 Streul 1999, S. 925.

35 Ebd.; Richard von Weizsäcker im Gespräch mit Gunter Hofmann und Werner A. Perger, Frankfurt am Main 1992, S. 164.

36 Dietrich Schwarzkopf (Hg.): Die Ideologiepolizei. Die rundfunkbezogenen Aktivitäten des Ministeriums für Staatssicherheit der ehemaligen DDR in der DDR sowie der Bundesrepublik, Frankfurt am Main 2008, S. 543 ff.

37 Christoph Biermann: Um jeden Preis. Die wahre Geschichte des modernen Fußballs von 1992 bis heute, Köln 2024, S. 226 f.

38 Klaus Winker: Fernsehen unterm Hakenkreuz. Organisation, Programm,

Personal, Köln 1994; vgl. (auch für das Folgende) Hans-Friedrich Foltin/Gerd Hallenberger: Vom Sport im Fernsehen zum Fernsehsport. Zur Geschichte und aktuellen Situation der Sportsendungen, in: Hans Dieter Erlinger/Hans-Friedrich Foltin (Hg.): Unterhaltung, Werbung und Zielgruppenprogramme (= Geschichte des Fernsehens in der Bundesrepublik Deutschland, Bd. 4), München 1994, S. 113–141.

39 Thomas Jaedicke: Die erste Fernseh-Sportübertragung der Welt, 17.2.2011, im Archiv des Deutschlandfunks online https://www.deutschlandfunk.de/die-erste-fernseh-sportuebertragung-der-welt-100.html. Für Hinweise danke ich Lucas Schmidt und Nikola Schubert.

40 Biermann 2024, S. 39, 138 und 11.

41 Dussel 2022, S. 335, 343 f.

42 Michael Amsinck: Der Sportrechtemarkt in Deutschland. Ursachen und Konsequenzen der Gründung einer Sportrechteagentur von ARD und ZDF, in: *Media Perspektiven* 2/1997, S. 62–72.

43 *SZ*, 5.9.2006.

44 Vgl. den pointierten historischen Abriss von Bernhard von Zech-Kleber über die «KirchGruppe» im Historischen Lexikon Bayern, online https://www.historisches-lexikon-bayerns.de/Lexikon/KirchGruppe, sowie ausführlicher: Markus Preiß: Aufstieg und Fall des Kirch-Konzerns. Eine medienökonomische Analyse, Hamburg 2002, und Thomas Clark: Der Filmpate. Der Fall des Leo Kirch, Hamburg 2002.

45 Buchwald 1999, S. 329; Christian W. Thomsen: Zukunftsperspektiven des Fernsehens, in: Werner Faulstich (Hg.): Vom ‹Autor› zum Nutzer: Handlungsrollen im Fernsehen (= Geschichte des Fernsehens in der Bundesrepublik, Bd. 5), München 1994, S. 307 ff.; Hickethier 1998, S. 405 ff.

46 Dussel 2022, S. 335, Tab. 7; Knut Hickethier: Zwischen Einschalten und Ausschalten. Fernsehgeschichte als Geschichte des Zuschauens, in: Faulstich 1994, S. 277 ff.

47 Vgl. Bleicher 1993, S. 117.

48 Hickethier 1993, S. 236.

49 Siegfried Weischenberg/Martin Löffelholz/Armin Scholl: Dualisierung des Journalismus?, in: Ottfried Jarren (Hg.): Medienwandel – Gesellschaftswandel. 10 Jahre dualer Rundfunk in Deutschland. Eine Bilanz, Berlin 1994, S. 179–196. Auch danach ließen sich keine Unterschiede in der Arbeitsauffassung feststellen. Rotermund 2021, S. 279.

50 Vgl. etwa Langenbucher 1999, S. 176 ff.

51 *ZDF-Jahrbuch* 1980, S. 8.

52 Winfried Schulz: Vielseher im dualen Rundfunksystem. Sekundäranalyse zur Langzeitstudie Massenkommunikation, in: *Media Perspektiven* 2/1997, S. 92–101.

53 Otfried Jarren/Wolfgang Schulz: Rundfunkaufsicht zwischen Gemeinwohlsicherung und Wirtschaftsförderung, in: Schwarzkopf 1999 (1), S. 117–148.

54 Wehler 2008, S. 397.

55 *Der Spiegel*, 29.4.1999; Bergsdorf 2004, S. 9.

56 Langenbucher 1999, S. 290; die Antrittsrede vom 1.7.1984 unter https://www.bundespraesident.de/SharedDocs/Reden/DE/Richard-von-Weizsaecker/Reden/1984/07/19840701_Rede.html.

57 Jo Groebel u. a.: Bericht zur Lage des Fernsehens für den Präsidenten der Bundesrepublik Deutschland, Gütersloh 1995.

58 Langenbucher 1999, S. 285.

59 Zit. n. ebd., S. 290.

60 Rede von Bundespräsident Rau beim Jahrestreffen des Netzwerk Recherche am 5.6.2004, online https://www.bundespraesident.de/SharedDocs/Reden/DE/Johannes-Rau/Reden/2004/06/20040605_Rede.html); Rede von Bundespräsident Steinmeier zur Eröffnung der Medientage in Mitteldeutschland am 17.4.2024, online https://www.bundespraesident.de/SharedDocs/Reden/DE/Frank-Walter-Steinmeier/Reden/2024/04/240417-medientage-mitteldeutschland.html.

61 Uwe Hasebrinck: Das Problem verstreut sich, in: Jarren 1994, S. 265–288.

62 Thomsen 1994, S. 307 f.

5. Nach der Wiedervereinigung: Krise und Überforderung

1 Buchwald 1999, S. 349 ff.; WDR-Rundfunkrat: Chronik. Beratungen des WDR-Rundfunkrats von März 1955 bis November 2003. 1. bis 444. Sitzung, (Köln) (2003), S. 43, 48, 52.

2 Buchwald 1999, S. 369 und 359 ff.

3 WDR-Rundfunkrat 2003, S. 29.

4 Lilienthal 1999, S. 429, 425.

5 So Eifert/Hoffmann-Riem 1999, S. 105.

6 Vgl. Edmund Stoiber/Kurt Biedenkopf: Thesen zur Strukturreform des öffentlich-rechtlichen Rundfunks vom 28. Januar 1995, in: *Media Perspektiven* 3/1995, S. 104–108; Manfred Kops/Günter Sieben (Hg.): Die Organisationsstruktur des öffentlich-rechtlichen Rundfunks in der aktuellen Diskussion, Berlin 1996.

7 *Die Zeit*, 10.2.1995.

8 Buchwald 1999, S. 342.

9 WDR-Rundfunkrat 2003, S. 90.

10 Buchwald 1999, S. 381.

11 *Berliner Zeitung*, 22.12.1997; *Die Zeit*, 29.4.1998.

12 *Die Zeit*, 8.1.1998.

13 Vgl. auch im Folgenden Henk Erik Meier: Für ein paar Cent weniger? Ein Beitrag zur aktuellen Rundfunkgebührenpolitik (= Arbeitspapiere des Instituts für Rundfunkökonomie an der Universität zu Köln Nr. 197), Köln 2005, online http://www.rundfunk-institut.uni-koeln.de/sites/rundfunk/Arbeitspapiere/197_05.pdf.

14 Dussel 2022, S. 336, Tab. 8.

15 Buchwald 1999, S. 267 ff., 371; Lilienthal 1999, S. 430.

16 Siehe den KEF-Bericht unter: https://kef-online.de/berichte/details/937.

17 So eine Resolution der WDR-Redakteursversammlung, die sich gegen Kostenumschichtungen und eine Verschiebung des Sendeplatzes für die TV-Dokumentationsreihe *die story* wandte. Zit. n. Martin Stock: Zum Reformbedarf im dualen Rundfunksystem. Public-Service-Rundfunk und kommerzieller Rundfunk – wie können sie koexistieren?, in: Franz Werneke (Hg.): Die bedrohte Instanz. Positionen für einen zukunftsfähigen öffentlich-rechtlichen Rundfunk, Hamburg 2005, S. 48.

18 Volker Lilienthal: Selbstkommerzialisierung als Legitimationsverlust. Schleichwerbung im öffentlich-rechtlichen Rundfunk, in: Werneke 2005, S. 186–195.

19 *Tagesspiegel*, 12.11.2003.

20 Meier 2005, S. 39.

21 Ebd., S. 10.

22 Jürgen Betz: Medienordnung gestalten. 40 Jahre duale Rundfunkordnung, in: *epd medien*, 1.11.2024.

23 Die Hamburger Rede in: *FAZ*, 14.11.2022. Der Bericht des Zukunftsrats vom Januar 2024: https://rundfunkkommission.rlp.de/fileadmin/rundfunkkommission/Dokumente/Zukunftsrat/ZR_Bericht_18.1.2024.pdf.

24 Dieter Dörr: Der öffentlich-rechtliche Rundfunk zwischen Recht und Politik, in: *APuZ* 25/2023, S. 16 f.

25 *Der Spiegel*, 2.12.2020.

26 Vgl. Dörr 2024.

27 Siehe etwa Jürgen Betz: Auf die Inhalte kommt es an. Der Auftrag von ARD und ZDF und das lineare Programm, in: *epd medien*, 3.2.2023.

28 Florian Kumb: Große Wirksamkeit. Unterhaltung im öffentlich-rechtlichen Fernsehen, in: *epd medien*, 22.4.2022.

29 Rotermund 2021, S. 156.

30 Vgl. etwa Christina Ortner: Tatort: Migration – Das Thema Einwanderung in der Krimireihe Tatort, in: *Medien & Kommunikationswissenschaft* 55 (2007) H. 1, S. 5–23.

31 Betz 2023. Der Bericht ist zu finden auf: https://www.ard.de/die-ard/spezial/ARD-Zukunftsdialog-Bericht-2021-100.pdf.

32 Vgl. Carolin Amlinger und Oliver Nachtwey: Gekränkte Freiheit. Aspekte des libertären Autoritarismus, Berlin 2022.

33 *Die Zeit*, 29.3.2024.

34 Lutz Hachmeister: Hitlers Interviews. Der Diktator und die Journalisten, Köln 2024.

35 Zur Rundfunkjudikatur vgl. Helge Rossen-Stadtfeld: Die Rundfunkfreiheit. Grundrechtsnormativität im Wandel, in: Mark D. Cole/Stephanie Schiedermair/Eva Ellen Wagner (Hg.): Die Entfaltung der Freiheit im Rahmen des Rechts. Festschrift für Dieter Dörr zum 70. Geburtstag, Heidelberg 2022, S. 557–577.

36 Vgl. Gerlinde Frey-Vor: BBC: Öffentlich-rechtlicher Auftrag gesichert, in: *Media Perspektiven* 2/2018, S. 88–94.

37 Rotermund 2021, S. 341 f.

38 So Bösch 2011, S. 230.

39 http://www.zdf-jahrbuch.de/2007/schwerpunkte/thevessen.html.

40 Andreas Egger/Heinz Gerhard: Bewegtbildnutzung 2019, in: *Media Perspektiven* 9/2019, S. 389–405; ausführlicher: ARD/ZDF-Massenkommunikation Langzeitstudie 2020, online https://www.ard-media.de/media-perspektiven/studien/ardzdf-massenkommunikation-langzeitstudie.

41 Vgl. die detaillierte Kritik von Rotermund 2021, S. 290 ff.

42 Siehe ausführlicher hierzu ebd., S. 287, 290 ff.

43 Siehe hierzu auch Jan Christopher Kalbhenn: ARD, ZDF und DLR im Wandel. Reformideen und Zukunftsperspektiven, Frankfurt am Main 2024, S. 40 f.

44 Siehe den Fallbericht vom 18.2.2014 unter https://www.bundeskartellamt.de/SharedDocs/Entscheidung/DE/Fallberichte/Kartellverbot/2015/B6-81-11.pdf?__blob=publicationFile&v=1.

45 Vgl. Dörr 2023, S. 14 f.

46 Die Zahlen von 2023/24 bei Kalbhenn 2024, S. 6 f.

47 Rotermund 2021, S. 281.

48 Jürgen Habermas: Ein neuer Strukturwandel der Öffentlichkeit und die deliberative Politik, Berlin 2022, S. 65.

Literatur

Amlinger, Carolin/Oliver Nachtwey: Gekränkte Freiheit. Aspekte des libertären Autoritarismus, Berlin 2022.

Amsinck, Michael: Der Sportrechtemarkt in Deutschland. Ursachen und Konsequenzen der Gründung einer Sportrechteagentur von ARD und ZDF, in: *Media Perspektiven* 2/1997, S. 62–72.

Anderson, Benedict: Imagined Communities: Reflections on the Origin and Spread of Nationalism, London/New York 1983.

Andics, Hellmut/Viktor Ergert/Robert Kriechbaum: 50 Jahre Rundfunk in Österreich, 2. Bd. 1945–1955, Salzburg 1975.

ARD. Denkschrift über die Zusammenarbeit der deutschen Rundfunkanstalten, o. O. 1967.

ARD: Zukunftsdialog. Bericht 2021 online: https://www.ard.de/die-ard/spezial/ARD-Zukunftsdialog-Bericht-2021-100.pdf.

ARD/ZDF-Massenkommunikation Langzeitstudie 2020, online https://www.ard-media.de/media-perspektiven/studien/ardzdf-massenkommunikation-langzeitstudie.

Arnold, Claus/Christoph Claßen (Hg.): Zwischen Pop und Propaganda. Radio in der DDR, Berlin 2004.

Badenoch, Alexander: Voices in Ruins. West German Radio Across the 1945 Divide, New York 2008.

Bartz, Christian/Jens Ruchatz (Hg.): Mit Telemann durch die Fernsehgeschichte, Bielefeld 2006.

Bausch, Hans: Rundfunkpolitik nach 1945, 1. Teil: 1945–1962, 2. Teil: 1963–1980, München 1980.

Behling, Klaus: Fernsehen aus Adlershof. Das Fernsehen der DDR vom Start bis zum Sendeschluss, Berlin 2016.

Behme, Pia: Auslandsgeheimdienst in der Nachkriegszeit: Journalisten spionierten im Auftrag des BND. Deutschlandfunk, 14.4.2022, online https://www.deutschlandfunk.de/bundesnachrichtendienst-hat-deutschen-medien-bespitzelt-100.html.

Bergsdorf, Wolfgang: Über die Macht der Kultur. Kommunikation als Gebot der Politik, Stuttgart 1988.

Bergsdorf, Wolfgang: Zwanzig Jahre medienpolitischer Urknall. Zur Geschichte eines politischen Erfolges, in: *Die politische Meinung* 411/2004, S. 5–9.

Betz, Jürgen: Auf die Inhalte kommt es an. Der Auftrag von ARD und ZDF und das lineare Programm, in: *epd medien*, 3.2.2023.

Betz, Jürgen: Medienordnung gestalten. 40 Jahre duale Rundfunkordnung, in: *epd medien*, 1.11.2024.

Biermann, Christoph: Um jeden Preis. Die wahre Geschichte des modernen Fußballs von 1992 bis heute, Köln 2024.

Bleicher, Joan Kristin: Institutionsgeschichte des bundesrepublikanischen Fernsehens, in: Hickethier 1993, S. 67–134.

Börner, Holger (Hg.): Heinz Kühn. «Stets auf dem Weg, niemals am Ziel.» Reden und Aufsätze 1932 bis heute, Bonn 1987.

Bösch, Frank: Mediengeschichte.Vom asiatischen Buchdruck zum Fernsehen, Frankfurt/New York 2011.

Bösch, Frank: Politische Macht und gesellschaftliche Gestaltung. Wege zur Einführung des privaten Rundfunks in den 1970/80er Jahren, in: *AfS* 52 (2012), S. 191–210.

Boll, Friedhelm: Die deutsche Sozialdemokratie und ihre Medien. Wirtschaftliche Dynamik und rechtliche Formen, Bonn 2001.

Bourgeois, Isabelle: Privatrechtliches Fernsehen, in: Schwarzkopf 1999 (1), S. 436–502.

Boysen, Jacqueline: «Radio Glasnost – außer Kontrolle». Ein West-Berliner Sender der DDR-Opposition, in: *DA*, 22.12.2010.

Briggs, Asa: The Birth of Broadcasting (= The History of Broadcasting in the United Kingdom, 1), Oxford 1961.

Brochand, Christian: Histoire Générale de la Radio et de la Télévision, Bd. 2 (1944–1974), Paris 1995.

Buchwald, Manfred: Öffentlich-rechtlicher Rundfunk: Institutionen – Auftrag – Programme, in: Schwarzkopf 1999 (1), S. 316–407.

Buhrow, Tom: «Wir müssen die große Reform wagen, jetzt», in: *FAZ*, 14.11.2022.

Bundeskartellamt: Fallbericht. ARD und ZDF Online-Plattform «Germany's Gold», online https://www.bundeskartellamt.de/SharedDocs/Entscheidung/DE/Fallberichte/Kartellverbot/2015/B6-81-11.pdf?__blob=publicationFile&v=1.

Burghardt, Max: «Ich war nicht nur Schauspieler». Erinnerungen eines Theatermannes, 3. Aufl., Berlin/Weimar 1983.

Burkhardt, Kai: Adolf Grimme. Eine Biographie, Köln/Weimar/Wien 2007.

CDU: 1. Bundesparteitag der CDU 1950 in Goslar, online https://www.kas.de/documents/252038/253252/1950-10-20-22_Protokoll_01.Bundesparteitag_Goslar.pdf/c5cb8072-08a4-cf37-24b3-959d0160a148.

Chronik des Hessischen Rundfunks, hr-chronik 1945 bis 1948: Unter amerikanischer Kontrolle, online https://www.hr.de/unternehmen/chronik/1945-1948/index.html#:~:text=3.

Chronik des NDR, online https://www.ndr.de/geschichte/chronologie/Gorleben-Protest-in-Hannover-1979-Albrecht-wir-kommen,gorleben240.html.

Clark, Thomas: Der Filmpate. Der Fall des Leo Kirch, Hamburg 2002.

Coppi, Hans: Die «Rote Kapelle» im Spannungsfeld von Widerstand und nachrichtendienstlicher Tätigkeit. Der Trepper-Report vom Juni 1943, in: *VfZ* 44 (1996), S. 431–458.

Deutsch, Pia: Identitäten im Umbruch. Das Deutschlandradio als «Nationaler Rundfunk». 1989–1994, Bielefeld 2020.

Diller, Ansgar: Der nationale Hörfunk, in: Schwarzkopf 1999 (2), S. 978–1007.

Dittmar, Claudia: Feindliches Fernsehen. Das DDR-Fernsehen und seine Strategien im Umgang mit dem westdeutschen Fernsehen, Bielefeld 2010.

Dohlus, Ernst: In der Grauzone – Wie der Staatsfunk der DDR aufgelöst wurde: Menschen, Material und Programmvermögen, in *DA*, 22.9.2014.

Dörr, Dieter: Der öffentlich-rechtliche Rundfunk zwischen Recht und Politik, in: *APuZ* B 25/2023, S. 12–17.

Dörr, Dieter: «Verfassungsrechtlich verpflichtet», in: *epd medien*, 26.4.2024.

Dietl, Sylvia: Transformation und Neustrukturierung des DDR-Rundfunks im Prozess der Wiedervereinigung Deutschlands, München 2022.

Drack, Markus T. (Hg.): Radio und Fernsehen in der Schweiz: Geschichte der Schweizerischen Rundspruchgesellschaft SRG bis 1958, Baden 2000.

Drück, Helmut: Zeitzeugengespräch zwischen Margarete Keilacker und dem Leiter der WDR-Intendanz Helmut Drück vom 30. November 2015 in *Rundfunk und Geschichte*, online https://rundfunkundgeschichte.de/assets/Zeitzeugengespräch_Helmut_Drück.pdf.

Düding, Dieter: Heinz Kühn: 1912–1992. Eine politische Biographie, Essen 2002.

Dussel, Konrad: Deutsche Rundfunkgeschichte, 4. Aufl., Köln 2022.

Dussel, Konrad: Organisation und Kontrolle in der Ära Eberhard, in: ders./Edgar Lersch/Jürgen K. Müller: Rundfunk in Stuttgart 1950–1959, Stuttgart 1995.

Dussel, Konrad/Edgar Lersch (Hg.): Quellen zur Programmgeschichte des deutschen Hörfunks und Fernsehens, Göttingen/Zürich 1999.

Egger, Andreas/Heinz Gerhard: Bewegtbildnutzung 2019, in: *Media Perspektiven* 9/2019, S. 389–405.

Eggers, Erik: Die Stimme von Bern. Das Leben von Herbert Zimmermann, Reporterlegende bei der WM 1954, Augsburg 2004.

Eifert, Martin/Wolfgang Hoffmann-Riem: Die Entstehung und Ausgestaltung des dualen Rundfunksystems, in: Schwarzkopf 1999 (1), S. 50–116.

Fischer, Hans-Martin: Europäische Nachrichten-Satelliten, Von Intelsat bis TV-Sat, Lemwerder 2006.

Fischer, Heinz-Dietrich (Hg.): Rundfunk-Intendanten – Kommunikatoren oder Manager? Rechtsstellung, Selbstverständnis und publizistischer Status der Leiter der öffentlich-rechtlichen Rundfunkanstalten in der Bundesrepublik Deutschland, Bochum 1979.

Fohrbeck, Karla/Johannes Wieland: Der WDR als Kultur- und Wirtschaftsfaktor, Köln u. a. 1989.

Foltin, Hans-Friedrich/Gerd Hallenberger: Vom Sport im Fernsehen zum Fernsehsport. Zur Geschichte und aktuellen Situation der Sportsendungen, in: Hans Dieter Erlinger/Hans-Friedrich Foltin (Hg.): Unterhaltung, Werbung und Zielgruppenprogramme (= Geschichte des Fernsehens in der Bundesrepublik Deutschland, Bd. 4), München 1994, S. 113–141.

Frei, Norbert/Johannes Schmitz: Journalismus im Dritten Reich, 5. Aufl., München 2014.

Frey-Vor, Gerlinde: BBC: Öffentlich-rechtlicher Auftrag gesichert, in: *Media Perspektiven* 2/2018, S. 88–94.

Fritze, Ralf: Der Südwestfunk in der Ära Adenauer. Die Entwicklung der Rundfunkanstalt von 1949 bis 1965 unter politischem Aspekt, Baden-Baden 1992.

Fuge, Janina/Christoph Hilgert: Aktuell und überparteilich, aber nicht unpolitisch. Informationssendungen und politische Programmangebote im Hörfunk des NWDR, in: Wagner 2008, S. 105–149.

Gaevert, Thomas: DT64 – Das Jugendradio aus dem Osten 1964–1991, Erfurt 2018.

Gehring, Robert: Aufstieg und Fall der Kirch-Gruppe. Eine institutionenökonomische Erklärung (= Arbeitspapiere des Instituts für Rundfunkökonomie an der Universität zu Köln, Nr. 171), Köln 2003.

Glässgen, Heinz: Katholische Kirche und Rundfunk in der Bundesrepublik Deutschland 1945–1962, Berlin 1983.

Glotz, Peter: Von Heimat zu Heimat. Erinnerungen eines Grenzgängers, Berlin 2006.

Grabe, Wilhelm: Herbert Blank. Ein biographischer Hinweis, in: *Rundfunk und Geschichte* 19 (1993), H. 4, S. 207–210.

Groebel, Jo u. a.: Bericht zur Lage des Fernsehens für den Präsidenten der Bundesrepublik Deutschland, Gütersloh 1995.

Greene, Hugh Carleton: Entscheidung und Verantwortung. Perspektiven des Rundfunks, Hamburg 1970.

Greene, Hugh Carleton: Zur Person, im Interview mit Günter Gaus am 20. Mai 1965, auf https:/www.youtube.com/watch?v=N8HoH_jN7Yc.

Grimenberg, Nina: Die glatte Welt des ZDF, in: *Die Zeit* vom 12.2.1971.

Grimm, Dieter: Die Historiker und die Verfassung. Ein Beitrag zur Wirkungsgeschichte des Grundgesetzes, München 2022.

Habermas, Jürgen: Ein neuer Strukturwandel der Öffentlichkeit und die deliberative Politik, Berlin 2022.

Hachmeister, Lutz: Hitlers Interviews. Der Diktator und die Journalisten, Köln 2024.

Hachmeister, Lutz: Im Gespräch mit Isabelle Klein im Deutschlandfunk am 30.11.2021, online https://www.deutschlandfunk.de/ns-vergangenheit-von-journalisten-und-das-ueberraschte-erstaunen-der-medien-100.html.

Hachmeister, Lutz/Sabine Sasse: Elisabeth Noelle-Neumann, in: Lutz Hachmeister (Hg.): Grundlagen der Medienpolitik, München 2008, S. 286–292.

Hackmack, Hans: Walter Geerdes. Ein streitbarer Republikaner, in: Helmut Donat/Andreas Röpcke (Hg.): «Nieder die Waffen – die Hände gereicht!» Friedensbewegung in Bremen 1898–1958, Bremen 1989, S. 87–88.

Hansen, Thore D.: Ein Deutsches Leben. Was uns die Geschichte von Goebbels' Sekretärin für die Gegenwart lehrt. Mit Brunhilde Pomsel, Berlin 2017.

Hartenian, Larry: The Role of Media in Democratizing Germany, in: *CEH* 20 (1987), S. 145–190.

Hasebrinck, Uwe: Das Problem verstreut sich, in: Jarren 1994, S. 265–288.

Hendy, David: The BBC. A People's History, London 2022.

Henning, Jörg: Rundfunkräte auf dem Prüfstand, Bonn 1981.

Hickethier, Knut: Dispositiv Fernsehen, Programm und Programmstrukturen in der Bundesrepublik Deutschland, in: ders. (Hg.): Institution, Technik und Programm. Rahmenaspekte der Programmgeschichte des Fernsehens (= Geschichte des Fernsehens in der Bundesrepublik Deutschland, Bd. 1), München 1993, S. 171–244.

Hickethier, Knut (unter Mitarbeit von Peter Hoff): Geschichte des deutschen Fernsehens, Stuttgart u. a. 1998.

Hickethier, Knut: Zwischen Einschalten und Ausschalten. Fernsehgeschichte als Geschichte des Zuschauens, in: Faulstich 1994, S. 207–306.

Higgins, Charlotte: This New Noise. The Extraordinary Birth and Troubled Life of the BBC, London 2015.

Hodenberg, Christina von: Konsens und Krise. Eine Geschichte der westdeutschen Medienöffentlichkeit 1945–1973, Göttingen 2006.

Höfer, Werner: Laßt das Fernsehen drin!, in: *Der Spiegel*, 21.5.1972.

Hoff, Inga: Rundfunk nach dem Wendepunkt. Die Integration Ostdeutschlands nach der Wiedervereinigung durch das Zweite Deutsche Fernsehen, das Deutschlandradio und die Deutsche Welle, Hamburg 2011.

Hoff, Peter: Organisation und Programmentwicklung des DDR-Fernsehens, in: Hickethier 1993, S. 245–288.

Hoffmann-Riem, Wolfgang: Schutz der Kommunikationsordnung durch Rundfunkaufsicht: Ziele, Erfahrungen, Instrumente, in: *Staatswissenschaften und Staatspraxis* 4 (1991), S. 405–443.

Holzamer, Karl Johannes/Bruno Kammer: Lebensreise zwischen Philosophie und Fernsehen, Mainz 2003.

Holzweißig, Gunter: Agitator und Bourgeois. Karl-Eduard von Schnitzler, Berlin 2018.

Huber, Florian: Aus Nazis Demokraten machen? Re-education im NWDR 1945–1948, in: *Rundfunk und Geschichte* 32 (2006) H. 3–4, S. 21–34.

Huber, Florian: Re-education durch Rundfunk. Die Umerziehungspolitik der britischen Besatzungsmacht in Deutschland am Beispiel des NWDR 1945–1948, Diss. Osnabrück 2006.

Jacobmeyer, Wolfgang: Politischer Kommentar und Rundfunkpolitik. Zur Geschichte des Nordwestdeutschen Rundfunks, in: *VfZ* 21 (1973), S. 358–387.

Jaedicke, Thomas: Die erste Fernseh-Sportübertragung der Welt, publiziert am 17.2.2011, im Archiv des Deutschlandfunks online https://www.deutschlandfunk.de/die-erste-fernseh-sportuebertragung-der-welt-100.html.

Jarren, Otfried: «Ein öffentliches Medienhaus». Zu den Risiken der Reform des öffentlich-rechtlichen Rundfunks, in: *epd medien,* 22.1.2024.

Jarren, Otfried/Wolfgang Schulz: Rundfunkaufsicht zwischen Gemeinwohlsicherung und Wirtschaftsförderung, in: Schwarzkopf 1999 (1), S. 117–148.

Kain, Florian: Geschichte des ZDF, Teil 3: 1977–1982, Baden-Baden 2007.

Kalbhenn, Jan Christopher: ARD, ZDF und DLR im Wandel. Reformideen und Zukunftsperspektiven, Frankfurt am Main 2024.

Kammann, Uwe: Spätschoppen. Der Fall Werner Höfer, in: Lutz Hachmeister/Friedemann Siering (Hg.): Die Herren Journalisten. Die Elite der deutschen Presse nach 1945, München 2022, S. 213–237.

Katz, Klaus u. a. (Hg.): Am Puls der Zeit. 50 Jahre WDR, Bd. 1: Die Vorläufer 1924–1955, Köln 2006.

Katz, Klaus u. a. (Hg.): Am Puls der Zeit. 50 Jahre WDR, Bd. 3: Der Sender im Wettbewerb, Köln 2006.

Katz, Klaus/Ulrich Pätzold/Susanne Wankell: Regionalisierung und Dezentralisierung, in: Katz 2006, S. 16–24.

Kershaw, Ian: Hitler. 1936–1945, München 2002.

Kiefer, Marie Luise: 20 Jahre privater Rundfunk in Deutschland. Versuch einer Bestandsaufnahme aus medien-ökonomischer Perspektive, in: *Media Perspektiven* 12/2004, S. 558–568.

Klimmt, Reinhard: Der lange Abschied. Bemerkungen zur Rundfunkpolitik der SPD zwischen 1971 und 1987, in: Peter Glotz/Reinhold Kopp (Hg.): Das Ringen um den Medienstaatsvertrag der Länder, Berlin 1987, S. 110–136.

Knott-Wolf, Brigitte: Der WDR im Spannungsfeld der Parteien, in: Katz 2006 (3), S. 305–316.

Kops, Manfred/Günter Sieben (Hg.): Die Organisationsstruktur des öffentlich-rechtlichen Rundfunks in der aktuellen Diskussion, Berlin 1996.

Kortner, Fritz: Letzten Endes, München 1971.

Krockow, Christian Graf von: Staat, Gesellschaft, Freiheitswahrung, in: *APuZ* B 7/1972.

Kühn, Heinz: Aufbau und Bewährung. Die Jahre 1945–1978, Frankfurt am Main/Berlin/Wien 1984.

Küppers, Heinrich: Adenauer und Altmeier im Fernsehstreit 1958–1961, in: *VfZ* 4 (1987), S. 625–659.

Kumb, Florian: Große Wirksamkeit. Unterhaltung im öffentlich-rechtlichen Fernsehen, in: *epd medien*, 22.4.2022.

Lampe, Gerhard: Panorama, Report und Monitor. Geschichte der politischen Fernsehmagazine 1957–1990, Konstanz 2000.

Langenbucher, Wolfgang R.: Rundfunk und Gesellschaft, in: Schwarzkopf 1999 (1), S. 149–315.

Lembcke, Oliver: Das Bundesverfassungsgericht und die Regierung Adenauer. Vom Streit um den Status zur Anerkennung der Autorität, in: Robert Christian van Ooyen/Martin Möllers (Hg.): Das Bundesverfassungsgericht im politischen System, Wiesbaden 2006, S. 231–243.

Lilienthal, Volker: Die Rolle des ZDF: Kontraste – Konkurrenz – Kooperation, in: Schwarzkopf 1999 (1), S. 408–435.

Lilienthal, Volker: Selbstkommerzialisierung als Legitimationsverlust. Schleichwerbung im öffentlich-rechtlichen Rundfunk, in: Werneke 2005, S. 186–195.

Medhurst, Jamie: The Early Years of Television and the BBC, Edinburgh/Oxford 2022.

Meier, Henk Erik: Für ein paar Cent weniger? Ein Beitrag zur aktuellen Rundfunkgebührenpolitik (= Arbeitspapiere des Instituts für Rundfunkökonomie an der Universität zu Köln Nr. 197), Köln 2005, online http://www.rundfunk-institut.uni-koeln.de/sites/rundfunk/Arbeitspapiere/197_05.pdf.

Meier, Henk Erik: Strategieanpassungsprozesse im öffentlich-rechtlichen Fernsehen, Berlin 2003.

Meyer, Kristina: Die SPD und die NS-Vergangenheit 1945–1990, Göttingen 2015.

Meyer, Thomas: Mediokratie. Die Kolonisierung der Politik durch die Medien, Frankfurt am Main 2001.

Meyn, Hermann: Gefahren für die Freiheit von Rundfunk und Fernsehen?, in: *APuZ B* 48/1969, S. 17–30.

Michels, Eckard: Geschichtspolitik im Fernsehen. Die WDR-Dokumentation «Heia Safari» von 1966/67 über Deutschlands Kolonialvergangenheit, in: *VfZ* 56 (2008), S. 467–492.

Mitter, Armin/Stefan Wolle: Untergang auf Raten. Unbekannte Kapitel der DDR-Geschichte, München 1993.

Mühl-Benninghaus, Wolfgang: Rundfunk in der SBZ/DDR, in: Schwarzkopf 1999 (2), S. 795–873.

Nietzel, Benno: Die Massen lenken. Propaganda, Experten und Kommunikationsforschung im Zeitalter der Extreme, Berlin/Boston 2023.

Ortner, Christina: Tatort: Migration – Das Thema Einwanderung in der Krimireihe Tatort, in: *Medien & Kommunikationswissenschaft* 55 (2007) H. 1, S. 5–23.

Oswald, Rudolf: Emotionale ‹Volksgemeinschaften›. Das «Wunder von Bern» 1954 als Rundfunkereignis in Ungarn und Deutschland, in: Frank Bösch/Manuel Borutta (Hg.): Die Massen bewegen. Medien und Emotionen in der Moderne, Frankfurt am Main 2006, S. 369–386.

Pfeiffer, Juliane: Emil Dovifat, in: Biographisches Lexikon der Kommunikationswissenschaft, online http://blexkom.halemverlag.de/emil-dovifat.

Pohl, Natalie: Atomprotest am Oberrhein. Die Auseinandersetzung um den Bau von Atomkraftwerken in Baden und im Elsass, Stuttgart 2019.

Potter, Simon J.: This is the BBC. Entertaining the Nation, Speaking for Britain? 1922–2022, Oxford 2022.

Preiß, Markus: Aufstieg und Fall des Kirch-Konzerns. Eine medienökonomische Analyse, Hamburg 2002.

Pundt, Christian: Medien und Diskurs. Zur Skandalisierung von Privatheit in der Geschichte des Fernsehens, Bielefeld 2008.

Rat für die zukünftige Entwicklung des öffentlich-rechtlichen Rundfunks: Bericht vom Januar 2024: https://rundfunkkommission.rlp.de/fileadmin/rundfunkkommission/Dokumente/Zukunftsrat/ZR_Bericht_18.1.2024.pdf.

Rau, Johannes: Rede beim Jahrestreffen des Netzwerk Recherche am 5.6.2004, online https://www.bundespraesident.de/SharedDocs/Reden/DE/Johannes-Rau/Reden/2004/06/20040605_Rede.html).

Reichardt, Sven: Authentizität und Gemeinschaft. Linksalternatives Leben in den siebziger und frühen achtziger Jahren, Berlin 2014.

Reimers, Ulrich: Rundfunkpolitik und Technik, in: Schwarzkopf 1999 (1), S. 550–613.

Rosenthal, Christoph: Zurück in die Zukunft. Ein aktueller Blick in die Gründungsdokumente der ARD, in: *Rundfunk und Geschichte* 49 (2023), H.1–2, S. 35–50.

Rossen-Stadtfeld, Helge: Die Rundfunkfreiheit. Grundrechtsnormativität im Wandel, in: Mark D. Cole/Stephanie Schiedermair/Eva Ellen Wagner (Hg.): Die Entfaltung der Freiheit im Rahmen des Rechts. Festschrift für Dieter Dörr zum 70. Geburtstag, Heidelberg 2022, S. 557–577.

Roth, Wolf-Dieter: Piratensender. Geschichte und Praxis, Baden-Baden 2004.

Rucht, Dieter: Von Wyhl nach Gorleben. Bürger gegen Atomprogramm und nukleare Entsorgung, München 1980.

Rüden, Peter von/Hans-Ulrich Wagner (Hg.): Die Geschichte des Nordwestdeutschen Rundfunks, 2 Bde., Hamburg 2005/2008.

Schildt, Axel: Materieller Wohlstand – pragmatische Politik – kulturelle Umbrüche. Die 60er Jahre in der Bundesrepublik, in: ders./Detlef Siegfried/Karl Christian Lammers (Hg.): Dynamische Zeiten. Die 60er Jahre in beiden deutschen Gesellschaften, Hamburg 2000, S. 21–53.

Schmid, Josef: Intendant Klaus von Bismarck und die Kampagne gegen den «Rotfunk» WDR, in: *AfS* 41 (2001), S. 349–381.

Schröder-Jahn, Jürgen: Von der Freiheit eines Rundfunkmenschen. Die Geschichte des Redakteursstatuts für den Norddeutschen Rundfunk, Hamburg 2006.

Schuhbauer, Thomas: Umbruch im Fernsehen, Fernsehen im Umbruch. Die Rolle des DDR-Fernsehens in der Revolution und im Prozess der deutschen Vereinigung 1989–1990 am Beispiel des Jugendmagazins Elf99, Berlin 2001.

Schulz, Winfried: Vielseher im dualen Rundfunksystem. Sekundäranalyse zur Langzeitstudie Massenkommunikation, in: *Media Perspektiven* 2/1997, S. 92–101.

Schwan, Heribert/Tilman Jens: Vermächtnis. Die Kohl-Protokolle, München 2014.

Schwartz, Michael: Funktionäre mit Vergangenheit. Das Gründungspräsidium des Bundes der Vertriebenen und das «Dritte Reich», München 2013.

Schwarzkopf, Dietrich: Ausbildung und Vertrauensbildung. Die Rundfunkschule des Nordwestdeutschen Rundfunks, in: Rüden/Wagner 2008, S. 32–48.

Schwarzkopf, Dietrich: Chancen des gegenwärtigen Rundfunksystems in der Bundesrepublik, in: *Rundfunk und Geschichte* 2 (1976), H. 4, S. 10–21.

Schwarzkopf, Dietrich (Hg.): Die Ideologiepolizei. Die rundfunkbezogenen Aktivitäten des Ministeriums für Staatssicherheit der ehemaligen DDR in der DDR sowie der Bundesrepublik, Frankfurt am Main 2008.

Schwarzkopf, Dietrich: Die «Medienwende» 1983, in: Schwarzkopf 1999 (1), S. 29–49.

Schwarzkopf, Dietrich: Rundfunkpolitik in Deutschland. Wettbewerb und Öffentlichkeit, 2 Bde., München 1999.

Seatter, Robert: Broadcasting Britain. 100 years of the BBC, London 2022.

Simpson, Christopher: Elisabeth Noelle-Neumann's «Spiral of Silence» and the Historical Context of Communication Theory, in: *Journal of Communication* 46 (1996) H. 3, S. 149–171.

Sösemann, Bernd: Fritz Eberhard. Rückblicke auf Biographie und Werk, Stuttgart 2001.

Starck, Christian: Rundfunkfreiheit als Organisationsproblem, Tübingen 1973.

Stein, Reiner: Vom Fernsehen und Rundfunk der DDR zur ARD. Die Entwicklung und Neuordnung des Rundfunkwesens in den neuen Bundesländern von 1989 bis 1992, Marburg 2000.

Steininger, Rolf: Rundfunkpolitik im ersten Kabinett Adenauer, in: *VfZ* 21 (1973), S. 389–434.

Steinmeier, Frank: Rede zur Eröffnung der Medientage in Mitteldeutschland am 17.4.2024, online https://www.bundespraesident.de/SharedDocs/Reden/DE/Frank-Walter-Steinmeier/Reden/2024/04/240417-medientage-mitteldeutschland.html.

Steinmetz, Rüdiger: Freies Fernsehen. Das erste privat-kommerzielle Fernsehprogramm in Deutschland, Konstanz 1996.

Steinmetz, Rüdiger/Reinhold Viehoff (Hg.): Deutsches Fernsehen Ost. Eine Programmgeschichte des DDR-Fernsehens, Berlin 2008.

Steinmetz, Rüdiger/Reinhold Viehoff (Hg.): Eine Programmgeschichte des DDR-Fernsehens, Berlin 2008.

Stock, Martin: Zum Reformbedarf im dualen Rundfunksystem. Public-Service-Rundfunk und kommerzieller Rundfunk – wie können sie koexistieren?, in: Werneke 2005, S. 45–69.

Stolte, Dieter: Mein Leben mit dem ZDF. Geschichte und Geschichten, Berlin 2012.

Stoiber, Edmund/Kurt Biedenkopf: Thesen zur Strukturreform des öffentlich-rechtlichen Rundfunks vom 28. Januar 1995, in: *Media Perspektiven* 3/1995, S. 104–108.

Stolte, Dieter/Richard Wisser (Hg.): Integritas. Geistige Wandlung und menschliche Wirklichkeit. Karl Holzamer gewidmet, Tübingen 1966.

Streul, Irene Charlotte: Rundfunk und Vereinigung der beiden deutschen Staaten, in: Schwarzkopf 1999 (2), S. 874–926.

Strittmatter, Wolf-Ulrich: Pragmatischer Umgang mit der NS-Vergangenheit. Theo M. Loch, in: Wolfgang Proske (Hg.): Täter, Helfer, Trittbrettfahrer. NS-Belastete aus Mittelfranken, Gerstetten 2023, S. 161–179.

Thomsen, Christian W.: Zukunftsperspektiven des Fernsehens, in: Werner Faulstich (Hg.): Vom ‹Autor› zum Nutzer: Handlungsrollen im Fernsehen (= Geschichte des Fernsehens in der Bundesrepublik, Bd. 5), München 1994.

Tracey, Michael: Das unerreichbare Wunschbild. Ein Versuch über Hugh Greene und die Neugründung des Rundfunks in Westdeutschland nach 1945, Köln u. a. 1982.

Tracey, Michael: Sir Hugh Greene. Mit dem Rundfunk Geschichte gemacht. Eine Biographie, Berlin 1984.

Wagner, Hans-Ulrich: Das Ringen um einen neuen Rundfunk: Der NWDR unter der Kontrolle der britischen Besatzungsmacht, in: Rüden/Wagner 2005, S. 13–86.

Wagner, Hans-Ulrich: Helmuth M. Backhaus (1920–1989), in: *Rundfunk und Geschichte* 21 (1995) H. 2–3, S. 169–171.

Wagner, Hans-Ulrich: Rückkehr in die Fremde? Remigranten und Rundfunk in Deutschland 1945–1955, Berlin 2000.

Wagner, Hans-Ulrich: Seekarten für die Rundfunk-Kapitäne. Die Hörerforschung des NWDR, in: Wagner 2008, S. 49–68.

Wagner, Hans-Ulrich: Von der Nebenstelle zur eigenständigen Rundfunkanstalt. Das Funkhaus Köln, in: Katz 2006 (1), S. 169–189.

Wagner, Hendrik: Hans Amandus Münster, in: Biographisches Lexikon der Kommunikationswissenschaft, online http://blexkom.halemverlag.de/hans-amandus-munster.

WDR-Rundfunkrat: Chronik. Beratungen des WDR-Rundfunkrats von März 1955 bis November 2003. 1. bis 444. Sitzung, (Köln) (2003).

Wehler, Hans-Ulrich: Deutsche Gesellschaftsgeschichte. Fünfter Band: Bundesrepublik und DDR 1949–1990, München 2008.

Wehmeier, Klaus: Die Geschichte des ZDF. Teil 1: Entstehung und Entwicklung 1961–1966, Mainz 1979.

Weischenberg, Siegfried/Martin Löffelholz/Armin Scholl: Dualisierung des Journalismus?, in: Ottfried Jarren (Hg.): Medienwandel – Gesellschaftswandel. 10 Jahre dualer Rundfunk in Deutschland. Eine Bilanz, Berlin 1994, S. 179–196.

Weizsäcker, Richard von: Antrittsrede am 1.7.1984 unter https://www.bundespraesident.de/SharedDocs/Reden/DE/Richard-von-Weizsaecker/Reden/1984/07/19840701_Rede.html.

Weizsäcker, Richard von: Im Gespräch mit Gunter Hofmann und Werner A. Perger, Frankfurt am Main 1992.

Werneke, Franz (Hg.): Die bedrohte Instanz. Positionen für einen zukunftsfähigen öffentlich-rechtlichen Rundfunk, Hamburg 2005.

Wesel, Uwe: Der Gang nach Karlsruhe. Das Bundesverfassungsgericht in der Geschichte der Bundesrepublik Deutschland, München 2004.

Winker, Klaus: Fernsehen unterm Hakenkreuz. Organisation, Programm, Personal, Köln 1994.

Witte, Barthod C.: Auslandsrundfunk: Die Deutsche Welle, in: Dietrich Schwarzkopf (Hg.): Rundfunkpolitik in Deutschland. Wettbewerb und Öffentlichkeit, Bd. 2, München 1999, S. 1102–1139.

Wolfrum, Edgar: Die Bundesrepublik Deutschland 1949–1990 (= Gebhardt: Handbuch der deutschen Geschichte. Band 23), Stuttgart 2005.

Zech-Kleber, Bernhard von: «KirchGruppe», in: Historisches Lexikon Bayern, online https://www.historisches-lexikon-bayerns.de/Lexikon/KirchGruppe.

Zehner, Günter: Der Fernsehstreit vor dem Bundesverfassungsgericht, 2. Bde., Karlsruhe 1964/65.

Register der Sendungen

Personenregister

Bildnachweis

Seite 11: © akg-images
Seite 51: © akg-images/picture-alliance/Harry Flesch
Seite 93: © akg-images/picture-alliance/dpa
Seite 137: © akg-images/picture-alliance/dpa
Seite 173: © akg-images/Matthias Lüdecke